한국어로 내려온
New Bible

새로운
성 경

제100권

7부 | 총10부

하얀마음

하나님 말씀 중에서

1. 사랑의 하나님

- 세상을 창조하신 하나님은 모두를 사랑하신다. 인간만 특별히 더 사랑하지 않고, 우주 만물을 다 똑같이 사랑하신다. 그러니 하나님이 창조하신 천지 만물과 화친하고, 미물까지도 소중히 대하라.

- 하나님은 특정 종파나 민족만을 더 사랑하지 않으신다. 자기 자신만 구원받겠다는 욕심을 버리고, 자기 종파만 구원받는다는 편협한 교리에서 벗어나야 한다. 종파를 초월해서, 모두를 사랑하라.

- 원수까지 사랑하라 했으니, 이 세상에 사랑하지 못할 자가 누가 있겠는가? 종파가 다르다고 해서 부모 형제와 원수처럼 지내는 자는 인간의 근본을 모르는 자다. 가장 가까운 가족부터 사랑할 때 남도 진심으로 사랑할 수 있다.

- 한 사람을 원수같이 생각하던 마음에서 사랑하는 마음으로 돌리면, 자기 자신의 마음이 가장 기쁘고 행복하다. 하나님께서는 인간의 마음속에 무거움이 없이 기쁘고 행복한 삶을 살기를 바라신다.

- 이웃을 "내 몸처럼" 사랑하라 했으니, 마지막 한 장 남은 천국의 티켓도 이웃에게 양보하라. 자기 중심적인 신앙에서 벗어나서 남을 위해 살아야 한다.

- 독초도, 약초도, 이단도 사탄도 천사도 다 필요하기에 존재한다. 독초일지라도 극소량을 사용해서 생명을 살릴 수 있고, 약초라 하더라도 남용하면 생명을 잃을 수 있다.

- 세상 모든 것을 명약으로 활용하는 것은 인간의 지혜에 달렸다. 어떤 것이든 어떤 사람이든 적재적소에 꼭 필요한 명약으로 승화시키라.

- 사탄도 이단도 천사도 모두 하나님의 주관하에 존재한다. 진정한 하나님의 백성은 사탄과 마귀까지도 감화시켜서 천사로 거듭나게 한다.

2. 기도

- 하나님은 인간의 생각까지 모두를 다 알고 계신다. 우리의 소원도 이미 알고 계시기에, 소원의 기도를 할 필요가 없다. 우리가 받을 자격이 되면 내려 주신다.

- 죄를 짓고 아무리 회개를 해도 용서받지 못한다. 도둑질한 자는 용서해 달라고 기도하고, 도둑맞은 자는 도둑을 잡게 해 달라고 기도하면, 공의의 하나님은 누구의 편에 서시겠는가?

- 자기가 잘못한 것은 그 사람에게 직접 갚고 용서를 구하라. 그가 용서하면 하나님도 용서하신다. 땅에서 매면 하늘에서도 매이고, 땅에서 풀리면 하늘에서도 풀리는 이치다.

- "회당에서 기도하지 말고 골방에서 기도하라" 했다. 눈에 보이는 골방이 아니라, 골방과 같이 고요한 마음이다. 잡념을 버리고 하나님을 향해 마음을 집중하며, 사랑하고 용서하는 아름다운 생각만 나오도록 하라.

- "두드리면 열릴 것이다." 하는 것은 육의 소원을 위해 두드리라는 것이 아니라, 진리의 깨달음을 얻기 위해 두드리라는 것이다.

- 기도하는 방법: 생활 속에서 수시로 기도하는 삶을 살아야 한다.

- "저의 죄를 용서하여 주옵소서." 하는 회개의 기도를 하라.
- 범사에 "하나님! 감사합니다." 하라. 현재 가진 것에 감사하며, 과욕하지 말라. 자기 노력 이상의 것을 더 갖고자 기도하는 것은 도둑놈심보다. 공의의 하나님은 각자 노력한 만큼 주신다.
- "하나님 뜻대로 살아가겠나이다." 하며 마음의 각오를 다지라.

- 기도는 하나님의 말씀을 받아서 "행하는 것"이다. 하나님이 계심을 굳건히 믿고, 하늘을 향하여 한 점 부끄럼 없이 사는 삶 자체가 가장 위대한 기도이며, 삶이 곧 예배다.

3. 지도자

- 똑같이 사랑한다는 말을 해도, 순수하게 하는 말은 천사의 말이지만, 사기 쳐서 재산을 가로채려고 하는 말은 사탄의 말이다.

- 종교 지도자가 아무리 훌륭한 설교를 해도, 신도의 재물을 거둬서 더 큰 교회를 짓고 자기의 부귀영화를 바라며 설교하면 사탄의 가르침이 된다.

- "저희 교회는 만원사례요, 믿음은 다 같으니 이웃의 개척 교회에 가서 예배를 드리시오." 하며, 이웃 교회의 부흥을 먼저 생각하여 제 신도를 보내는 종교 지도자가 있다면 그를 따르라. 그가 하나님의 사랑을 실천하는 자다.

- "부자가 천국에 들어가는 것은 낙타가 바늘구멍을 통과하는 것보다 더 힘들다" 하였거늘, 지금의 교회에서는 부자가 되기만을 기도하고 소원하니, 이는 곧 천국을 포기하고 지옥 행 열차의 티켓을 사는 것과 같다.

- 예수는 빈손이었다. 종교 지도자가 예수보다 더 호화롭고 편안하게 살아간다면 잘못된 것이다. 부귀영화와 명예를 바라는 자는 절대로 갈 수 없는 좁고 협착한 길이 종교 지도자의 길이다.

- 종교 지도자는 유리로 비춰 봐 한 점의 부끄러움이 없이 살아야 한다. 의식주도 직접 일해서 해결하고, 예수의 가르침과 행함을 그대로 따라야 한다.

- 종말은 없다. 지금의 잘못 가는 종교 집단에게만 종말이 있다. 보이지 않는 하나님은 보이는 육의 종말은 관여하지 않으신다. 환경 파괴로 인간이 스스로 멸망을 자초하는 것이다. 종파끼리 싸우기 전에, 무너진 인성을 바로잡고 지구의 몸살을 해결하는 데 뜻을 모으는 게 급선무다.

4. 성전이란

- 이 세상 자체가 하나님께서 만드신 성전이다. 자연보다 더 아름다운 성전이 있는가? 보이는 건물이 성전이 아니라, 성스러운 마음가짐이 성전이다.

- 반석 위에 교회를 지으라 했다. 지상의 단단한 돌은 인간이 쪼갤 수 있으나, 마음속의 굳은 결의는 세상 무엇으로도 쪼갤 수 없다. 바르고 굳건한 믿음으로 성경의 가르침을 실천하는 것이 마음의 반석 위에 교회를 짓는 것이다.

- 손으로 지은 건물의 교회에 모여서 복음을 전하는 것이 아니라, 교회를 개인과 가정에 심어 주어야 한다. 무너지고 부서지는 건물을 짓지 말고, 마음속에 영원히 불변하는 참진리의 교회를 지으라.

5. 십계명

- 십계명은 인간이 죽어서 반드시 통과해야만 하는 열 개의 관문이다.

- 부모를 공경하지 아니한 자는 "네 부모를 공경하라." 하는 제5계명의 관문이 열리지 않으니 구원받을 수 없다.
- 살인, 간음, 거짓, 우상 등의 나머지 계명도 마찬가지다.

- 십계명은 하나님의 친필이다. 모기소리만 한 하나님의 음성이라도 들어 보겠다고 여기저기 찾아 헤매지 말고, 십계명부터 암송하고 지키라.

- 십계명은 영혼을 구원하는 양식이며, 십계명을 지키는 것이 구원을 받는 길이다. 인간이기에 지키고자 노력하고 또 노력한다면 지킬 수 있다.

- 십계명을 지키고 천사처럼 아름답게 살아가는 그 마음 하나면 세상에 이루어지지 않는 것이 없다.

6. 보물

- 하나님은 재물이 아니라 우리의 마음을 받으신다. 사랑을 실천하며 천사처럼 변하는 마음이 하나님께 바치는 보물이다.

- 보이지 않는 하나님께 재물을 바치려 하지 말고, 너희를 길러 준 부모에게 용돈 드리고, 찾아뵙고, 효성을 다하라. 그것이 하나님께 효도하는 것이다.

- 하늘에는 선과 악의 창고가 있다. 자기 창고에 선이 많으면 천국으로 구원을 받고, 악이 많으면 심판받아 지옥으로 간다. 그것이 바로 "선한 일을 행한 자는 생명의 부활로, 악한 일을 행한 자는 심판의 부활로" 나오는 것이다.

- "선악과를 따먹지 말라"는 것은 양심을 지키라는 것이다. 선과 악을 구분할 수 있는 양심을 최초에 인간에게 주셨다. 선한 열매는 취하고, 악한 열매는 버리며, 양심에 비추어 부끄럼 없는 삶을 살아가라.

- 가장 작은 거짓말을 하지 않고, 가장 작은 죄를 짓지 않으며, 가장 작은 선행을 하고, 가장 작은 악행을 멀리하는 것이 율법의 일점 일획도 빠뜨리지 말고 다 지키는 삶을 사는 것이다.

7. 우상

- 박물관에 있는 불상은 하나의 예술품이다. 그 조각품에 대고 제 소원을 빌 때 우상숭배가 된다. 십자가라 하여도 그 앞에서 소원을 빈다면 우상숭배하는 것이며, 하나님께 소원을 빈다면 하나님을 우상으로 전락시키는 것이다.

- 지금 기복신앙에 젖어 있는 모든 사람이 우상 앞에 절을 하고 있다. 조각품을 우상이라며 파괴하지 말고, 네 마음속에 있는 욕심의 우상을 무너트리라.

- 생수를 약초가 먹으면 약을 만들고 독사가 먹으면 독을 만든다. 같은 성경을 봐도 선한 지도자는 신도를 천사로 만드는 데 활용한다. 그러나 욕심이 가득한 지도자는 재물을 거두어들여 제가 부귀영화를 누리는 데 악용한다. 그가 바로 성경을 우상숭배의 도구로 전락시키는 거짓 선지자다.

- 성경을 한 획도 빼거나 더하지 말라는 것은, 그 가르침을 빠트리지 말고 온전히 지키라는 것이다. 성경 속에서 자기에게 유리한 구절만 보는 것은, 자기에게 불리한 구절들을 빼 버리는 것이다. 믿음이 제일이요, 행함은 구원과는 관계없다는 것은 자신에게 유리한 쪽으로 성경을 악용하는 것이다.

- 진정한 종교 지도자는 종파에 관계없이 어떤 종파든 어떤 책이든 접하고 보고 깨우쳐 견문을 넓히도록 인도한다. 참진리를 모르고 자신이 없는 자가 남을 이단이라며 배척하고, 신도들의 눈과 귀를 가린다.

8. 예수

- 예수의 재림은 없다. 예수가 다시 온다 해도, 과연 누가 그를 예수라고 믿겠는가? 예수와 같은 삶의 행함이 곧 예수의 재림이다. 각자 모두가 "재림 예수"가 되는, 차원 높은 믿음으로 가야 한다.

- 예수는 "주여 주여 하지 말고, 아버지의 뜻대로 행하라"고 했다. 예수가 전한 하나님의 뜻이 곧 "길이요, 진리요, 생명"이며, 그 가르침이 예수의 보혈처럼 소중한 것이다. 예수를 믿는 것은, 예수의 가르침을 믿고 따르는 것이다.

- 예수는 낮은 자로서 만백성을 섬기고자 했다. 만나는 모든 사람을 다 하나님이라 생각하라. 돈을 벌수록 겸손하고, 높은 지위를 얻을수록 낮아지라.

■ 예수는 종파를 만들지 않았다. 인간이 만든 종교와 인간의 교리를 따르지 말고, 예수를 통해 전한 하나님의 참진리를 연구하고 따르라.

■ 예수가 2천 년 전에 만백성을 위해 죽었으니, 지금 이 땅에는 예수의 가르침대로 사는 천사만 존재해야 한다. 예수가 죽어 가면서 바란 것은 만백성이 천사가 되어 예수의 자리를 채워 주는 것이지, 지금과 같이 재물을 바치면서 중언부언 제 소원만을 비는 백성들을 바란 것이 아니다.

9. 구원

■ 천사가 사는 천국에는 천사만 갈 수 있으니, 천사 같은 마음을 길러야 한다.

- "천국 열쇠를 네게 주리니 땅에서 무엇이든지 매면 하늘에서도 매일 것이라" 했다. 땅에서 천사같이 사는 자가 하늘에서도 천사가 되어 천국에 들어간다. 모든 사람에게 천사같다는 말을 듣는 삶을 살아야 한다.

■ 천사의 곱고 아름다운 마음은 부모를 공경하고 어른을 어른으로 대접하는 데에서 출발한다. 효도하는 자는 형제와 화목하게 지내기에 가정이 화목해지고, 이웃과 화목해지고, 국가가 화목해지고, 온 인류가 화목해진다.

- 그러므로 지상의 아름다운 소왕국은 가정에서부터 이루어야 한다.

■ 선택된 14만 명만 구원받는 것이 아니라, 천사처럼 변하고자 하는 14만 명을 기초로 온 인류가 천사처럼 거듭나는 영적인 개혁이 시작되는 것이다.

■ 천 년에 걸쳐서 하늘에서 이루어진 것같이 이 세상을 낙원으로 만들어, 만백성이 지상의 천국에서 살다가 죽어서 그대로 하늘의 천국으로 들어가는, 영원한 지상 낙원을 건설하는 것이 하나님의 계획이다.

- **이것이 구약과 신약에 이어 "새로운 성경"으로 역사하시는 하나님의 창조의 완성이다.**

■ 지금의 믿음으로 구원받을 수 있다면 그 길을 가라. 그러나 자신이 없다면 하나님께서 직접 내리신 160권의 "새로운 성경"을 읽고 구원의 길을 보라!

하나님 머리말씀

이 새로운 성경을 읽는 너희 모두는
이 율법에 따라 행하면 영원히 구원받을 것이니라.

너희 인간이 수년, 수십 년, 평생
성서를 공부하고 기도하는 것은
하늘나라 나의 곁으로 오고 싶은 소망일진대,

몇천 년 전의 너희 인성과 생각이
지금의 너희와는 판이하게 다르니,

꺾여 가고 병들어 가는 너희를 고칠 수 있는 길은,
오늘 내가 선지자에게 내리는 새로운 성경과 같이
너희가 변화되는 것뿐이니라.

나의 예수가 태어난 것처럼
내가 아들 선지자를 선택하여
나의 새로운 성경을 온 세계에 전하고자 하니,

묵은 것은 버리고 새로운 것은 취하여,
너희 모두는
'여호와 하나님! 저의 죄를 용서하여 주옵소서.'
하는 기도문으로 기도하고, 죄를 뉘우치라.

이 새로운 성경은
수천 년간 내려온 성서를 요약한 것이니,
너희는 이 책을 정독하여 쉽게 깨달음을 얻고,
이대로 실천하여 하늘에 오르라.

대역자 머리말

■ 하나님의 율법을 지키는 선지자로 선택을 받도다.

저는 남들처럼 그저 열심히 살아온 평범한 사람이었습니다. 그러나 50대 중반에 사업에 실패하여 많은 부채에 시달렸으며, 건강도 악화되어 눈이 잘 안 보이고, 걷기도 어렵고, 두통이 심해서 잠을 이룰 수 없는 고통의 나날을 보냈습니다. 그때 제가 선택할 수 있는 것은 육의 삶을 끝내는 길뿐이었습니다.

죽기 직전에 그동안에 죄를 지은 이들에게 용서를 빌고 인생을 끝내기로 작정하였습니다. 어려서부터 지은 죄를 빌고 빌다 보니 끝이 없었고, 죽음으로도 그 많은 죄를 용서받을 길이 없다는 생각에 하염없이 눈물이 흘렀습니다. 그 순간 '재래식 화장실의 구더기는 죄를 짓지 않는데, 나는 인간으로서 구더기만도 못한 삶을 살았구나.' 하는 생각이 들면서 괴로움에 몸부림칠 때, 갑자기 하나님의 음성이 들렸습니다.

"나는 여호와 하나님이니라. 너는 십계명을 암송하고 내가 내려 주는 메시지를 받아 책으로 만들어 만백성을 구하라." 하시며, 제 눈을 손으로 문지르게 하시고, 아픈 머리와 다리를 손으로 두드리게 하셨습니다. 그러고 나니 눈도 잘 보이고 걸을 수 있었으며 머리의 통증도 말끔히 낫게 되었습니다. 그때부터 십계명을 암송하고 나면 들려주시는 말씀을 기록하였고, 1999년 8월부터 2004년 7월까지 권당 288쪽, 총 160권을 받아서 "새로운 성경"이라는 책으로 펴내게 되었습니다.

그러한 저에게 죽기보다도 힘든 길이 시작되었습니다. 모든 교인들이 저에게 사탄이요, 이단이요, 악마요, 마지막 시대에 온 거짓 선지자라 하면서 공격하였고, 저를 짐승을 보듯이 대하는가 하면, 편협한 종교 지도자들의 선동으로 신도들이 이 책을 직접 읽어 보고 평가할 기회마저 막아 버렸습니다. 그래서 하나님의 말씀을 세상에 내는 데 많은 어려움을 겪으며, 피를 토하는 심정으로 책을 전하고 있습니다.

그러나 아무리 인간의 힘으로 막으려 해도, 하나님의 뜻이 세상에 전해지는 위대한 역사는 계속될 것입니다. 책으로 전해지는 "하나님의 말씀"은 세상 끝날까지 항상 우리와 함께하실 것입니다. 사람은 죽어도, 책에 기록된 말씀은 영원히 남으니까요.

■ 따뜻한 실천

하나님께서는 어려운 사람들에게 삶의 터전을 마련해 주고, 미래를 열어 주는 것을 기뻐하십니다. 어려운 이웃이 스스로 자립할 수 있도록 이끌어 주는 것이 진정으로 이웃을 돕는 것이라고 말씀하셨습니다. 그래서 일자리가 없는 제자들에게 작은 사업장을 만들어 주는 "달란트 사업"을 하고 있습니다. 식당, 반찬 가게 등을 차려 주고, 기존의 어려운 사업장이 자립할 수 있도록 돕고 있습니다(커피숍, 미용실, 의상실 등).

하나님께서는 교회에 나와서 모든 시간과 재물을 쏟기를 원하지 않으시고, 그 시간과 재물을 교육에 투자하여 스스로 미래를 열어 가기를 원하십니다. 그래서 제때 공부하지 못한 제자들에게 학업을 이어 가도록 하였습니다. 중화요리 주방장을 하며 초등학교 검정고시부터 공부하여 2012년에 방통대를 졸업한 36세 남성, 만학도들의 2년제 중학교에 입학해서 2007년에 명지대학을 졸업한 38세 여성, 중학교 검정고시를 시작으로 숭의여자대학을 졸업한 47세 여성 등이 있습니다. 그밖에도 많은 제자들에게 나이를 초월하여 배우고 깨우쳐서 사회 속의 당당한 일원이 되도록 인도하고 있습니다.

학자금 대출로 힘겨워하는 젊은이들을 위해 "따뜻한 바람 장학회"를 발족하여(2016년 12월) 대출받은 학자금 전액을 매월 갚아 주고 있습니다. 또한, 다문화 가정을 위해 "다문화 가족 랜드"를 조성하여, 각종 시설을 무료로 활용하도록 하고 있습니다.

이러한 따뜻한 실천이 아직은 미약합니다. 그러나 책의 수입이 늘고, 저와 뜻을 같이하는 분들이 늘어나면 계속 확대할 것입니다. 지도자로서 신도의 재물을 헌금으로 거둬들여 착복하는 것이 아니라, 하나님께서 기뻐하시는 일에 사용하도록 중매 역할만 하며 살아가고자 합니다. 이런 제가 과연 사탄이고 이단인가요? 하나님께서 기뻐하시는 일이라면, 저에게 사탄이라 하든 거짓 선지자라 하든 굽히지 않고 실천해 나갈 것입니다.

끝으로, 일상의 삶 속에서 "지금 내가 하는 행동이 과연 하나님께서 기뻐하실까, 슬퍼하실까?" 생각하고, 매사에 하나님께서 기뻐하시는 길을 택하기 바랍니다. 교회에 모여서 집단적으로 예배 드리는 것이 아니라, 개인이나 가정 단위로 새로운 성경을 읽어 스스로 깨우치고 그대로 행하면 충분합니다. 그것이 마음속에 성전을 짓고, 신령과 진정으로 예배 드리는 길입니다. 그러면 천국의 문에 들어서게 됩니다.

2017. 2. 1.

하나님 말씀 대역자 김용철

차 례

십 계 명

이 책은 십계명을 암송하고 나면 내려 주시는 "하나님의 음성"을 듣고 그대로 받아쓴 기록입니다. 하나님께서 십계명을 모세에게 내려 주셨지만, 그것은 만백성에게 내려 주신 것입니다. 마찬가지로 이 책의 모든 말씀도 저에게 내려 주셨지만, 만백성 각자에게 들려주시는 말씀입니다. 여러분도 이 책을 접할 때마다 십계명을 암송하고 나서 정독해 주시기 바랍니다.

제일은, 너는 나 외에는 다른 신들을 네게 있게 말지니라.
제이는, 너를 위하여 새긴 우상을 만들지 말고, 또 위로 하늘에 있는 것이나, 아래로 땅에 있는 것이나, 땅 아래 물 속에 있는 것의 아무 형상이든지 만들지 말며, 그것들에게 절하지 말며, 그것들을 섬기지 말라.
제삼은, 너는 너의 하나님 여호와의 이름을 망령되이 일컫지 말라.
제사는, 안식일을 기억하여 거룩히 지키라.
제오는, 네 부모를 공경하라.
제육은, 살인하지 말지니라.
제칠은, 간음하지 말지니라.
제팔은, 도적질하지 말지니라.
제구는, 네 이웃에 대하여 거짓 증거하지 말지니라.
제십은, 네 이웃의 집을 탐내지 말지니라.

나 여호와가 존재함을 믿는 그 자체가 구원의 길에 들어서는 기본이요, 근본이며, 나의 새로운 성경을 가슴에 안고 정독하는 자, 반석 위에 서서 하늘에 오르는 찬란한 빛을 보게 되는 영광을 얻게 됨이니라. 진정 나를 따르고 믿는 자는 감히 사탄이나 마귀도 근접하지 못하느니라.

〈하나님 말씀〉

2003년 8월

7,189 번째 하나님 말씀

2003년 8월 19일 11시 30분

1 사랑하는 나의 아들아!
2 "네, 아버님! 말씀하옵소서."
3 나 여호와가 사랑하는 만백성 너희는
나 여호와가 역사하는 것, 그 모두는
만백성에게 전하고 깨우쳐 주려고 너
희가 나에게 선택되어 오늘에 힘들고
어려운 그 길을 가고 있음을 알아야
할 것이니라.
4 이 세상 모든 피조물 만백성들이 나에
게 오르고자 경배하고 기도하며 나의
아들 예수를 '주'요, '구세주'라 부르
며, 그 모든 은혜를 입어 하늘에 오르
고자 하는 그 백성, 그들 자체가 나 여
호와의 사랑의 깊이를 모르고 있으며
내 사랑의 깊이 자체도 알지 못함이니
라.
5 그러니 오로지 나로부터 선택된 백성,
나의 법전을 읽고 깨우친 자, 나의 아
들을 따르는 제자 너희만이 나의 사
랑의 깊이를 만백성에게 전할 수 있음
을 알아야 할 것이니라.
6 내가 베풀고 내가 내리는 내 사랑의
그 깊이 속에서 너희가 평온하고 아
름답게 살아야 할 백성이요,
7 그와 같이 살다 영원히 사는 하늘나라
나의 천국에 와 그 모든 것을 누리며
살아가는 것이 오늘의 육의 삶의 그
연장선이요, 기초의 삶이거늘,
8 오늘의 이 기초에 삶이 흔들리며 이
기초의 삶이 잘못 가고 있음이니라.
9 기초를 다지며 살다 나에게 와 심판을
받아 천국에 와야 하는 그 삶을 살아
야 하는 사랑하는 만백성들이 온갖 위
험과 비참하고 처참하리만큼 사탄에
게 지금 끌려가는 형국을 나는 수없이
내려다보고 있음이니라.
10 하루하루 살아가는 속에서 헤아릴 수
없는 그 많은 나의 사랑하는 백성이
사탄들에게 끌려가는 그와 같은 형국
이니, 그것이 바로 무엇이더냐?
11 그들이 가서는 안 되며 절대 발을 들
여놔서는 안 되는 지옥으로 끌려가고
있음이니라, 사랑하는 나의 아들딸들
아!
12 내가 지옥이 무엇이라 말하였느냐?
13 나 여호와가 존재하지 아니하는 곳이
며, 한번 가면 영원히 나올 수 없는 것
이 지옥이라 그리 말하였음이니라.
14 그러니 나의 아들을 따르는 제자들이
요, 나의 법전을 읽고 깨우친 만백성
너희는 여기서 나 여호와의 가슴 깊은
성령의 뜻을 들으라.
15 내가 너희에게 명함이니라.
16 지금 사탄에게 코가 꿰여 지옥으로
끌려가는 그 불쌍한 백성이 너희에게
구원해 달라 바라든, 요구하지 않든,
너희에게 몸부림치지 않든, 그것은 너
희와 아무런 상관이 없음이니라.
17 그들이 보지 않든 보든 그건 관계하지
말며, 그들이 너희에게 애걸복걸하든
말든 그와 같은 것을 전혀 보지 말며,

신경 쓰지 말며,
18 오로지 그들을 구원하는 데 최선을 다
하도록 그리하라, 사랑하는 나의 아들
딸들아!
19 그들이 너희에게 구원해 달라 몸부림
치며 구원해 달라 손을 내밀며 너희를
바라보며 눈물을 짓든, 그들이 어떠한
형태로 너희에게 하든,
20 그리고 너희에게 욕을 하든, 너희를
이단이요, 사탄이라 하여 등을 돌리
든, 발길질을 하든, 그와 같은 것에 관
계하지 말라.
21 오로지 하늘에 오르는 길이요, 너희가
가는 길이요, 나의 법전을 읽는 것이
만백성을 구하는 길이니,
22 너희는 그들이 원하든 말든, 그들이
욕을 하든 말든, 너희에게 발길질하든
그것에 관여치 말며, 오로지 그저 그
들을 구원하도록 그리하라.
23 그들을 구원하는 것, 그들을 구제하는
것만이 너희가 가는 길이며 너희가
해야 할 길이니라.
24 그것에 관여치 말며 그것에 마음이 동
요되지 말라, 사랑하는 나의 아들딸들
아!
25 만백성에게 전하라.
26 나 여호와는 사랑이니라.
27 사랑을 실천하는 그 자체가 나 여호와
요, 사랑을 베푸는 것이 나 여호와니
라.
28 그러니 너희가 나 여호와의 깊은 사
랑을 전하는 것이 바로 나를 전함이
요, 너희가 그 사랑을 행함이 나를 가
슴에 안음이라 그리 전하라.
29 나 여호와는 사랑 그 자체가 나라는
것을 잊지 말도록 그리 말하라.
30 다시 한 번 너희에게 대명의 중요성
을 내림이니라.
31 그들이 너희에게 구원을 요구하든, 그
들이 너희에게 애걸복걸하든, 그들이
너희에게 욕을 하든, 그것에 관계치
말라.
32 지옥으로 가는 그 불쌍한 백성을 구
원하는 데 최선을 다하라.
33 그들이 요구가 없다 하더라도 그들을
구원하는 데 모두를 다 바치라, 사랑
하는 나의 아들딸들아!

7,190 번째 하나님 말씀

2003년 8월 19일 11시 41분

1 사랑하는 나의 아들아!
2 "네, 아버님! 말씀하옵소서."
3 사랑하는 너의 제자들과 나의 법전을
읽고 깨우친 내 사랑하는 백성 너희는
남이 무슨 은혜를 입었다 하든, 남이
무슨 영광을 입었다 하든, 남이 권좌
에 앉은 은혜를 입었다 하든, 재물을
얻는 은혜를 입었다 하든, 그리고 어
떠한 말을 하든,
4 너희와 비교하여 그들과 비추어 말하
지 말며, 비추어 보지 말도록 그리하
라.
5 그들이 이루는 것, 역사하는 것, 인간
세상에서 이루어지는 것은 그 한계가
있으며 끝이 있음이니라.
6 그러니 나로부터 선택된 너희가 성령
이 임하는 성령의 삶을 살아가는 그
영광에 감히 어디 비교할 수 있겠느냐?
7 그러니 너희는 남들과 비교하지 말라.

8 남이 큰 은혜를 나 여호와로부터 받았
다면, 네 이웃이 나 여호와로부터 어
떠한 영광을 받았다 그리 말을 하며
그들이 뭐라 얘기해도 너희는 남의
일에 개의치 말라.
9 절대 거기에 동요하지 말며, 거기에
어떠한 마음의 동요로 너희의 생각과
믿음이 흔들리는 그와 같은 어리석은
나의 아들딸이 되어서는 아니 되느니
라.
10 그들은 나로부터 무엇을 받았는지 제
스스로 알지 못하는 자며,
11 다만 받은 것이라 생각하며 받은 것
이라 그리 느낌으로써 말을 함이니라.
12 그러나 그들은 인간 세상에서 스스로
제가 나로부터 은혜를 받은 것이며 나
로부터 역사한 것이라 그리 말할 것이
니라.
13 그러니 너희는 거기에 관여치 말라.
14 내 사랑하는 백성 선택된 너희에게는
합당한 임무가 있어 내가 불러 초청했
으며, 그 합당한 임무가 있으며 그 합
당한 임무에 쓰고자 하여 내가 부른
자요,
15 인간 세상에서 인간이 쓰고자 하여 불
러 준 백성이 아니라는 것을 알라.
16 그러니 나의 성전에서 같이 공부하며
나의 아들을 따르는 그 제자들에게 나
의 아들이 어떠한 대명을 내리고 임무
를 내린다 해도 그건 그의 뜻이 아니
요, 나 여호와의 뜻이니라.
17 그는 그 임무를 먼저 시킨 것이며, 늦
게 받는 자 또한 임무가 없음이 아니
라 합당한 임무가 있음이니라.
18 너희가 거기에 대해 마음의 동요를 갖
는 것은 인간 세속의 삶을 버리지 못
한 것이니라.
19 그 모두를 초월하는 그와 같은 마음으
로써 너희를 다스려 나가도록 그리
가르치며 그를 깨우쳐 가도록 그리하
라.
20 너희가 역사함은 내가 필요할 때 알
아서 너희에게 실행하고 실천할 그 임
무를 내리게 됨이니라.
21 너희에게 맡긴 사명이 무엇인가를 알
아, 그 사명을 다하며 그 일에 최선을
다하는 것으로써 너희는 사랑하는 나
의 아들을 따르는 제자들이 되어야 할
것이니라.
22 너희는 임무가 크고 작은 것을 따지지
말며, 어렵고 힘든 것으로써 나의 아
들이 너희를 사랑하며 나 여호와가
너희를 사랑함을 평가한다 생각하지
말라.
23 그것은 인간의 마음이니, 아직도 인간
의 도리를 버리지 못한 마음에서 그와
같은 마음을 가지고 산다면 너희는
선택된 백성으로서 깨달음이 있는 백
성이 아니니라.
24 작은 죄와 큰 죄가 같다 했음이니, 내
가 궂은 일을 명하는 자는 그들이 해
야 할 그와 같은 임무가 있으며, 큰 것
을 역사하는 자도 그걸 행하여 책임
져야 할 그의 합당한 임무이니라.
25 나 여호와가 내리는 그 임무에 너희가
시시비비를 한다는 것은 합당한 내 계
획에 도전하는 자니,
26 이 세상을 기도의 말 한마디로써 모두
를 역사하라는 자들과 같으니라.
27 저희가 기도로써 남북이 하나가 되며,

또 기도함으로써 원수가 하루아침에
은인이 되며,
28 또 기도함으로써 바닷물이 마르며, 또
비가 오고 아니 오며 세상에 바람이
불고 안 부는 것처럼 이야기하는 그
사악한 자들과 무엇이 다르더냐?
29 이 모든 세상은 계획되지 아니한 것이
없거늘, 그 계획에 의하여 내 뜻에 따
라 이루는 것을, 어찌하여 제가 기도
하여 이룬다고 그리 말하느냐?
30 이제 사랑하는 나의 아들을 따르는 제
자요, 나의 법전을 읽는 너희를 내가
사랑함이니, 그와 같은 진리와 이치를
알도록 그리하라.
31 너희가 모든 인간 세상에 살아가는 것
도, 기분에 맞춰 생각하고 행동하며,
아침에 일어나 기분이 좋다 하여 기
분을 내며, 저녁에 또 기분이 나쁘다
하여 기분을 언짢게 하는 그와 같은
일을 한다면,
32 어떠한 작은 것 하나도 이룰 수 없으
며 그는 끼니조차 이끌어 갈 수 없는
자가 되는 것이 아니더냐?
33 이 세상에 수천수만 가지 헤아릴 수
없는 그 모든 것을 만들 때, 그 모든
계획을 영원히 만들어 놓지 아니하였
다면,
34 나 여호와가 이리 맞추고 저리 맞추고
이리 땜질하고 저리 땜질하며 이리
지시하고 저리 지시해서 이 세상이 운
영된다 생각하느냐?
35 그리되면 그것은 이 세상에 존재할 수
없으며, 세상이 역사할 수 없으며, 이
세상에 살아남을 것이 하나도 없느니
라.
36 바람이 부는 것, 태풍이 부는 것, 비가
내리는 것, 천년만년 영원히 존재하는
것이 모두 계획하에 이루어지는 것이
니라.
37 그것을 때려 부수라, 붙이라 그와 같
이 하는 자들이니 얼마나 우습고 가련
한 자들이냐?
38 나 여호와가 지상에 존재하는 그 모든
것이 영원히 존재하도록 완벽하게 계
획하여 그 프로그램에 의하여 모두 역
사하고 움직이는 것이니라.
39 너희가 이 돌을 빼서 위에다 끼우라,
이 돌은 저리 버려라, 이것은 나를 넘
어트리는 것이니 빼내라 하면, 그것을
빼내면 내가 계획한 모든 것이 와르르
무너지는 것이거늘,
40 그와 같은 어리석은 짓을 하는 것이
지금의 기도하는 자들이니라.
41 과연 저 자신이 어디 있으며 제가 무
엇이며 제 능력이 무엇인가를 안다면
감히 그리 기도를 하겠느냐?
42 그러니 죄를 짓고도 그 죄를 인정하지
아니하며, 그 죄가 나 여호와의 뜻에
의한 것처럼 착각 속에 그리 말함이니,
43 제가 인간 세상에서 죄를 짓고 인간
세상의 법도를 벗어날 수 있더냐?
44 절대 법도를 벗어날 수 없거늘, 그 한
계도 벗어나지 못하는 그와 같은 자들
이,
45 내가 천년만년 영원히 변화되지 않는
그 프로그램을 짜 그 프로그램의 계획
에 의하여 착착 진행되는 것을 바꾸
라, 돌리라 하며, 제 마음대로 기도해
서 이루어진다 하니,
46 그것이 얼마나 웃지 못할 현실이냐?

47 그걸 보고 '맞습니다, 옳습니다, 이룰 수 있습니다, 될 것입니다, 내 아버지가 와서 이루어 줄 것입니다.' 하니,
48 내가 오늘 아침에 물을 앞으로 흐르도록 했는데, 너희가 기도하여 뒤로 흐르게 하면 그것이 되겠느냐?
49 뒤에 있는 것은 다 망가지고 젖음이니라.
50 나의 계획은 영원하며 영구히 되어 있으며, 나의 진리는 변하지 않으며 흔들리지 않는 것이니라.
51 모든 계획은 흔들릴 수 없으며, 너희가 말로써 울고불고해도 바꿀 수 없으며, 나 여호와도 바꿀 수 없는 것이 내가 최초에 만든 계획이고 프로그램이니라.
52 기도로써 말로써 말장난하지 말라.
53 그걸 흔들면 다 무너지며, 아무것도 존재하지 못하며, 생명조차도 살아갈 수 없는 것이 엄연한 하늘의 질서의 법도니라.
54 나 여호와는 전지전능하며 나 여호와만 신이요, 신만 이를 만들고 미리 계획하고 다 할 수 있거늘, 이리 바꾸라, 저리 바꾸라 하지 말라.
55 너희에게 단돈 1원의 복을 달라는 것 너희가 상처 낸 것을 낫게 해 달라는 것도 다 오만이요, 잘못된 것이니라.
56 오로지 그 모두를 역사할 수 있는 것은 지금 법전을 기록하여 내리는 나의 아들이니라.
57 그를 통해야만 모두 역사하며, 모두 이루어지며, 그를 통하여 내가 수정하는 것도 너희가 그리 함부로 수정할 수 없으며 그 뜻을 들어줄 수가 없음이니라.
58 그 모두는 계획된 대로 가는 것이니라.
59 다만, 나의 아들이 그를 원할 수 있으며, 그가 원한다 해도 내가 그를 들어주기가 그리 쉽지 않으며 들을 수가 없으며,
60 그것이 하늘의 천년만년 짜인 계획이요, 그리고 영원히 존재하는 법도요, 질서라는 것을 알라.
61 다만, 나의 아들이 이 세상에 존재하며 그가 역사해야 되는 나의 법전이 세상에 나가야 할 때, 내가 잠시 그 문을 열어 주었다 닫을 수는 있느니라.
62 그가 하늘을 보고 깨우치며 하늘의 지혜를 얻어 역사할 수 있는 것은 내가 주며, 새로운 것은 그에게 내려 줄 수 있으나,
63 계획된 것은 나의 아들에게도 함부로 내려 줄 수 없는 것이 하늘의 법도이니라.
64 그러니 너희가 기도로써 다 바꾼다는 것은 와르르 무너지는 것과 같음이니, 그와 같은 어리석은 행위를 하지 말라.
65 너희의 사명이 무엇인가를 이제 알았는가?
66 그러니 너희가 가야 할 길이라는 것을 알겠느냐?
67 너희가 기도도 함부로 해서는 아니 되니, 너희의 사명 또한 함부로 바꾸려 하지 말라.
68 나의 아들을 통하여 내린 그 사명을 작다고 불평하며, 남은 좋은 것이며 너희 형제는 편한 것을 주며, 너희는 어렵게 줬다 하여 불평해서는 아니 되느니라.

69 내가 프로그램에 짜여 있기를, 그 자
리를 지키게 되어 있으며 그 일을 하
게 되며, 영원히 변하지 않는 나 여호
와의 프로그램에 기억되어 있으니, 거
기서 최선을 다해야 할 것이니라.
70 최선을 다하지 아니할 때, 내가 다른
사람으로 바꾸는 것은 할 수가 있음이
니라.
71 그러나 그 프로그램 자체는 바꿀 수
없느니, 그와 같은 길을 가라.
72 명한 것을 최선을 다하는 길을 가라.
73 그것이 나 여호와를 생각하는 것이요,
나를 바라보는 것이며, 나의 뜻에 따
르는 것이며, 내 품에 올 수 있는 나의
백성이 살아가는 길이라는 것을 잊지
말라, 사랑하는 나의 아들딸들아!
74 그 소중함을 알라.
75 함부로 기도하는 어리석은 백성의 말
은 개구리 울음소리만도 못하다 하였
음이니라.
76 개구리 소리요, 파도 소리만도 못한
그걸 듣고 내가 이 세상에 존재하게
하는 것을 수정한다면 과연 되겠느냐?
77 모두를 다 바꿔야 하니, 어리석은 짓
하지 말라 전하라.

7,191 번째 하나님 말씀

2003년 8월 19일 11시 48분

1 사랑하는 나의 아들아!
2 "네, 아버님! 말씀하옵소서."
3 너를 따르는 그 제자들에게 네가 물어
보라.
4 지금 너희 자신이 이 세상에서 살지
아니하였으며 육의 삶을 살다 지금의
이 자리에서 그 나이에 죽었다 하여,
네 이웃과 모든 형제에게 과연 너 자
신은 죽은 자라 그를 알릴 수 있는가?
5 그리고 그들에게 그리 통보하며, 네가
죽은 자로서 너 자신을 다스릴 수 있
겠는가?
6 그들에게 한번 물어보도록 그리하라.
7 지금까지의 너희는 죽었으며, 죽어서
다시 태어나는 그와 같은 역사를 이루
는 자세로써 변화될 수 있는가 그들에
게 물어보도록 그리하라.
8 육의 세상에서 지금 당장 죽은 자이니,
9 너는 이 순간부터 죽은 자란 그와 같
은 생각을 하며, 온 세상에 '나 누구는
죽었음이라 그리고 나는 존재하지 아
니함이라.' 그러한 너희가 되어 그를
주변에 알리며, 네가 새로 태어난 백
성으로서 살아갈 수 있겠는가?
10 사랑하는 나의 아들아!
11 네가 죽은 자라 내가 명한 그 뜻을 알
겠는가?
12 네가 죽은 자라면 너는 죽었다가 나에
의하여 다시 태어난 자가 아니냐?
13 그러니 다시 태어나는 너는 어찌해야
하겠는가?
14 너희는 모든 나의 뜻을 이미 알 것이
며, 내가 너를 죽은 자라 명한 그 뜻을
알고 있을 것이니라.
15 그러니 네가 죽은 자로서 네 이름은
죽은 자요, 너는 존재하지 아니한다
하여 내가 너를 죽은 자라 했음이니,
이 세상 모두에게 내가 네 부고장을
알렸으며 전했음이니라.
16 그러니 너는 죽은 자이거늘, 과연 네
가 그와 같은 죽은 자의 모습으로써

지금 견디고 살아가느냐?
17 너 자신을 들여다보도록 하라.
18 그러나 너는 살아 있음이니라.
19 네가 죽었다 하여 부고장을 돌려 세상
에 다 전했다 하나, 너의 육은 지금 죽
은 자 가운데 살아 있느니라.
20 그러니 그것이 무엇이더냐?
21 죽은 자 가운데서 다시 살아 네가 존
재함이니, 다시 태어난 자가 아니더냐?
22 그러나 다시 태어난 자가 지난날의 낡
은 그대로의 삶을 버리지 못하며 그
모두를 가슴에 안고 살아간다면, 너는
죽은 자로서 다시 태어나게 한 그 의
미가 없음이니라.
23 그러니 여기서 네가 이제는 너 자신을
반드시 세워 다스려 나가야 할 것이
며 너의 제자들 또한 그와 같이 말하
라.
24 너의 제자들도 이름 석 자 그 모두를
죽은 자라 하여 세상에 부고장을 다
돌리라 그리 말하라.
25 정녕 그들이 돌려야 할 것이며, 돌린
자가 되어야 할 것이니라.
26 그리하여 너희가 화목과 사랑과 그리
고 가장 낮은 자로서 다시 태어나는
그와 같은 삶을 살아야 할 것이며, 그
리 다시 태어나지 아니하면 아니 됨이
니라.
27 내가 너희를 얼마나 사랑하면 죽은
자라 했겠는가?
28 죽은 자라는 것은 내가 다시 태어날
기회를 줌이요,
29 그러니 사랑과 화목과 가장 낮은 백성
으로서 다시 태어나는 삶이 이루어지
지 아니하면 아니 됨이니라.
30 너희가 법전을 가지고 나의 아들 앞을
떠날 때, 내가 너희 머리에 손을 얹어
죄를 다 용서함이니 너희는 다시 태어
나 어린아이와 같이 살라는 그 아름다
운 뜻이 얼마나 소중하고 큰 은혜인
줄 알겠는가?
31 그를 한쪽 귀로 들으며 그 소중함을
모르는 것이 너희들이니라.
32 이제 너의 제자들은 모두 다 부고장을
돌린 자요, 이 세상에 존재하지 아니
하는 백성이라는 것을 오늘 이후부터
깨우쳐 주라.
33 그리하여 그들은 죽은 자이니, 사랑과
화목과 아름다움을 가지고 가장 낮은
자세로써 세상에 다시 태어난 삶을 살
라.
34 그 영광과 기쁨이 얼마나 있겠는가?
35 나 여호와가 죽은 자 가운데서 생명을
다시 연장해 주어 다시 태어났으니,
다시 태어난 자의 그 아름다운 모습으
로 살아가도록 전하라.
36 그것이 너희가 나를 볼 수 있으며 나
를 만날 수 있는 자라는 것을 잊지 말
도록 그리하라.
37 다시 태어난 자이니라.
38 사랑과 화목과 그리고 가장 낮은 자세
로써 살아가는 자로서 태어난 자라
그리 전하라.

7,192 번째 하나님 말씀

2003년 8월 19일 11시 54분

1 사랑하는 나의 아들아!
2 "네, 아버님! 말씀하옵소서."
3 너희가 그리 몸부림치며 한 자를 빼도

더해도 안 된다는 그 성경에 뭐라 기
록되어 가르쳤느냐?
4 성경에 기록하여 가르치기를, '죄짓는
자는 마귀에게 속하는 자이니라.' 했
으니, 죄짓는 순간에 마귀에게 속하는
자니 마귀는 곧 무엇이더냐?
5 마귀는 처음부터 죄로써 되었으며, 죄
를 짓고도 죄지은 줄 모르고 살아가는
자가 마귀이니라.
6 나 여호와가 나의 아들 예수에게 뭐라
말하였느냐?
7 마귀를 멸하도록 하여 마귀가 존재하
지 못하도록 그를 깨우쳐 만백성을 하
늘에 오르는 길로 인도하며, 마귀가
현혹하는 그 간교한 방법에 넘어가지
않는 백성을 만들려고 나의 아들을
세상에 내려보냈거늘,
8 너희가 그 마귀들의 힘으로 나의 아
들을 죽게 하였음이니라.
9 그 마귀가 역사하는 것을 막는 것을
막지 못하게 하여 2천 년의 세월이 지
금 흘렀다면 이것이 틀린 말이던가?
10 바로 마귀의 후예가 벌써 마귀에게 힘
을 실어, 나의 아들이 그 마귀가 일하
는 것을 막지 못하며 그들이 역사하는
것을 무너트리지 못하도록 하는 것이
너희들이였음이니라.
11 또한, 나의 법전에 뭐라 기록하여 너
희에게 전했더냐?
12 죄를 범하는 그 순간에 너희는 사탄
의 자식이 되며 사탄에게 넘어지는 것
이니, 절대 그와 같은 마음을 갖고 살
아서는 안 된다는 그 간절한 뜻을 나
의 법전에 나의 아들을 통하여 기록하
여 너희에게 전하지 아니하였더냐?
13 그와 같은 뜻을 나의 아들이 전하는
것은 사탄이요, 마귀요, 성경에 기록
된 것은 나 여호와의 뜻이라는, 너희
가 넘지 못하는 그 한계의 마음의 문
을 열어야 할 것이니라.
14 그 마음을 열지 못하면 2천 년 전에
나의 아들 예수가 진정한 나의 아들이
요, 참진리를 가르치는 자라는 것을
알면서도, 저희의 추한 모습이 드러나
는 것이 두려워 죽게 했던 그들과 똑
같은 자들이니라.
15 너희가 마음의 문을 열지 못하는 것은
사랑이 없기 때문이니라.
16 사탄이요, 마귀는 죄를 면치 못하며,
그 죄를 면치 못한 자는 지옥으로 가
는 것이 당연하며, 그들은 갈 곳이 지
옥밖에 없음이니라.
17 나의 사랑하는 백성 너희는 어떠하더
냐?
18 너희도 마찬가지이니라.
19 죄를 지으면 너희가 사탄이요, 마귀가
됨이니, 지옥에 가지 아니하고는 견딜
수 없는 것이 아니더냐?
20 그리하여 너희가 오늘의 삶을 잘못
살아 마귀와 사탄이 되어, 지옥문 앞
에서 들어가지 않으려고 몸부림치는
그와 같은 처참한 모습을 상상해 볼
것이며, 너희가 그 모습임을 잊지 말
라.
21 그 누구도 지옥을 가면서 웃으며 손
흔들며 가는 자는 없으며, 죽기 아니
면 살기로 갖은 악을 다 쓰다 견디다
견디다 못하여 그저 기진하여서 할 수
없이 들어가는 그 지옥의 문은,
22 한번 들어가면 영원히 나오지 못하며

열리지 못하는 것이 지옥문이니라.
23 하늘의 법도가 무엇인 줄 아느냐?
24 영원히 존재한다는 것이니 그를 알라.
25 너희가 정녕 지옥문을 가지 아니하고
면할 수 있는 것은 여기의 삶이니, 면
하느냐 면하지 않느냐는 그 삶을 소홀
히 보내는 자가 얼마나 어리석은 백성
인 줄 알겠느냐?
26 그것 하나만 고치고 가며 악습을 버리
고자 나의 법전을 읽는 백성 너희가
선택됨은 그것 하나로써 영광이니라.
27 너희가 나의 법전을 읽고 육의 행함이
중요하며 육의 행함이 벌을 받는다는
것을 깨달아, 열 가지의 죄를 그저 다
섯으로 줄인다 해도 너희가 지옥문에
가서 그렇게 몸부림치는 것은 적을 것
이니라.
28 그러니 너희가 얼마나 은혜를 받은
백성인가를 가슴 깊이 새겨야 할 것
이며, 그 은혜를 만백성에게 전하는
데 주저해서는 아니 될 것이니라.
29 사탄이요, 마귀가 지옥으로 가듯이,
너희가 어떠한 죄를 짓는다는 것은 지
옥으로 간다는 것을 잊지 말라 내가
말하여 너희가 전함이니라.
30 그러나 육의 죄는 용서받을 수 있다는
그와 같은 사탄이요, 지금 종교 지도
자의 간악한 방법을 믿고 너희가 '믿
습니다, 옳습니다.'를 연발하며 광란
의 짓을 하고 있으니,
31 그것이 바로 '나는 사탄을 따라 지옥
으로 가겠다. 지옥보다 영광된 것이
없다.' 그리 말하는 것이니라.
32 그리하여 마귀와 사탄들이 가는 지옥
행을 벗어나려 하지 아니하며, 그 길
을 스스로 선택하여 가는 백성이 되어
있음이니라.
33 그러니 사랑하는 나의 아들을 따르는
제자들이요, 나의 법전을 읽고 깨우친
백성은 그들과 관계없이 그들을 깨우
쳐 하늘에 오르는 길을 인도하는 것은
나의 법전을 그들의 손에 쥐여 주는
것이라 하였음이니라.
34 법전을 만들어 그들의 손에 쥐여 주
는 일을 게을리하지 말며, 최선을 다
하라고 전하는 의미가 여기 있음을 알
라, 사랑하는 나의 아들딸들아!
35 너희와 더불어 탐스러운 사과나무를
심어, 거기서 아름다운 사과나무가 익
어 우리가 같이 따서 즐기는 그날을
위하여 너희와 내가 같이하고 있음을
잊지 말라, 사랑하는 나의 아들딸들아!

7,193 번째 하나님 말씀

2003년 8월 19일 18시 51분

1 사랑하는 나의 아들아!
2 "네, 아버님! 말씀하옵소서."
3 나 여호와가 너희에게 생명을 내려 주
었음이니,
4 내가 생명을 내려 주었을 때 아름답고
고운 그 마음이요, 천사와 같이 세상
에 나왔으니, 그 마음을 다스려 살다
나에게 오르라 함이니라.
5 그러나 세월 속에서 살아가면서 무너
지고 또 자신을 지키지 못하며, 인간
세상에 사는 그 육의 삶의 욕심이라는
그 뿌리가 마음을 잡으니,
6 너희의 마음이 썩고 또 썩어 변하여
그와 같은 결과가 되었다 하였음이니

라.
7 그리하여 이 세상에서 나의 피조물 만
백성 너희만 지금 나 여호와의 뜻을
따르지 아니하며 나의 뜻을 거역하고
살아가는 형국이라 하였음이니라.
8 모든 동식물이요, 미물들은 내가 저희
에게 지키고 살라 하는 그 법도를 어
기고 사는 것이 있더냐?
9 그러니 식물은 꽃이 피어 그 꽃이 열
매를 맺어 번식하는 그와 같은 삶이
요, 그리고 과일나무에서 과일을 따는
것은 당연하다 하지 아니하였더냐?
10 사과나무에서 사과를 따며 포도나무
에서 포도를 따는 것처럼,
11 나무에서 열매가 열려 나의 피조물 만
백성들이 먹고 살아갈 수 있도록 된다
면 아무것도 걱정할 것이 없으며,
12 너희가 그와 같이 힘들고 어려운 믿음
이라는 길을 가며 하늘에 오르고자 할
필요도 없음이니라.
13 세상의 모든 미물에서부터 식물이요,
동물에게까지 내가 그들에게 명한 것
을 그들은 순종하고 지키고 그리 살아
가는 것이니라.
14 그러나 유독 지혜를 가장 높게 만들
었으며 가장 아름답게 만들고 천사와
같은 마음으로 세상에 내보낸 나의 백
성, 나의 아들딸 너희만 그리 변질되
고, 썩고 또 썩어져 가는 그와 같은 형
국으로 변했음이니라.
15 이 세상 모든 우주 공간에 나 여호와
가 창조한 것 중에 내 뜻을 듣지 아니
하며 내 뜻을 거역하며, 그저 제가 가
장 위대한 자요, 잘난 자라 말하며 감
히 나 여호와를 능가하는 것처럼 행동
하며,
16 그리고 세상이 나 이외에 스스로 이루
어졌으며, 내가 아닌 다른 곳에서 역
사한 것이라 그리 생각하는 자가 있
는가 하면,
17 나 여호와가 존재함을 믿으려 하지 아
니하며 그를 인정하지 아니하려는 백
성이 있으며,
18 그를 믿고 인정하는 백성 자체도 지
금 나의 뜻을 따르는 것이 아니요, 나
의 뜻을 거역하는 그와 같은 형국으로
가니,
19 아름다운 하늘의 천국을 지상에서 이
루고자 했던 그곳에 바로 모든 지혜
를 높이 주고 모두를 통제하고 관리하
도록 한 나의 백성 너희가 가장 먼저
등을 돌리며 변질되어 있음이니, 그러
니 이 세상이 이와 같이 험악한 형국
이 되어 있음이니라.
20 그리하여 나의 백성 너희가 애초에
내가 너희에게 내렸던 바른 삶이요,
그 아름다운 마음으로 살라는 것이
나 여호와의 뜻이니라.
21 그저 제자리를 지키는 모든 과일나무
가 제 열매를 열어 만백성과 동식물의
생명의 근원이 되어 주듯이,
22 너희도 너희 자신이 인간 본연의 삶
을 살도록 하는 것이 나 여호와의 뜻
이요,
23 너희가 욕심이요, 사악한 마음이요,
시기하고 질투하는 그와 같은 사탄의
마음을 뽑아 버리며 그를 버리도록 하
는 것이 나 여호와의 뜻이니라.
24 그 이상 바라는 것도 없으며 그 이상
원하는 것도 없음이니라.

25 다만, 이 세상의 모든 것은 나의 뜻을
거역하지 아니하며 순종하고 지키고
제자리에서 저의 직분이요, 제 임무를
다하고 살아가건만,
26 유독 가장 지혜를 높이 준 사랑하는
나의 아들딸 너희만, 나의 뜻을 유업
으로 받아 모든 역사를 할 너희만 나
를 배신하며 나의 뜻을 거역함이니라.
27 그러니 내가 너희를 바로 세우고 바
로잡고자 하는 것 외에 아무런 뜻도
더 바라고 원하는 것도 없음이니라.
28 그리하여 내가 모세 시대의 구약 시대
를 역사했으며 신약 시대에 나의 아
들 예수의 시대를 역사했으나,
29 너희가 나의 뜻을 알지 못하며 그저
나의 아들 예수를 부르기만 하면 그
피로써 구원을 받으며, 또는 무슨 짐
승을 잡아 제사를 지냄으로써 너희의
피가 깨끗해졌으며 또 죄가 없어졌다
는 이와 같은 허황된 속에서 지금까
지 흘러온 것이니,
30 그건 다 너희의 계획이요, 생각이니라.
31 그와 같은 것으로써 죄가 사해지는 것
이 아니며 용서받는 것이 아님을 알라.
32 다만, 나의 율법에 따라, 나의 십계명
에 따라, 내가 원하는 그 법전에 따라
사랑을 베풀며 살아가는 그것이 하늘
에 오르는 길이요, 나에게 오르는 그
근본의 길임을 알라.
33 그저 내가 명한 대로 거역하지 아니하
고 사는 것이지, 어찌하여 거역하고
죄지은 것을 짐승의 피로써 대신 죄사
함을 받을 수 있으며 용서받았다 하는
것이냐?
34 그 원천의 근본을 따져 보라.
35 너희가 지은 죄가 두려우며 인간으로
서 지은 죄가 너무 무섭기에 그걸 가
지고 용서를 받고 마음의 위안을 얻으
려고 만든 자들이며,
36 불안과 공포 속에 사는 그 백성에게
그와 같은 마음의 길을 가르쳐 준다
하여 설교하고 강론하면서 그들한테
거둬들이는 것이 재물이요, 그 모두를
거둬들이고 착취하는 그와 같은 형국
으로 왔음이니라.
37 나의 아들 예수도 또한 그리 이용했으
며 그리 팔아먹고 있음이니 그를 알라.
38 그래서 나의 법전에 나의 뜻을 모두
상세하게 바닥서부터 깨우쳐, 너희가
세상에 가지고 나왔던 원천의 그 마
음, 모든 과일나무가 그 과일이 충실
히 열려 계속 존속하며 그 씨가 썩어
서 하나의 뿌리를 내리고 살아가는 것
같이,
39 내 뜻을 거역하지 아니하고 사는 처음
에 내가 너희에게 성령으로 심어 준
순수하고 아름다운 천사와 같은 마음
으로 돌아오라는 것이 나의 뜻이니라.
40 이는 너희가 말하는 창조주의 말씀이
요, 창조주의 가르침이요, 그것으로써
너희를 다스려 감이니,
41 내가 160권의 법전에 나의 뜻을 기록
하여 내려보내느니라.
42 이를 보고 깨우쳐 눈을 뜨고 귀가 열
려 하늘에 오르는 참진리를 보도록 하
는 것이 나 여호와의 뜻이니라.
43 내가 너희에게 원하고 바라는 것이요,
내가 이루고자 하는 것이 무엇인가를
나의 법전을 읽고 바로 깨우쳐 하늘에
오르는 그 길에 오도록 그리함은 간단

하고 편하며,
44 오늘과 같이 고통스럽고 힘든 길이 아니어도 역사한다는 것을 잊지 말라.

7,194 번째 하나님 말씀

2003년 8월 19일 19시 01분

1 사랑하는 나의 아들아!
2 "네, 아버님! 말씀하옵소서."
3 지금의 종교 집단이요, 지도자요, 선생이라는 자들이 얼마나 잘못 가르쳤으며 사악한 자들로서, 나의 사랑하는 피조물 만백성들을 지옥으로 보내는지 아는가?
4 그리고 교만과 자만에 차 구원을 받았다는 그 신도들은 모두 나의 피조물 만백성을 지옥으로 이끄는 대표자요, 선봉장으로서 지금 가고 있음이니라.
5 너희는 사탄의 군사가 되어 지금 사랑하는 나의 백성이요, 천사와 같이 순박하고 아름다운 나의 백성을 공격하여 살육하고 있다는 것을 알아야 할 것이니라.
6 너희가 뭐라 가르치는 줄 알겠는가?
7 인간인 나의 백성은 태어날 때부터 죄인이기에 죄를 짓고 사는 것이라 그리 말하느니라.
8 그리하여 속죄해야 하며, 속죄하지 아니하면 영원히 구원을 받을 수 없다고 가르치느니라.
9 그리하여 나의 피조물 만백성들에게 그리 가르치며, 그와 같은 죄에 대해 응분의 대가를 치르고 회개하지 아니하면 너희는 죄인으로 태어났기에 죄를 짓고 사는 것이라 그리 말하느니라.
10 너희가 나의 피조물 만백성에게, 사랑하는 나의 백성이 태어날 때 죄인으로서 태어났기 때문에, 그 죄악의 뿌리를 안고 세상에 태어났기 때문에 그 바탕 위에 죄를 짓는 것이며, 악의 뿌리 속에서 계속 죄를 짓는 것이라고 가르치느니라.
11 그러나 나의 뜻과 나 여호와가 너희를 창조한 하늘의 뜻을 모르기 때문에 너희가 그와 같은 행위를 하고 있다는 것을 알아야 할 것이니라.
12 너희가 이 세상에 태어날 때 어찌하여 죄를 짓고 태어났다 말하는가?
13 너희는 죄를 가지고 태어난 백성이 아니니라.
14 너희의 영혼이요, 그 생명을 누구한테서 받아 나간다고 생각하는가?
15 창조주 나 여호와로부터 받아 나감이니, 어찌하여 너희가 세상에 태어날 때 죄인이란 말이냐?
16 나 여호와는 너희가 세상에 태어날 때 개인에게 일대일로 생명을 주며 영광을 주어 세상에 태어나 삶을 살도록 그리했으며,
17 세상에 한 사람을 내려보냄으로써 살고 즐기고 역사하다 나에게 올 수 있도록 그 모든 것을 다 준비하여 세상에 내려보낸다 그리하였음이니라.
18 그런데 어찌하여 나로부터 신성한 성령이요, 생명을 받아 천사같이 태어난 너희를 태어날 때부터 죄인이라 그리 말하는가?
19 나 여호와는 너희를 창조할 때 선한 하나의 백성이요, 나의 아들로서 세상에 내보냈으며 태어나게 하였음이니

라.
20 그러니 나의 아들딸이 세상에 태어날
때 악의 씨를 가지고 나왔으며 악으로
태어났다면 곧 무엇이더냐?
21 나 여호와가 악의 씨를 세상에 뿌리는
창조주요, 너희가 말하는 전지전능한
아버지라는 것이 아니더냐?
22 너희의 생명이요, 영혼을 나로부터 받
아 나감이요, 이 세상에 태어나는 것
은 나 여호와로부터 세상에 나옴이니
라.
23 이 세상에 태어나는 자가 악의 뿌리를
가지고 세상에 태어난 자라 그리 말한
다면, 너희는 영혼이요, 생명을 나로
부터 받아 나갔다면서 내가 악의 씨를
뿌려 세상에 내려보냈으며 하늘에서
이루어진 것같이 만들려는 이 지상에
내가 악의 씨를 내려보냈다고 말하는
것이니라.
24 그러니 너희가 얼마나 나를 능멸하며
나를 사악한 사탄의 제왕으로 만드는
것인가?
25 너희가 따르고 받드는 사탄을 나라고
하며,
26 정녕 너희를 천사로 만들어 세상에
내보낸 나 여호와가 악의 씨요, 악의
뿌리를 너희 가슴에 심어 내려보냈으
니,
27 나로부터 죄를 가지고 나갔기 때문에
너희는 원죄가 있으며 그 죄부터 뽑
아 버려야 하며, 그 죄를 용서를 받아
야 하며,
28 나로부터 받아 나간 그 죄가 소중하고
두려운 것이요, 인간 세상에 사는 것
은 죄가 아니라 그리 말하며 별것 아
니라 그리 말하고 가르치고 있음이니
라.
29 그러니 나로부터 태어난 백성의 죄의
씨를 내가 뿌렸다고 말하니, 그들이
얼마나 어리석은 가르침을 가르치고
있으며 얼마나 무지한 자들인가 너희
는 알겠는가?
30 그들이야말로 하늘의 뜻을 알지 못하
며 천기의 뜻을 알지 못하며, 나와 관
계없는 자들이기 때문임을 너희는 알
아야 할 것이니라.
31 어찌하여 나로부터 천사와 같이 태어
난 백성에게 내가 악의 씨를 뿌려 세
상에 내렸다고 말하는가?
32 그리하여 악의 씨를 뿌리고 악의 뿌리
를 가지고 세상에 나왔음이니, 내가
너희를 악한 자로 만들어 세상에 내보
내서 거기에서 짓는 것이 무서운 것이
며 그 죄가 두려운 것이지,
33 육의 삶에서 짓는 죄는 별것 아니라고
그리 나의 피조물 만백성을 가르치고
있음이니, 내가 사탄이면 너희는 무엇
이란 말이더냐?
34 그러니 이를 너희가 깨우쳐 주고 전
해서 그들의 눈을 뜨도록 해야 할 것
이니라.
35 이 세상에 나의 백성이 나오는 것은
나 여호와로부터 성령이요, 생명을 받
아 너희가 세상에 태어남이니,
36 나는 천사와 같은 나의 아들딸로 세상
에 내보냈지, 너희처럼 죄를 안은 죄
의 뿌리를 세상에 내보낸 것이 아님을
너희는 알아야 할 것이니라.
37 그리하여 천사로서 만든 나의 백성을
원죄를 안고 태어난 백성이라 그리 가

르치며,
38 지옥으로 가게 되어 있음이니 지옥으
로 가지 않으려면 모든 재물과 시간
을 다 바치며 저희에게 맹종하는 그와
같은 백성으로 살아가라 그리 유도하
고 이끎이니,
39 그게 바로 나의 백성을 지옥으로 보
내는 것임을 알라.
40 너희는 천사와 같은 선한 백성으로 태
어났음을 알며, 긍지와 자부심을 가지
라.
41 그러나 너희가 사는 세상 속에서 그
와 같은 사악한 자들의 가르침에 의하
며 너희 마음이 사악해졌으며 죄를
짓고 사는 것이니라.
42 그리하여 죄인이기에 죄를 짓고 사는
것이 무엇인지, 너희가 사는 그 자체
도 알지도 못하며, 살아가는 방법까지
도 알지 못하는 자가 그저 남의 죄를
용서해 준다며 남에게 죄를 용서받으
라 그리 말하며, 그와 같이 나의 피조
물 만백성들을 선전선동하는 것이니
라.
43 그러니 저희가 죄를 짓고 사는 것인
지 죄를 짓지 아니하고 사는 것인지
그 자체도 모르는 것이 그들이니,
44 저희가 사는 것이나 바로 보며 저희
나 죄짓고 살지 말라 그리 가르쳐야
할 것이니라.
45 저 자신이 지은 죄도 모르고 살아가는
자들이 어찌하여 세상에 태어날 때 나
로부터 죄를 가지고 나왔으며 그 죄의
뿌리가 있어서 그 뿌리에 의하여 죄를
짓는 것이 두렵다 그리 가르치며,
46 인간 세상에서 살아가는 것은 아무것
도 아니라고 말하며 나의 사랑하는 백
성 너희가 세상에 태어날 때부터 죄를
가득히 채워서 탄생했다 그리 가르치
는가?
47 절대 그렇지 아니하니라.
48 너희는 천사와 같은 마음으로 나 여호
와의 성령을 받아 세상에 태어났음을
잊지 말라.
49 그와 같은 것을 믿고 그와 같은 것을
지키며 그리 태어났음을 믿는 자가 세
상에 늘어날 때,
50 너희가 원죄를 가지고 살았기 때문에
그 죄를 갚으려면 모든 것을 다 바치
며 저희에게 맹신해야 한다는 그 사탄
들의 말에 현혹되어 지옥으로 끌려가
는 그와 같은 길에서 돌아설 수 있도
록 하며 탈출하도록 가르치라, 사랑하
는 나의 아들딸들아!

7,195 번째 하나님 말씀

2003년 8월 19일 19시 07분

1 사랑하는 나의 아들아!
2 "네, 아버님! 말씀하옵소서."
3 지금 수천 년 동안 믿음을 갖고 그 믿
음 속에서 가는 집단이요, 그 백성이
과연 진정한 믿음의 길을 가고 있다고
생각하는가?
4 그들은 정녕 진정한 믿음의 길을 가지
아니하느니라.
5 그리고 저희는 다른 신을 제 가슴에
두지 아니하고 산다고 말하느니라.
6 그러나 그들의 가슴속에는 다른 신으
로 꽉 차 있으며 다른 신들이 우글거
리고 있다 내가 그리 말하였으니 그를

깊이 깨달아야 할 것이니라.
7 그들은 평소에 다른 신을 가슴에 두고
사느니라.
8 그리하여 다른 신에게 무엇을 이루고
자 역사하고자 저희가 바라는 것 소
망하는 것이 있을 때 그때 이루어지
지 아니하고 힘에 버거워 역사하지 못
할 때,
9 그때그때 필요에 따라서 나 여호와를
찾으며 소망할 일이나 역사할 일이
있을 때마다 순간마다 나를 찾는 것이
지금의 믿음에 사는 그들의 형태이니
라.
10 그러면서 그들은 다른 신을 두지 아니
하며 나만을 경배하며 저희가 진정한
믿음의 길을 가는 백성이고 나를 항
상 가슴에 안고 나를 사랑하며 나를
경배하며 살아간다고 말하나, 그들은
절대 그러한 자들이 아니니라.
11 지금의 모든 믿음의 길을 가는 백성
은 평소에 나를 잊어버리며 나를 지워
버리고 살며, 나를 사랑하지 않는 자
들임을 너희는 알아야 할 것이니라.
12 그리 살다가 육에서 저희가 소원하는
것, 이루어야 할 것, 그리고 무엇인가
역사하고자 하는 것이 안 될 때,
13 욕심이라는 다른 신이요, 너희의 욕구
를 이루고자 하는 그 모든 신을 가슴
에 가득히 가지고 있음이니, 너희가
다른 신을 가지는 것은 욕심의 근원
의 뿌리라 하였음이니라.
14 그러니 너희는 욕심의 근원의 뿌리인
다른 신을 섬기고 또 섬기다 그 욕심
이 채워지지 않을 때,
15 너희가 섬기는 사악한 사탄들이 이루
어 주지 아니하며, 도저히 역사하지
못할 때, 그때만 나를 찾는 것이 너희
가 기도하는 방법이요, 믿음의 길을
가는 것이 아니던가?
16 그것이 너희의 거짓이며, 그와 같은
믿음이 오늘날 너희의 믿음이 아니라
말할 수 있거든 내 앞에 와 그때 반드
시 그 이의를 제기하라.
17 너희는 평소에 나를 잊어버리고 그냥
살아가느니라.
18 그리고 욕심이요, 다른 신들과 너희를
위하여 그 신과 더불어 무엇을 이루고
자 하며,
19 너희가 믿는 사탄이라는 가짜 신에게,
사탄의 앞잡이에게, 마귀의 자식이 되
어 그와 더불어 역사하다 아니 될 때,
나의 힘을 빌리고자 나를 찾으니,
20 평소에 나를 경배하고 믿는 마음이 전
혀 없는 자들이니라.
21 그저 너희는 무엇인가를 얻고자 필요
할 때만 개구리처럼 개굴개굴거리며
나를 찾는 것이니라.
22 소원하는 것이 이루어지지 않을 때,
소원할 것이 생각나지 않을 때, 당장
무엇인가 이루고 싶은 마음이 없을
때, 너희는 나를 찾지 아니하고 나를
잊고 삶이니라.
23 욕심이라는 사탄을 가슴에 가득히 안
고 살아가는 자들이니라.
24 나를 찾고 싶은 마음이요, 성령을 구
하는 길이요, 하늘에 오르는 그와 같
은 삶을 원하지 아니하고 사는 것이
너희임을 알아야 할 것이니라.
25 그러니 너희가 얼마나 어리석고 불쌍
한 백성인 줄 알겠는가?

26 너희는 이 세상에 살아가면서 육의 세
상에서 살인한 것만 살인의 죄를 짓는
것이라 생각하느니라.
27 그러나 그와 같은 살인을 하지 아니하
여도 너희는 수없는 살인 행위를 하
고 살면서도 그를 모르고 어리석은 삶
을 사는 것이 너희라는 것을 잊지 말
라.
28 너희가 거짓 하는 것, 남에게 피해를
주는 것, 남을 속이는 것, 그 모두가
다 살인하는 죄와 같으며 살인하는 행
위와 같음을 알라.
29 너희 형제에게 미련한 자라 하는 것
도 지옥 불로 간다 하였음이니, 곧 너
희가 지옥 불로 가는 살인죄를 받음과
마찬가지이니라.
30 너희는 평생을 살아가면서 수천수만
의 그 많은 살인 행위를 하면서도 그
것이 살인 행위이고 사람을 죽이는
것인 줄을 모르고 있음이니라.
31 그는 바로 무엇이더냐?
32 너희가 잘못 살아가는 것으로써 영원
히 다시 태어날 영혼의 생명을 죽이는
자들이니, 그게 바로 살인자며, 너희
자신이 살인자가 되어 있음을 아직도
모르는 것처럼 너희는 정녕 나의 믿
음이요, 하늘에 오르는 길이 무엇인가
를 모르고 있음이니라.
33 다만, 필요로 할 때, 무엇인가를 역사
하지 못할 때, 너희가 힘에 부칠 때,
온갖 사탄을 가슴에 안고 살다 그들로
부터 얻지 못하고 이루지 못할 때,
34 너희는 그때마다 나를 찾고 나에게
울고불고 기도하며 평생 나를 믿고
산다 하며, 그저 가슴에 항상 믿고 살
며 지워 본 적이 없으며 오로지 아버
님의 뜻이요, 아버님의 계명대로 살아
간다고 말하는 자들이니라.
35 그저 생각날 때만 기도하는 믿음은 어
리석은 자들이니, 살인을 하면서도 살
인자라는 것을 모르고 사는 너희의
그 어리석음을 알라.

7,196 번째 하나님 말씀

2003년 8월 19일 19시 21분

1 사랑하는 나의 아들아!
2 "네, 아버님! 말씀하옵소서."
3 너희에게 천사와 같은 생명을 주어 세
상에 내보냈거늘, 너희는 내가 죄악의
씨를 심어 세상에 내보냈다고 그리
말하며,
4 이 세상 모두를 다 통제하고 관리하고
취하고 살 수 있도록 그 큰 은혜를 주
었거늘, 그걸 감사한 줄 모르고 살아
가는 것이니라.
5 내가 모두를 다 내려 주며, 나의 뜻에
살다 내 품에 오라 하며,
6 그리고 영원히 사는 구원이요, 천국의
그 나라에 오도록 너희에게 지혜를 높
이 주었으며 아름다운 생명체를 주어
세상에 내보냈거늘, 어찌하여 오늘의
이 삶을 살아가는가?
7 너희는 이 세상에 생명체를 갖고 태어
난 모든 만물 중에서 가장 거짓되고
가장 부패하고 가장 썩었으며,
8 도저히 다시 돌이킬 수 없으며 원형의
모습으로 돌아올 수 없는 것이 나의
아들딸 너희라면 과연 이 말을 믿겠느
냐?

9 모든 종교 집단이요, 믿음의 길을 가는 백성, 그들은 말할 것이니라.

10 이는 정녕 사탄이 하는 것이요, 너희의 아버지인 창조주 나 여호와가 하는 말이 아니라 그리 말할 것이니라.

11 그러나 내가 보는 너희를 평하는 그것은 어떤 줄 아느냐?

12 이 세상에 생명체를 갖고 태어난 만물 중에서 가장 잘못된 자들이요,

13 그리고 돌이킬 수 없으며 원형의 모습을 찾아볼 수 없으며, 인간의 아름다운 원형의 그 모습으로써 돌이킬 수 없으며 그 모습을 찾아볼 수 없다면 너희의 모습이 어떠한 줄 알겠느냐?

14 나의 아들은 너희 모습을 보고 있음이니라.

15 너희가 흉악한 마귀의 모습으로 형성되어 지금 살아감이니,

16 그 마귀와 같은 모습을 아름다운 인간으로 돌려보낼 길이 있으며 그리 돌이킬 수만 있다면 제 목숨을 바쳐 그 길을 가겠다는 것이 지금 나의 아들의 생각이니라.

17 그는 너희의 그 흉악한 몰골을 다 보고 있음이니,

18 내가 보는 너희의 그 모습은 어떠한 줄 알겠느냐?

19 외형의 모습으로써 너희를 평가하는 것이 아니요, 너희가 가진 마음을 내가 알며 너희의 행함을 알고 있기 때문에,

20 그와 같이 추한 모습으로 전락되었으니, 이를 원상 복구하여 원래의 형태로 만들 길이 없다면 너희는 어찌하겠느냐?

21 이것이 나 여호와의 아픈 마음임을 알아야 할 것이니라.

22 그러니 높은 지혜를 주고 화합하고 아름답게 살라 보낸 백성 너희가 어찌 살아가느냐?

23 불의를 자행하는 것을 무서운 줄 모르며, 사악한 짓을 행하면서도 서슴지 않고 그것을 행하며, 그것이 죄인 줄 모르고 화합할 줄 모르며,

24 그저 세 사람, 네 사람만 모이면 당을 짓고 서로 공격하는 것을 일삼으며 두려운 줄 모르고 사는 것이 너희니라.

25 이 세상에 나로부터 태어난 그 생명의 소중함을 모르며, 너희는 분당하여 죽고 사는 전쟁을 일으키는가 하면,

26 이익을 추구하기 위하여 다른 생명은 아무런 가치가 없는 것처럼, 그저 목석이나 백사장의 모래알만큼도 여기지 않는 자들이니라.

27 분당을 자행하며 전쟁을 일으키며 그와 같이 사악한 짓을 하는 것이 너희니, 이 죄악의 극치가 얼마나 극에 달했는지 알겠는가?

28 그 추하고 탐욕스러운 모습은 정녕 볼 수 없음이니라.

29 그와 같이 추하고 탐욕스런 인간으로 변해 있으면서도,

30 너희는 인간의 원래의 모습을 가진 것처럼 착각하며, 내가 너희에게 내려준 그 천사와 같은 마음을 가지고 사는 것이라 그리 생각하느니라.

31 너희는 천사와 같은 마음을 다 저버렸으며, 너희의 형태가 마귀와 같은 모양으로 변화된 것을 자신이 모르니,

32 두려운 줄을 모르며 그것이 얼마나 잘

못된 삶이요, 나에게 와 심판을 받을
때 그 대가를 어찌 치르는 것인지 그
걸 모르고 사는 자들이니라.
33 내가 나의 법전에 기록하여 너희에게
전하기를 뭐라 했더냐?
34 작은 거짓말을 하는 것도 살인하는 것
과 같다 했음이니라.
35 그러나 너희는 거짓말하기를 일삼으
며, 거짓말이 두려운 줄을 모르며, 남
을 비방하며, 남을 미워하는 그와 같
은 행위를 하면서,
36 그 모두가 나의 피조물 만백성들을 비
방하고 미워하고, 거짓으로써 그를 멸
망의 길로 인도하는 그것이 다 살인
행위라는 것을 모르고 있음이니라.
37 그 모두를 잘못하여 나의 백성이 지
금 다 죽어 가고 있음이니, 너희는 그
와 같은 살인자임을 알라.
38 또한, 교만하며 자만함이 모두 죄악이
라 내가 일찍이 깨우쳤느니라.
39 그러니 너희 자신이 교만하지 말며
오만하지 말며, 너희가 아름다운 역사
를 했다 해도 그걸 자랑하지 말라.
40 자랑하는 것도 죄가 된다고 내가 너
희에게 그리 가르쳤거늘, 그를 행하고
지키는 백성이 어디 있느냐?
41 그러니 나의 뜻을 거역하는 자요, 나
의 뜻을 순종하고 따르는 나의 백성이
아님을 너희가 자처하는 것이 아니던
가?
42 너희가 그렇게 무섭게 변했으니, 너희
를 원상태요, 원형의 모습으로 돌려놓
기가 그렇게 어렵고 힘들다 함이니라.
43 너희는 인간의 가장 무서운 죄의 하나
인 살인을 한 적이 없으며 살인한 자
가 아니라 그리 말함이니,
44 위에서 내가 나열했듯이 그와 같은 행
위를 서슴없이 하는 것이 바로 무엇이
더냐?
45 만백성을 도륙하며 그를 죽게 한 자들
이 너희니,
46 바로 너희의 잘못된 행위요, 잘못된
가르침으로 인하여 나의 피조물 만백
성들이 지옥으로 끌려감이니라.
47 그게 바로 너희가 나의 백성이 영원
히 살 그 생명을 다 죽임이니라.
48 너희 각자가 다 살인을 자행하고 사는
것이니, 육의 세상에 사는 속에서 얼
마나 죄 속에서 사는 것인가를 너희
스스로 돌이켜 봐야 할 것이며,
49 너희가 한번 점수를 매겨 어떠한 삶을
사는가를 깨우침을 얻는 자만 구원의
길을 볼 수 있다는 것을 잊지 말라.
50 살인하면서도 살인한 것을 모르도록
지금 나의 피조물 만백성들을 세뇌시
켜 놓은 그것이 종교 집단이요, 지도
자들이 지금 가는 것이니 그리 알라.
51 너희는 2천 년 동안 흘러오면서 너무
나도 타락되었으며 너무나도 사악해
졌으며 썩어져 있음이니라.
52 인간 너희의 마음이 얼마나 간사하고
교묘한 줄 알겠느냐?
53 너희 몸에 오물이 묻으면 그 냄새를
처음에는 코를 막으며 그를 맡을 수
없다고 그리하나,
54 그 속에서 한 시간 두 시간 일하고 살
아가다 보면 그 냄새가 몸에 뱀이니,
그 냄새가 역겨운 줄을 모르는 것이
너희니라.
55 그러니 2천 년 동안 죄를 지으며 사악

한 행위를 계속해 오는 종교 집단의
지도자 밑에서 '맞습니다, 그것이 구
원의 길이 옳습니다, 아멘, 할렐루야!'
하며 눈물 콧물 흘리며 찬송 부르고
몸부림치는 그것에 젖어 있어서,
56 거기가 지옥이요, 공동묘지의 묘 속이
요, 너희가 마귀의 모습으로 변하여
서로 물고 뜯는 사악한 그와 같은 현
장이 바로 교회요, 성당이요, 성전이
라는 것을 모름이니라.
57 냄새를 맡다가 그 냄새가 몸에 배니,
그 역겨운 냄새를 모르는 그 마음과
같으니,
58 너희는 여기서 바로 너희 자신을 들
여다보며 구원을 받는 그 길을 보지
못하면 너희가 그리 갈구하는 나에게
오는 길을 올 수 없다는 것을 잊지 말
라.

7,197 번째 하나님 말씀

2003년 8월 19일 19시 29분

1 사랑하는 나의 아들아!
2 "네, 아버님! 말씀하옵소서."
3 이 세상에 모든 생명체를 가지고 나온
그 만물 중에 가장 사악해 진 것이 바
로 사랑하는 나의 아들딸 너희라 그
리 말하였음이니라.
4 무너질 데까지 무너져 있으며, 더 이
상 무너질 수 없으며, 더 이상 타락할
수 없는 데까지 가 있는 것이 오늘의
너희니라.
5 수천 년 동안 믿음의 길이요, 하늘에
오르는 그 길로 인도한다는 종교 집단
의 지도자로 인하여 이 세상 만물 중
에서 가장 사악한 자로 나의 아들딸이
전락하며 타락되었다 내가 그리 말하
지 아니하더냐?
6 너희는 집단의 이해관계와 집단의 이
익을 위해서는 아름다운 삶이요, 사랑
이요, 정의로움이요, 질서를 지키려
하지 아니하며, 그 모두는 다 뒷전으
로 밀어붙임이니라.
7 오로지 집단의 이해관계와 그 욕심에
의한 것을 이루기 위해 서로 죽고 사
는 그와 같은 분쟁도 서슴없이 일으키
는 것이 나의 백성 너희니, 너희가 얼
마나 사악한 자들이란 말이던가?
8 이 세상의 모든 동식물도 짐승도 먹고
살려고 그 먹이를 위하여 그 동족끼리
집단 행위를 하여 먹이는 공격하나,
9 그들이 욕심이요, 그 먹이를 채웠을
때 과연 계속 그와 같은 집단 행위를
하며 분쟁을 일으키고 서로 죽고 사
는 그와 같은 행위를 하던가?
10 어찌하여 나의 사랑하는 백성이 그리
도 욕심이라는 것 때문에 짐승도 일으
키지 아니하며 짐승도 행하지 않는 서
로 죽고 사는 그와 같은 분쟁을 욕심
을 위하여 주저 없이 행하는 형국으로
변화되었단 말이더냐?
11 너희는 집단의 이익을 위하여 분쟁을
일삼으며 분쟁의 요소를 만들어 서로
죽이고 살리며,
12 물리적인 힘이 있는 자는 존재하며 힘
이 없는 자는 그저 이유 없이 죽어 가
는, 그와 같이 인간의 생명을 초개와
같이 버리는 나의 피조물 만백성이 되
어 있음이니라.
13 사람의 생명의 소중함을 모르며, 이

모든 질서를 파괴하는 것을 두려운 줄
을 모르고 사는 것이 너희니,
14 너희가 그와 같이 살아가는 그 마음이
요, 제 집단이요, 제 개인의 욕심의 의
해서는 아무것도 가리지 아니하며 질
서까지도 보지 아니하며 양심까지도
들여다보지 않는 그와 같은 나의 백성
으로 변했음이니라.
15 이 세상 만물 중에 가장 사악한 것이
내가 가장 사랑하는 나의 아들딸이 그
리 타락되었으며 그리 죽어 가고 썩어
져 있다 함이니라.
16 이 지구 위에 너희밖에 없느니라.
17 모두 제 이익을 위하여 모든 것을 짓
밟는 것, 그리고 집단의 이익을 위하
여 분쟁하며 나로부터 생명을 받아 나
간 수없는 백성을 도륙하는 그와 같
은 행위를 하는 것은 너희밖에 없음이
니라.
18 그러니 너희 마음가짐보다 너희가 생
각하는 것보다 더 사악하며 더 간사하
며 간교한 자들이 없음을 알아야 할
것이니라.
19 그러니 너희야말로 이 세상에서 가장
거짓되고 더러우며 가장 추한 행위를
하면서도 추한 줄을 모르느니라.
20 그와 같이 나의 아들딸이 동물보다도
못할 만큼 전락하고 타락된 이 현실
에서,
21 내가 가장 아름다운 모습으로 만들어
세상에 내보냈으며 천사와 같은 마음
으로 세상에 내보낸 그 마음이요, 그
아름다운 마음을 원상 복구시켜 놓는
것이 나 여호와요,
22 그 일을 위하여 모두를 다 바치는 백
성이, 나 여호와를 위하여 그와 같이
아름다우며 내가 원하고 내가 가장 기
뻐하는, 나의 은혜에 보답하는 길을
가는 자들임을 잊어서는 아니 될 것이
니라.
23 이제 사랑하는 나의 백성 너희가 이
세상에서 가장 사악하고 가장 악해졌
으며,
24 그리하여 나로부터 받아 나간 그 기초
의 양심마저도 무너졌으며, 그 양심이
라는 것을 찾아볼 수 없는 형국이 되
었으니,
25 너희가 정녕 양심의 가책을 알며 잘못
한 것을 잘못했다고 깨닫고 인정할 수
있는 그와 같은 나의 백성으로서 너
희를 다시 원상복구시키고자 하는 것
이 나 여호와이니라.
26 내가 너희를 버리기만 하는 것이 아
니니라.
27 나는 너희가 나에게 돌아올 수 있는
백성이 되기를 바라느니라.
28 너희가 양심의 가책을 느끼는 백성으
로 되기를,
29 너희가 냄새나는 곳에서 더불어 살다
보면 그 냄새를 모르듯이, 죄악 속에
지금 살아가며 죄악 속에서 그 죄와
같이 흘러가며 그 사악한 사탄과 마귀
들과 더불어 생활하며 살아가다 보니,
30 사탄과 마귀가 너희를 지옥으로 이끌
고 가는 것을 모르며, 너희가 죄를 지
으면서도 죄를 모르고 가는 나의 백성
이니, 너희가 얼마나 병들고 썩은 자
들이며 잘못된 줄 알겠느냐?
31 육신이 불편한 자, 거동이 불편한 자,
그와 같은 자들만 불편한 자라 말하지

말라.
32 너희야말로 더 썩고 다 썩은 것이며,
병들 대로 병든 것이 오늘의 종교 집
단이요, 지도자요,
33 거기서 구원을 받았다며 '옳소, 믿습
니다.' 하며 맹종하는 자들, 그리고 뒤
를 돌아다볼 줄 모르며 좌우를 들여
다볼 줄 모르며, 남의 가르침에 귀를
기울이지 못하는 자들은,
34 그 썩고 썩은 그 속에서 냄새에 이제
는 만성이 되어 그걸 모르는 자들이니
라.
35 욕심이라는 속에서 욕심에 의하여 분
당을 지으며, 그리고 생명의 소중함도
모르며 나로부터 태어난 모든 백성의
그 생명까지도 그저 살육하면서 욕심
만을 채우고자 하는 그것이 지금의 사
악한 나의 백성 너희니,
36 이 세상 만물 중에 가장 사악한 자가
너희라는 말을 감히 거부할 수 있겠는
가?
37 너희가 죽어 와 나에게 심판을 받을
때 얼마나 사악하고 간교했으며 얼마
나 잘못 산 것이며, 나의 은혜에 보답
하는 길이 아니요, 나를 능멸하고 나
를 욕되게 한 삶을 살았는지 알 것이
니라.
38 그때 가서 내가 천국 문을 열고 들어
오라 해도 너희 자신이 들어오지 못하
며,
39 스스로 고개 숙이고 지옥문으로 눈물
흘리며 갈 것이며, 그 길을 가게 될 것
이니라.
40 지옥문의 그 길을 가는 것이 너희임을
잊지 말라.

7,198 번째 하나님 말씀

2003년 8월 19일 19시 46분

1 사랑하는 나의 아들아!
2 "네, 아버님! 말씀하옵소서."
3 종교 집단이요, 지도자요, 그 모두 지
금 구원의 길을 간다는 백성이 무엇
이더냐?
4 너희는 그저 평생 기도를 하며, 기도
로써 평생을 살아감이니라.
5 그리고 종교 지도자 너희 또한 마찬
가지이니라.
6 기도로써 시작하며 기도로써 모두 끝
나며 기도로써 다 역사함이니, 정녕
너희가 말로써 만드는 그 기도밖에는
더 할 것이 무엇이 있느냐?
7 너희는 나로부터 받은 은혜가 없으며
나로부터 받는 나의 메시지가 없음이
니, 그저 너희가 생각나는 대로 꾸며
서 말하며,
8 그리고 모든 백성을 현혹하여 그들에
게 재물을 거둬들이는 그와 같은 기도
외에는 너희가 할 것이 무엇이더냐?
9 그것이야 너희가 생각나는 대로 만들
어서 하는 것이니, 그러니 너희는 진
정한 기도의 의미를 모르며 그저 말로
써 만들어서 하는 것이 기도인 줄 알
고 있으니, 그 기도는 너희가 아주 통
달했음이니라.
10 말로써 세상 것을 다 이루는 그와 같
은 자들이 되어 있음이니,
11 그리하여 지금 나의 피조물 만백성들
을 현혹하여 고리에 끼워 끌고 가도록
그리되었으며,
12 나의 피조물 만백성들로부터 재물을

거둬들이며 재물을 상납받으며 온갖
수단과 방법을 가리지 않고 모든 것을
갈취하는 그와 같은 형국이니,
13 너희는 기도라는 것이 진정한 의미의
기도요, 나 여호와의 뜻에 합당한 것
이 아니라, 오로지 나의 피조물 만백
성들을 우롱하고 갈취하기 위해서 통
달한 것이 바로 너희의 기도이니라.
14 과연 너희가 기도의 의미를 아는가?
15 너희는 바른 기도를 알고 기도하는가?
16 너희는 아무것도 알지 못하고 하고 있
음이니라.
17 너희가 무엇을 어떻게 알겠는가?
18 미래에 이루어지는 것, 오늘 이루어지
는 것 하나도 알지 못하면서 무슨 기
도를 한다 말하느냐?
19 그러니 지금 무엇이 소중하며 무엇을
구해야 하며 어떠한 것을 역사해야
하는지도 모르면서, 그저 말로써 모든
기도를 하며 말로써 만들어 모든 문제
를 제시하고 답을 주는 그와 같은 형
국으로써 감이니라.
20 그저 나의 피조물 만백성들에게 하늘
의 축복과 영광과 은혜가 내려진다
그리 말하면 모든 것이 얻어지는 것처
럼 가르치는 것이 지금 너희의 기도
니,
21 그것 이외에 너희가 할 것이 무엇이
있으며 하는 것이 무엇이 있던가?
22 성경의 비유의 뜻도 모르며 하늘에서
역사하는 것도 모름이니,
23 그저 말로 기도하는 것으로써 은혜 준
다, 축복 준다, 재물을 준다 하여 나의
피조물 만백성들의 눈을 멀게 한 것이
오늘의 종교 집단이 이끌어 온 근본이
요, 대표적인 것임을 알라.
24 저 자신을 위하여 무엇이 시급하며 저
자신을 위해서 무엇이 소중하며 제가
어디에 처해 있는지도 모름이니,
25 그리하여 너희는 그저 내려 준다, 내
려보낸다, 달라면 준다고 하며,
26 나의 피조물 만백성들에게 그저 축복
과 은혜와 영광을 주며 죄악의 온상인
교회에다 바치는 것만큼 말로만 풍성
하게 다 내려 주니,
27 그들이 말로써 내려 주는 기도 소리가
그대로 이루어지는 줄 알며 그 풍성함
에 현혹되어 그저 눈물 콧물 흘리며
'아멘, 옳소, 맞습니다.' 하니, 얼마나
그게 불쌍한 자들이냐?
28 그리고 너희가 사기극을 벌여도 얼마
나 어리석은 사기극을 벌이고 있는가?
29 그 사기극을 벌이는 자나 그를 보고
따라가는 자나 모두 다 불쌍함이니라.
30 너희가 말로써 너 자신에게 부르짖으
며 하소연하는 기도가 끝나고 난 다음
에는 공허하며 네 마음에 와 닿는 것
이 없으며 네 가슴에 뿌듯함이 없는
것이 오늘의 믿음으로 가는 것이니라.
31 그들이 기도하는 것을 하나하나 기록
해 보라.
32 너희가 평생 다닌 그 교회요, 성전이
요, 또 성막이요, 회당이라는 곳에서
종교 지도자가 너희를 위하여 기도해
준 것을 하나하나 검사해서 한번 보라.
33 그것이 얼마나 이루어졌으며, 하나하
나 이루어진 것이 있는가?
34 평생 너희에게 준다, 이루어 준다, 역
사한다는 것이 이루어 준 것도 없음이
니, 그것이 사기극이 아니고 무엇이던

가?
35 그들이 기도한 것, 너희를 위하여 기도했던 것을 하나하나 기록해서 한번 점검해보라.
36 수천수만 가지 너희에게 내려 준다 준다 그리했으나, 과연 너희에게 무엇을 얼마나 주었으며 얼마나 이루어졌는가?
37 그리하여 준다, 이루어준다고 말만 하며, 공수표만 띄우며 거짓말로 지금까지 끌고 온 것이 아니더냐?
38 그리하여 그들이 내려 주는 대로 너희가 구할 것이라 믿고 재물을 바치며 기다리고, '옳소, 맞습니다.' 그리하고 왔음이니라.
39 그러나 이루어진 것은 하나도 없을 것이니, 너희가 한번 돌이켜 보라.
40 이루어지지 아니하며, 이루어 주지 못하는 자가 이루어 준다 말하며, 이루어질 것이라 말하며, 이루어질 수 있다고 말하는 것, 그리고 너희에게 말로써 풍성히 이루어진다 말한 그것이 하나도 결과가 없으며 역사하는 것이 없는 자들,
41 그들이 바로 거짓 선지자요, 사기꾼이요, 거짓된 자들이 아니더냐?
42 그리하여 말세에 오는 잘못된 자들, 그들이 바로 사탄의 자식으로서 온 자들이니 그리 알라.
43 기도한 것이 안 이루어지면 그것이 곧 무엇이더냐?
44 사기극이요, 사기꾼이요, 사탄의 자식임을 알라.
45 나 여호와의 아들이요, 나 여호와의 뜻에 이루는 백성은 정녕 그가 필요하여 기도할 때 내가 그에게 역사해 이루어 줄 수 있음이니라.
46 그러니 그것이 너희와 다름을 알라.
47 너희가 말하는 믿지 않는 이방인이라는 백성이 너희에게 약속을 지키지 못하고 거짓을 하며 그 뜻을 실천하지 못할 때, 너희는 그를 사기꾼이요, 거짓말쟁이요, 이단이라 그리 말하느니라.
48 그러나 종교 지도자가 평생 너희에게 아무것도 이루어 주는 것이 없으며 역사하는 것이 없으면서 곧 이루어진다, 열배 백배 될 것이다, 소원성취할 것이다 그리 말하는 것이 하나도 이루어지는 것이 없거늘,
49 어찌하여 일반 백성이 말하는 것은 거짓이요, 사기꾼이라 말하며,
50 종교 지도자들이 기도로써 너희를 현혹하여서 준다, 열배 백배 이루어진다, 축복이 있다는 그와 같은 말은 이루어지는 것이 하나도 없거늘, 그 기도하는 것은 사기극이 아니며 거짓이 아니란 말이던가?
51 너희가 그리도 바라고 소원했던 것이 과연 기도로써 이루어진 것이 있으면 너희가 기록하여 죽을 때 나에게 가져오라.
52 그래서 정녕 그것이 이루어진 것이 하나라도 있다면 내가 거기에 대한 상을 내릴 것이며, 지옥으로 가는 길에 내가 너희를 구원할 것이니라.
53 그러나 하나도 없음이니라.
54 너희 눈으로 이루어지는 것이 없으며 역사한 것이 하나도 없음이니라.
55 그들이 말하는 것은 이루어지는 것이

없으며 그는 나와 관계없으며 그는 사
탄이니라.
56 그리고 나와 관계없는 자들이 나의 사
랑하는 아들딸들에게 재물을 갈취하
여 사탄에게 힘을 실어 주기 위해 나
의 피조물 만백성들을 그리 우롱하고
끌고 감이니라.
57 그러니 이제 너희는 잘못된 거짓 지
도자요, 거짓 선지자라는 것은, 너희
를 위해서 수천수만 번 기도한 것이
이루어진 것이 얼마나 있는가 그걸 점
검해 보라.
58 그러면 너희가 거기서 알 것이니라.
59 과연 이루어진 것이 얼마나 있나 한번
가지고 와 보라.
60 하나도 없음을 너희는 알아야 할 것
이며, 내 앞에 심판을 받기 전에 너희
가 가지고 오는 것은 다 너희 앞에서
흘러갈 것이며 날아갈 것이니라.
61 그는 나와 관계없는 것들이며, 이루어
진 역사가 아니기 때문이니라.
62 오로지 너희에게 은혜로 이루어지는
것, 그 기적의 역사를 이루는 것은 나
여호와만이 이루어 줌이니, 내가 너희
에게 내려 준 사실이 없으며 역사한
것이 없으니, 그 모두가 다 거짓된 것
임을 너희는 알아야 할 것이니라.

7,199 번째 하나님 말씀

2003년 8월 19일 19시 54분

1 사랑하는 나의 아들아!
2 "네, 아버님! 말씀하옵소서."
3 너희가 기도로써 모든 역사를 하며
모두가 다 이루어지는 것처럼 나의 피
조물 만백성들을 거짓과 사기로써 이
끌어 왔다 그리 말하였으며, 오로지
재물을 갈취하는 방법으로 그리 말품
을 판 자라 말하였음이니라.
4 너희 기도는 과연 무엇이더냐?
5 무엇을 얻고자 이루어 달라고 하소연
하는 푸념에 불과한 것이니라.
6 그것을 하늘이 이루어 준다 생각하는
어리석은 백성은 삶을 바로잡아야 할
것이니라.
7 너희의 푸념에 불과한 그것을 나 여호
와가 들어주며 그것이 역사한다고 생
각하는가?
8 내가 나의 아들을 통하여 너희에게 말
하였음이니라.
9 이 세상에 존재하는 것은 천년만년 영
원히 변화되지 않는 그 틀 속에 흘러
가도록 모든 것을 내가 정밀하게 만들
었다 했음이니라.
10 그러니 그 정밀한 것을 부수고 다시
만들어 너희에게 역사해 달라고 몸부
림치는 자들이라 그리 말하였음이니,
11 하나를 수정하여서 하나를 다시 만들
고자 한다면 이 모든 질서가 파괴되어
무너진다 하였음이니라.
12 그러니 그 질서를 파괴하며 그 질서를
무너지도록 해 달라 하는 것이 너희
니, 바로 너희가 사탄이요, 악마라는
것이며, 그 후예들이라는 것이니라.
13 나 여호와가 이 세상을 완벽하게 만들
었으며 모두가 다 짜여 있음이니라.
14 개인은 개인의 신상까지 그리고 또 단
체는 단체대로, 이 우주의 모든 동식
물은 동식물대로 모두 역사할 수 있
도록 짜여 있으며 그 프로그램은 완벽

하다 하였음이니라.
15 그 완벽한 프로그램을 뜯어고쳐 달라
하는 것이며, 뜯어고칠 수 있다는 것
이 종교 지도자요, 너희가 지금 집단
에서 기도하는 것이니,
16 그것이 바로 푸념이고 소원에 대한 넋
두리라는 것을 너희는 알아야 할 것
이니라.
17 지금의 모든 종교 집단들이 믿음이 있
으며 내가 들어주는 기도라 하여 청산
유수처럼 말로써 얼마나 말장난을 하
는 줄 아느냐?
18 그들은 들어주지 아니하며 이루어 줄
수 없다는 것을 저희 자신이 알고 있
음이니라.
19 제 아픈 것 제 쓰린 것도 치료하지 못
하며 고치지 못하는 자들이 무엇을 나
로부터 듣고 이룬다고 말하느냐?
20 그저 말장난에 불과하니라.
21 그리하여 그들은 저희가 하는 그 기
도를 듣는 백성이 믿음이 깊어 나 여
호와로부터 은혜를 받아 그 뜻이 이루
어진다면 저희의 기도로써 이루어진
것이라 그리 빙자할 것이며,
22 이루어지지 아니하여도 저희는 절대
손해 갈 것이 없으며 적자 날 것이 없
음이니라.
23 저희는 하늘에서 들어준다 하며 하늘
에서 이루어 준다 하며 말장난으로써
너희의 기도를 해 주고 또 기도를 한
다 함이니라.
24 그리해 놓고 너희는 나의 피조물 만
백성으로부터 그 수고로움의 대가를
챙기며 그를 거둬들이는 것이 너희니,
25 바로 기도의 효험이 있든 없든 기도
의 역사가 이루어지든 안 이루어지든
그것은 관계가 없음이니라.
26 오로지 기도를 해 주는 것 그저 말로
써 풍성하게 잔치를 하는 그것으로써
그를 듣는 백성은 은혜를 입었으며
영광이라 생각하여 그 수고비를 그저
챙겨 주며,
27 그 챙겨 주는 수고비만을 받아서 그저
돌아가면 되니, 너희는 손해 보는 장
사가 없는 것이 지금 종교 집단이요,
지도자들이 하는 것이니라.
28 그러니 너희가 말품을 팔아먹는 기도
밖에는 더 할 수 있겠느냐?
29 이루어지지도 않는 것이며 형성되지
도 않는 것을 말로써 나의 피조물 만
백성들에게 축복을 내린다 하고 재물
을 거둬 가니, 말품을 팔아먹는 자들
이요, 그 기도는 말품을 팔아먹는 것
이니라.
30 푸념에 불과한 것을 듣고서 은혜를 받
았다며 재물을 바침이니,
31 고깔 쓰고 춤을 추는 무당이 무슨 말
을 하는지 모르듯이, 너희는 그와 똑
같은 자요, 거기에 모든 복을 기원하
는 자들과 똑같으니라.
32 그것이 바로 오늘날 너희를 이끌고
가는 종교 집단이요, 지도자요, 기도
로써 역사를 이룬다 하는 것이니,
33 그 기도는 다 하소연이요, 너희의 푸
념이며 넋두리에 불과하다는 것을 알
라.
34 그는 내가 절대 들어주지 아니하며,
그로써 역사하고 이루어 주는 것이 없
음을 알라.
35 나의 아들의 기도를 들어 보라.

36 과연 그는 너희에게 청산유수같이 무
엇을 주며 무엇을 역사하며 이루어
준다는 말을 하는가?
37 나 여호와가 내리는 나의 성령을 받아
그저 책으로 만들어, 이것이 나의 법
전이요, 만백성을 구원하는 길이라 하
여 내가 내리는 기도를 받아 책으로
만들어 기록함이니라.
38 기도가 과연 무엇인 줄 알겠느냐?
39 너희가 나로부터 성령을 받으려는 바
른 자세요, 깨끗한 모습으로써 나의
뜻을 받아 역사하는 것이 바로 기도
의 의미임을 알라.
40 청산유수같이 말로 푸념을 떨며 무엇
을 이루어 달라 하는 것이 아니요,
41 조용히 무릎 꿇고 하늘을 향하여 앉아
비운 마음이요, 아름다운 모습으로써
변할 때, 나 여호와가 너희에게 성령
으로써 내려 주는 그와 같은 기도가
만백성을 구하는 기도요, 나 여호와의
뜻을 행하는 백성이라는 것을 잊지
말라.
42 그렇지 않은 자는 다 푸념이요, 넋두
리에 불과한 그곳에 너희의 모든 것
을 걸어 지옥으로 가지 말라.
43 그들이야말로 사탄이요, 사악한 자의
앞잡이니 그리 알라.

7,200 번째 하나님 말씀

2003년 8월 19일 19시 59분

1 사랑하는 나의 아들아!
2 "네, 아버님! 말씀하옵소서."
3 모든 종교 집단이요, 또 지도자라 하
는 자, 저 자신의 추하고 더러움도 털
지 못하며 제가 천사와 같이 아름다운
마음으로 서지 못하며 남들에게 부끄
럽지 않은 삶을 살지도 못하는 자들이
하늘을 향하여 기도한다 함이니라.
4 그리하여 저희가 하는 기도는 하늘에
전달되며 나 여호와가 접수하며, 그리
하여 나 여호와가 저희가 기도하는
것을 들어준다고 그리하며 역사한다
하니,
5 그것이 왕사탄이요, 사악한 자들이 하
는 짓이며 사기꾼들의 사기극임을 너
희는 알아야 할 것이니라.
6 너희는 그들이 지금까지 기도한 그 내
용을 하나하나 점검해 보라 하였음이
니라.
7 이 세상의 모든 것은 나 여호와가 완
벽하게 짰으며 나의 프로그램에 의해
계획대로 흘러감이니, 수정할 수 없으
며 고칠 수도 없다 하였음이니라.
8 그런데 그들이 뭐라 하느냐?
9 그저 세상의 평화요, 세계의 평화요,
모든 것을 다 이루어 줄 것처럼, 저희
와 관계없는 소리로 태풍이 불어오면
태풍을 멈춰 달라 하며, 비가 오면 비
를 멈춰 달라 하며 온갖 것을 다 붙이
며 기도를 하느니라.
10 동양의 작은 나라에 있는 종교 집단이
요, 지도자들은 분단된 남북을 하나로
만들어 주며 통일을 해 달라, 그리고
온갖 것을 다 기도하며 갖다 붙여 댐
이니라.
11 과연 그것이 이루어진 것이 하나라도
있는지 한번 그 종교 집단 지도자에
게 물어보라.
12 그러나 그들은 그 말을 하고 또 하고

또 하느니라.
13 아무리 되풀이해도 너희는 '옳소, 믿
습니다.' 하며 손뼉을 치고 눈물 흘리
는 자들이 있으니, 그들이 반복 반복
하고 재탕 재탕하는 것이 그 기도 내
용이니라.
14 죽은 자에게 축복을 내려 달라는 것,
그리고 저희가 소원하는 것 그리고
갈구하는 것이 노력하지 아니하여도
이루어질 수 있도록 해달라는 것, 그
와 같은 사기요, 사악한 짓을 함이니
라.
15 노력 없이 얻어지는 것은 없거늘, 노
력 없이 얻어진다 하고 이룰 수 있다
는 사기극을 하며 나의 피조물 만백성
들에게 거둬들이는 것이 무엇이냐?
16 재물을 거둬들이느니라.
17 그들은 재물을 거둬들이기 위해 사기
극을 벌이니, 그것 외에는 할 일이 없
으며, 기도 외에는 할 말이 없으며 할
것이 없느니라.
18 나의 아들처럼 하늘에서 내리는 나의
뜻을 받아 성령을 책으로 만들어 만백
성의 길을 열어 주어 깨우치는 것도
아니요, 그저 저희는 재탕 재탕하여
세상 것을 기분 나는 대로 갖다 붙여
대며 은혜와 축복을 이루어 달라 그
리고 역사해 달라 기도함이니, 그것이
무엇이더냐?
19 그게 다 부질없는 짓이요, 허황된 짓
이며 사기극을 벌이는 것이니라.
20 그러니 그들은 할 일이 없기에 기도
를 하는 것이며, 역사할 것이 없으니
기도를 하는 것이며, 보여 줄 것이 없
으니 말로써 풍성한 잔치를 보여 줌이
니,
21 말잔치요, 말로만 풍성한 것이 입에
들어가는 것이 있으며 배부름이 있더
냐?
22 아무것도 없는 것이니라.
23 바람이 흘러가듯이 그저 그때 10분,
20분 흘러가면 끝나는 그와 같은 역
사 속에서 나의 피조물 만백성들이 불
행히도 속고 속아가며 '옳소, 맞습니
다.' 하며 재물을 바치는 그와 같은 형
국이 너희니라.
24 정녕 그런 기도는 하늘에 전달되지 아
니함을 나의 법전에 기록하여 전함이
니,
25 이를 보고도 하늘에 기록되며 하늘에
전달될 것이라 하여 맹종하는 너희는
죽어서 나에게 심판을 받을 때 얼마나
통곡하며 피눈물을 흘리는 길을 가야
하는지 그때 알게 될 것이니라.
26 지금서부터 나의 법전을 읽고 아름답
고 선한 백성의 삶을 살도록 그리하
여, 천사가 되어 나에게 오르도록 그
리하라.
27 그때서야 나의 법전의 고마움이요, 나
의 법전이 마지막 너희를 위하여 내
리는 나의 큰 사랑이요, 가장 큰 선물
이라는 것을 알게 될 것이니라.

7,201 번째 하나님 말씀

2003년 8월 19일 20시 11분

1 사랑하는 나의 아들아!
2 "네, 아버님! 말씀하옵소서."
3 나 여호와의 진정한 뜻이요, 그 의미
가 무엇인 줄 알겠느냐?

4 그리고 나 여호와가 갈망하는 것은 과
연 무엇인 줄 알겠느냐?
5 내가 모세를 통하여 역사했던 것, 그
모든 시련과 고통 속에서 내가 역사하
고 추구했던 것은 무엇인 줄 알겠느
냐?
6 그리고 나의 아들 예수가 죽음으로써
그 고통의 길을 가도록 한 것은 내가
무엇을 추구하며 무엇을 이루고자 했
는지 알겠는가?
7 내가 작게는 죄 없는 세상이요, 죄 없
는 백성으로 이 지상에 낙원을 만든다
하였음이니, 그것은 바로 무엇이더냐?
8 내가 아담과 이브에게 역사하고 이루
어 줬던, 내가 그들에게 내렸던 잃어
버린 지상의 낙원을 이룩하는 것이 나
여호와의 뜻이니라.
9 내가 이와 같은 어려운 시간을 보내며
너희를 모두 용서하며 모든 것을 참고
인내하고 가는 것은 바로 무엇인 줄
알겠느냐?
10 아담과 이브에게 내려 주었던, 그들의
욕심으로 사탄의 꼬임에 의해 그들이
잃어버렸던 그 지상의 낙원을 이룩하
여, 나의 피조물 만백성들이 그곳에서
사는 것을 보기 위한 것이 나 여호와
의 뜻이며,
11 그것을 이루고자 하는 것이 이 많은
세월의 흐름을 기다림이요, 역사함이
다 거기에 있음을 알라.
12 나의 아들 예수를 그리하여 보내지 아
니하였더냐?
13 그리고 내가 모세를 세상에 내려보내
지 아니하였던가?
14 그 모두가 아담과 이브가 잃어버린 지
상의 낙원을 역사하고자 함이니라.
15 지금 내가 나의 아들에게 나의 법전이
요, 나의 성령이라 하여 모두를 다 태
워 내려보내어 책으로 만들어 낸 '하
늘에 오르는 길'이요, '하나님! 말씀하
옵소서'라는 것을 이 세상에 하얀 눈
이 덮듯이 다 덮어,
16 나의 피조물 만백성들이 이를 보고 깨
우치도록 역사하고자 하는 것이 무엇
인 줄 알겠느냐?
17 나의 성령을 태워서 내려보내는 그 의
미가 무엇이더냐?
18 이제 사랑하는 백성 너희는 나의 그
가슴 아픔을 알아야 할 것이니라.
19 내가 최초에 아담과 이브를 세상에 만
드니, 곧 너희의 조상이요, 그들에게
내가 내려 주었던 잃어버린 아름다운
지상의 낙원을 다시 복원시키고자 하
며 너희에게 내리고자 하는 것이 나
여호와의 뜻임을 너희는 알아야 할
것이니라.
20 너희가 그를 이루기 위해 하나가 되
어 모든 힘을 다 경주하고 모두 바쳐
도 아담과 이브가 잃어버린 그들에게
내가 내려보냈던 그 지상의 낙원을 역
사할까 말까 하거늘,
21 지금 수천수만의 종파가 나름대로 이
지상을 오염시키고 있으며 그 속에서
수억 가지로 갈기갈기 찢어진 이와 같
은 형국이 되었음이니,
22 과연 너희가 아담과 이브에게 내렸던
잃어버린 그 지상의 낙원을 이룰 수
있다고 생각하는가?
23 지금의 종교 집단이요, 지도자요, 믿
음의 길을 가는 백성이라는 자들이

오늘의 삶으로써 지상의 낙원이요, 내
가 아담과 이브에 내렸던 그와 같은
것을 건설하고 있으며 과연 역사할
수 있다고 생각하는가?
24 오늘의 종교 집단의 믿음이요, 너희의
오늘의 삶으로써는 내가 아담과 이브
에게 내려보냈던 잃어버린 지상 낙원
의 너희가 상상할 수 없는 삶을 돌이
킬 수 없으며 역사할 수 없을 것이며,
25 그를 역사한다는 나의 아들을 정신
나간 자요, 정신박약아요, 이 세상에
존재할 가치도 없는 자라 그리 말할
것이니라.
26 이 내용을 기록하여 전함이니, 이것은
들을 필요도 없으며 이는 생각해 볼
수도 없으며 상상도 할 수 없는 일이
라 일갈하고 찢어 버리고 던져 버릴
것이니라.
27 그러나 나 여호와가 궁극적으로 최종
적으로 역사하는 것은 바로 그것임을
알라.
28 내가 너희를 만들 때 이 지상에 만든
모든 것은 존재하며 모두 제자리에 있
건만, 내가 가장 아끼고 사랑하는 것
을 이 세상에서 잃어버린 것이 무엇
인 줄 알겠느냐?
29 나의 백성이요, 나의 아들딸인 너희는
알아야 할 것이니라.
30 너희의 전지전능한 아버지요, 창조주
내가 원하는 것이요, 내가 잃어버린
가장 큰 것을 다시 복원하고 역사하고
자 함이니,
31 너희의 힘이 하나가 되어 나 여호와의
뜻을 따라 모든 것을 역사하는 것이
가야 할 길이거늘,
32 천 갈래 만 갈래로 갈라져 분당하며
서로 찢고 찢어져 시기하고 질투하고
음해하고 있음이니, 너희의 마음 하나
를 다스릴 수 없음이니라.
33 그리하여 너희를 하나의 마음으로 하
나의 뜻으로 만들려고 160권이라는
대장정의 나 여호와의 성령을 태워 지
금 책으로 세상에 내려보냄이니라.
34 이와 같이 아담과 이브에게 내려보냈
던 잃어버린 지상의 낙원을 이룰 수
없거든 너희는 조용히 입을 다물고
있으라.
35 그리고 그걸 역사하고 만들겠다는 나
의 아들을 도와주지는 못할망정,
36 나의 아들이 가는 길이요, 그가 역사
하는 것을 방해하지 말며 훼방하지 말
며 그를 쓰러트리려 하지 말며 그를
욕하지 말라.
37 그리고 그를 따르는 제자들에게 용기
를 주며 희망은 주지 못할망정, 그들
에게 정신이상자요, 잘못된 자요, 사
탄이요, 사악한 마귀의 아들이라 그리
말하지 말라.
38 정녕 너희는 여기서 이제 깨우쳐야
할 것이니라.
39 나 여호와가 너희에게 내려 주었던 최
초에 이 세상에 만든 모든 것은 그대
로 존재함이니라.
40 내가 내려 준 가장 큰 사랑이요, 큰 것
이 이 세상에서 없어졌으며 이 지구에
서 없어졌음이니, 그를 내가 다시 찾
고자 하는 것이 무엇이 잘못된 것이더
냐?
41 내가 아담과 이브에게 내려 주었던 잃
어버린 지상의 낙원을 그대로 원상복

구시키며 그것을 재현하여 너희에게
내리고자 하는 것이 내 뜻이며 내가
당연히 이루려 하는 것이 아니더냐?
42 그러니 그것을 이루고자 하는 나의 아
들을 너희가 욕하며 비방하지 말며
탓하지 말라.
43 그리고 그를 넘어트리려 하지 말며 그
를 밀어붙이지 말라.
44 너희는 이룰 수 없으며 만들 수 없는
그와 같은 지상의 낙원을 나의 아들을
역사하여 내가 만들고자 하는 것은 나
의 뜻이니라.
45 그를 방해하지 말며 그를 욕하지 말며
묵묵히 너희 갈 길을 가며 고개 숙이
고 그가 가는 것을 바라보면 그 결과
를 알게 될 것이니라.
46 그 결과는 반드시 이루어질 것이니,
47 나의 아들이 가는 길을 방해하지 말며
훼방 놓지 말며 그를 욕하고 밀어붙이
지 말며 그가 전하는 나의 법전을 찢
어 버리고 태우며 사탄이요, 이단이라
는 그와 같은 죄악 중에서도 가장 큰
성령의 죄를 짓는 행위를 하지 말며
그저 바라만 보도록 그리하라.
48 그는 그리 이룰 것이니라.
49 그러면 그때 그를 보고 거울삼아 너
희도 또한 따를 것이며, 바로 세우고
자 할 것이니라.
50 너희가 이루지 못한 것을 이루는 나의
아들이 가는 그 역사를 방해하지 말
며, 도울 수 있는 자는 돕는 것이 아름
다움이 아니더냐?
51 내가 이 지상의 목표가 뭐며 내가 이
루고자 하는 것이 무엇이더냐?
52 잃어버린 아름다운 지상 낙원을 이루
고자 함이니,
53 너희가 그를 거울삼아 나의 아들이 가
는 것이요, 나의 법전을 보고 읽고 깨
우쳐 변하는 삶을 살지 아니하고,
54 훼방하며 욕하며 쓸어버리고자 하며
물질적인 힘이요, 방대한 조직의 힘을
가지고 나의 아들을 무너트리고자 할
때는 너희가 도리어 그 문을 닫게 될
것이며, 모두 다 쓰러지게 됨을 알아
야 할 것이니라.
55 이것이 나 여호와의 뜻이요, 내가 이
루고자 하는 뜻이니라.
56 그러니 나 여호와의 뜻을 거역하면서
존재할 수 있다고 생각하며 감히 나에
게 대적하여 이길 수 있다고 생각하는
가?
57 나의 아들이 가는 길은 너희와 이해
관계가 없음이니 너희는 그저 묵묵히
바라다보며 그가 역사하는 것을 보면
될 것이거늘, 어찌하여 도와주지는 못
할망정 훼방하는가?
58 그것이 절대 용서받지 못하며 가장 무
거운 죄 중의 죄인 성령의 죄를 짓는
것임을 잊지 말라.

7,202 번째 하나님 말씀

2003년 8월 19일 20시 16분

1 사랑하는 나의 아들아!
2 "네, 아버님! 말씀하옵소서."
3 내가 너희에게 육의 세상에서 거듭나
는 삶을 살라 하며, 죽은 자라 하여 너
희의 이름을 모든 친지와 이웃에게 전
해, 너희가 다시 사는 사람으로서 삶
을 살아가도록 그리하라 함이니,

4 나 여호와가 이 지상에서 거듭나는 삶을 살라는 그 뜻을 알겠느냐?

5 너희가 그 뜻을 깊이 깨달아야 역사할 수 있음이니라.

6 너희에게 거듭나라 하는 것은 무엇이더냐?

7 내가 이루고자 하는 그 역사에 동참할 수 있는 자격을 얻은 자요, 참여할 수 있는 자들이 되기 때문에 내가 거듭나라 함이니라.

8 다만, 너희가 거듭나는 것을 깨달으며 거듭나는 것이 내가 하는 그 역사에 동참할 수 있다는 것을 알고 깨닫고 거듭나려고 노력하는 백성이야말로 나로부터 선택된 백성이니라.

9 너희는 더한 영광이 없을 것이며 더한 영광을 얻은 백성이 없을 것이며, 너희는 무엇인가를 더 얻고자 노력할 필요가 없는 백성이니,

10 그보다 더 큰 영광과 은혜가 없는 것이 너희임을 알라.

11 거듭나고자 노력하는 자, 거듭나고자 노력하는 백성, 거듭나는 백성만 나 여호와가 이루고자 하는 그 역사에 동참할 수 있기 때문이니라.

12 그리하여 너희가 거듭나지 아니하면 내가 역사하는 것에 동참할 수 없기 때문에 어렵고 힘든 그 길을 가라 하며,

13 고통과 시련 속에서 무엇인가를 깨달아 지난날의 삶에서 가지고 있던 모든 죄악의 씨앗이요, 욕심의 씨앗을 모두 버리고 내가 원래 너희에게 내렸던 천사와 같은 마음으로 돌아가라 함이니라.

14 그리 돌아가지 아니하면 내가 역사하는 것에 동참할 수 없기 때문이니라.

15 거듭나 새로운 삶으로 태어나지 아니하면 역사할 수 없음이니, 거듭나 새로 태어나는 자만 나의 아들로서 내가 내리는 유업을 받을 수 있으며, 내가 역사하는 것을 받아 행할 자가 되기 때문이니 그리 알라, 사랑하는 나의 아들딸들아!

16 과연 거듭남이 무엇인 줄 알겠느냐?

17 내가 이 세상에서 가장 아름다운 동산을 만들어 주고, 아담과 이브에게 내려 주었던 처음의 인성을 그대로 갖게 되며 그와 같은 삶을 살아가는 길을 알고 그와 같은 길을 살아가는 백성이 되는 것이니라.

18 그와 같은 백성이요, 그와 같은 인성으로 돌아가지 아니하면 잃어버린 지상의 낙원을 내가 다시 건립해도 그곳에 살 자격이 없는 자들이기 때문이니라.

19 아담과 이브와 같은 인성을 갖고 살아가는 모습으로 변하는 자가 내가 잃어버린 지상의 낙원을 찾아 줄 때, 거기 와서 살 수 있으며, 그를 찾는 데 동참할 수 있는 백성이라는 것을 잊지 말라.

20 거기에 동참하기 위해 불린 자요, 초청받은 자요, 내가 너희를 쓰고 있음이니, 너희는 어떠한 영광보다도 더 큰 영광이 없음이니라.

21 오늘의 힘들고 어려운 그 길을 용기 잃지 말며 은혜요, 영광이라 생각하고 용기를 가지고 역사하라.

22 나의 법전을 만들어 하얀 눈이 세상을

덮듯이 이 세상을 다 덮으며, 그 누구
도 읽어보지 아니하는 백성이 없도록
그리 만들었을 때,
23 그중에 아담과 이브와 같은 인성의 백
성이 나올 것이며, 그리하여 그들로
하여금 내가 이루고자 하는 잃어버린
지상의 낙원을 역사하는 데 동참하는
백성이 수없이 늘어날 것이며, 그 늘
어난 백성이 하나가 되어 내가 잃어버
린 가장 큰 것을 도로 찾아 주는 그와
같은 기초를 다지는 것이 너희니라.
24 그 공을 내가 높이 사랑하며 치하하는
바를 잊지 말라.
25 너희에게 기대하고 있으며, 너희를 믿
고 있으며, 너희는 반드시 역사할 수
있는 나의 아들을 따르는 제자들이요,
나의 법전을 읽고 깨우친 백성이니 그
리 알라.

7,203 번째 하나님 말씀

2003년 8월 19일 21시 56분

1 사랑하는 나의 아들아!
2 "네, 아버님! 말씀하옵소서."
3 나 여호와가 너희에게 무엇을 이루고
자 한다 말하였더냐?
4 내가 아담과 이브에게 처음에 내려 주
었던 지상의 낙원이요, 잃어버린 낙원
을 내가 도로 역사하며 그를 내가 이
루고자 함이라 그리하였음이니라.
5 그리하여 내가 모세의 시대를 역사했
으며 예수의 시대 또한 역사했다고
그리하지 아니하였더냐?
6 그러나 너희는 나의 뜻에 의하여 그
를 따르며 역사하는 백성이 아니요,
7 나의 뜻을 거역하며 내가 이루고자 하
는 것에 등을 돌리는 백성으로서 지금
까지 나를 거부하는 삶을 살아왔으며,
그 역사 속에서 흘러왔음을 알아야 할
것이니라.
8 나의 아들 예수가 세상에 나와서 만백
성 너희를 깨우치며 그와 같은 역사를
이루고자 할 때 그를 죽게 하였으며
그를 버렸음이니,
9 그리하여 그 후손들이 지금까지 흘러
내려 오며 그들이 이루어지고 다져진
그 역사가 무엇이더냐?
10 이제는 더 이상 돌이킬 수도 없으며
다시 잡을 수 없을 만큼 타락되고 쓰
러졌으며 무너져 갔음이니라.
11 그러니 그를 바로 세우기 위해 내가
지금 마지막 시대에 나의 성령을 내려
너희를 구원하고자 하며 역사하고자
하는 것이 나 여호와의 뜻이니라.
12 나의 아들을 죽게 한 그 종교 집단이
요, 대제사장이요, 장로라는 백성보다
도 지금 나의 피조물 만백성에게 하늘
에 오르는 길이 간단하고 쉬운 길이
요, 힘들지 않은 길처럼 가르치는 그
종교 집단이요, 지도자들이 더 사악한
자들이니라.
13 그들로 인하여 나의 사랑하는 백성이
수없이 죽어 가며 그들이 지금 다 지
옥 불로 가고 있음을 너희는 알아야
할 것이니라.
14 내가 하늘에 오르는 길이 정녕 무엇이
라 말하였느냐?
15 하늘에 오르는 길이 어렵고 힘든 길이
라 함을 성경에 내가 수없이 기록하여
너희에게 전하였거늘,

16 어찌하여 어렵고 힘들다는 그 의미를
뒤집으며 그와 같이 가르치지 아니하
고,
17 하늘에 오르는 길이 나의 아들 예수의
이름을 찾으며 그를 믿으며 나를 믿는
것만으로써 구원을 받으며 하늘에 오
를 수 있다고 그리 쉽고 간단하게 가
르치는가?
18 그것이 나의 뜻을 거역하는 자요, 사
탄이요, 사악한 자의 후손이요, 그 자
손들이 하는 짓이라는 것을 잊지 말
라.
19 정녕 하늘에 오르는 길이 얼마나 어렵
고 힘든 길인가를 내가 수없이 기록하
였건만,
20 어찌하여 지금의 종교 집단 지도자들
이 그리 쉽게 올 수 있으며 쉽게 구원
을 받을 수 있다고 말하며 구원을 받
았다 말하는 것을 믿고 그 길을 가는
가?
21 그를 믿고 구원을 받았다 하는 자, 영
광의 역사를 얻었다 하는 자, 너희는
그렇게 쉽게 하늘에 오르는 길을 얻는
것이 아니요, 그리 역사함이 아님을
알라.
22 그것 때문에 그걸 믿고 오다 죽어 나
에게 와서 심판을 받을 때 내가 너희
를 모른다 하며, 지옥 불로 가지 않으
려고 울고불고하는 그와 같은 백성이
되어 있음이니라.
23 너희 자신이 그와 같은 위치에 있다는
것을 잊지 말라.
24 너희가 심판대에 와서 '내가 너를 모
름이니, 네가 어디서 왔느냐?' 하는 청
천벽력 같은 말을 나에게 듣고 당황하
고 황당한 그와 같은 고통스러움이요,
견딜 수 없는 상처를 입지 아니하며,
25 지옥문 앞에 와서 들어가지 않으려고
피를 토하고 몸부림치는 그와 같은 모
습으로써 나에게 보이지 않는 삶을 살
며,
26 그와 같은 모습을 내가 보지 아니하게
하며, 너희 자신이 그러한 자가 되지
아니하려거든 지금 행함이 중요함을
알아야 할 것이며,
27 나의 십계명을 지키고 사는 사람으로
바뀌어야 할 것이며, 나의 법전을 정
독하고 깨우쳐 그대로 살아가는 삶으
로 역사하지 아니하면 거듭나는 길이
없다는 것을 알라.
28 지금 육이 존재하는 이 세상에서 거듭
나지 아니하면 너희가 심판을 받을
때 내가 너희를 모른다 할 것이며,
29 내가 너를 모르는 자요, 네가 어디서
왔는지를 모른다는 말을 할 때, 통곡
하고 절규하며 지옥문을 들어가지 아
니하려고 몸부림치는 네 모습이 거기
있음을 알라.
30 너희가 감히 나에게 상을 받을 것이
며, 지금의 믿음 생활을 한 그 은혜만
남았다 하여 자만하고 오만해서 내 앞
에 왔을 때, 심판의 목소리요, 내가 너
를 모른다는 그 천둥과 같은 소리를
하고 내가 너에게서 등을 돌릴 때,
31 네가 몸부림치며 종교 지도자요, 지금
의 거짓 선지자요, 목자들을 원망하고
그에게 어떠한 행패를 부리려 해도 부
릴 수도 없으며, 그를 찾을 수도 없으
며,
32 또 그를 아무리 원망해도 너희는 그

지옥문을 들어가지 아니하고는 견딜
수 없다는 그 무섭고 엄연한 사실을
알아야 할 것이니 그리 알라.
33 나는 나의 아들을 통하여 나의 법전에
너희가 지옥문에 매달려 몸부림치지
않고 나에게 오를 수 있는 그 길은 오
늘의 삶이 중요하다는 것을 깨우치고
전했음이니라.
34 나의 아들을 따르는 제자들이요, 나의
법전을 읽고 깨우친 백성은 나의 법전
이 옳고 그름을 시시비비할 것이 없으
며,
35 나의 아들이 정녕 나의 아들이요, 아
니요, 하는 것을 시시비비할 것이 없
음이니라.
36 다만, 너희가 행함을 아름답게 하며
선한 모습으로 천사와 같이 변화되는
삶을 살았을 때 나에게 심판을 받아
지옥문에서 몸부림치지 않고 면죄받
는 길이 이것이라는 걸 깨우치고 알면
될 것이니라.
37 그리 살아감으로써 그와 같은 영광을
얻게 된다는 것, 사악하게 사는 것보
다 선하게 사는 것이 나에게 왔을 때
득이 된다는 것은 대충 어림잡아도 그
를 깨달을 것이니라.
38 그래서 곱고 아름답게 살라 함이니,
그저 나의 법전대로 곱고 아름답게 살
면 너희가 지옥에 가서 몸부림침은
없을 것이니라.
39 그것 하나만 믿더라도 오늘의 이 길이
영광된 길이요, 이 길을 지켜가는 삶
에서 주저하지 말며 퇴보하지 말며
낙오자가 되지 말라.
40 그 내용대로 살아가는 삶만 살아도 좋
으니라.
41 나의 법전을 너희가 안 믿어도 좋으
며 나의 아들을 믿지 아니하여도 좋으
나,
42 거기에 기록된 내용대로 선하고 착하
고 아름답게 사는 것이 손해 가는 것
이 없으며 너희가 잃을 것이 없음이
니, 그 삶을 그대로 살도록 하라.
43 그래도 너희가 지옥문에 가서 들어가
지 아니하려고 피를 토하고 아우성치
며 절규는 하지 아니할 것이니 그리
알라.

7,204 번째 하나님 말씀

2003년 8월 19일 22시 01분

1 사랑하는 나의 아들아!
2 "네, 아버님! 말씀하옵소서."
3 너를 따르는 나의 제자요, 나의 법전
을 읽고 깨우친 백성, 그들이 천사와
같은 아름다운 마음으로 변하고자 또
그리 변하는 삶을 살고자 노력해도,
4 그들이 변화되지 아니하며 그 길을 가
지 못하는 그들에 의하여 마음 아파하
며 안타까워하는 마음을 나 여호와가
알고 있음이니라.
5 그러나 너희는 여기서 알아야 할 것
이니라.
6 나의 아들을 따르는 제자들이요, 나의
법전을 읽은 백성 너희가 정녕 아름
다운 모습으로써 변화되지 못하며 아
무리 노력해도 그와 같이 변하지 못하
고 다시 태어나는 삶을 살지 못한다
해도 너희 자신을 미워하며 저주해서
는 아니 될 것이니라.

7 다만, 너희에게 잘못됨이 있기 때문이
며 너희가 알지 못하는 것이 있기 때
문이니,
8 그를 고치고 바로 다스려 나가도록 내
가 오늘 이 밤에 너희에게 깨우쳐 줌
이니라.
9 너희가 바로잡고자 해도 아니 되며,
천사와 같은 아름다운 마음이요, 아름
다운 모습으로 변하고자 아무리 노력
해도 흔들리며 무너지는 것은 진실한
믿음이 부족하기 때문이니라.
10 진실한 믿음을 가지고 있다면 너희는
절대 흔들리지 아니하느니라.
11 참진리의 길에 눈을 뜨지 못하였으며
너희 마음 한구석에 아직도 욕심이라
는 그 사악한 다른 신을 완전히 뽑아
내지 못하고 제거하지 못하였기 때문
에, 그들이 수시로 너희 마음을 동요
시키고 자극하며 유혹하는 것들이 남
아 있음이니,
12 그 뿌리를 완전히 제거하는 결단을 내
려야 할 것이니라.
13 참진리의 진정한 믿음으로써 거듭나
는 그 마음가짐을 다스리라.
14 나 여호와가 존재함을 진심으로 믿는
믿음이 부족함이 없을 때 그 역사함이
자연적으로 이루어질 것이니라.
15 나의 법전을 읽었으나 정독하지 아니
하였으며, 나의 법전을 듣고 공부하였
으나 그 내용을 너희의 생명줄처럼
생각하지 아니하였으며,
16 나의 아들을 통하여 내리는 강론이 나
여호와의 뜻이요, 나의 음성이요, 나
의 법전이요, 나의 강론이라는 것을
생각하지 아니하며,
17 긴장된 마음이요, 진실한 마음으로 그
믿음을 갖지 못하기에, 너희가 변화되
지 못하고 스스로 넘어지는 자가 된다
는 것을 절대 잊지 말라.
18 너희 자신이 변화되고자 하는 진정한
용기가 없기 때문이요, 그 용기요, 자
신이 없음이니, 그건 너희의 믿음이
약하기 때문임을 알라.
19 굳건한 마음이요, 진실한 믿음으로써
간다면 사탄들이 너희를 움직이며 흔
들어 놓으며 그저 무너트리려 하는 것
에 당하지 아니하며 넘어지지 아니함
을 알아야 할 것이니라.
20 너희의 마음의 움직임이 스스로 흔들
리며 풀어졌기 때문이니 그리 알라.
21 너희는 풀어지지 않는 마음이요, 흔들
리지 않는 마음으로써 가야 할 것이니
라.
22 나는 너희의 마음을 알고 있느니라.
23 아무리 풀고 풀려 해도 풀리지 않는
얽히고설킨 실타래처럼, 너희 자신을
다스리고자 해도 풀지 못하는 것은,
엉키고 엉킨 그 실타래의 끝을 찾지
못하여 방황하고 당황하는 그와 같은
마음임을 알고 있음이니라.
24 아무리 풀려 해도 풀지 못하게 엉킨
것처럼, 너희가 아무리 곱고 아름답게
살며 실천하려 해도 되지 않는 것, 그
모두가 다 진정한 믿음이 없음이니 그
리 알라.
25 너희에게 보이지 않는 악한 마음이요,
사악한 뿌리가 아직 너희 가슴속에
뿌리를 내리고 있으며 그 뿌리를 뽑아
내지 못하였기 때문에,
26 그 사악한 자들이 너희를 유혹하며

수시로 그들이 고개를 들어 너희 마
음을 지옥으로 이끌고 가려는 그와 같
은 행위를 하고 있음이니라.
27 그를 너희가 잘 알아야 할 것이며, 거
기에 넘어지지 않는 길은 진정한 믿음
이요, 진실한 믿음이요, 진실한 믿음
을 지키고 행하는 용기가 필요함이니
그리 알라.
28 그리하면 풀리지 않고 엉킨 그 실타래
같이 너희가 무너지고 또 무너지는
그 마음이 바로 설 수 있음을 알 것이
며,
29 바로 섰을 때 하늘에 오르는 찬란한
빛을 보게 될 것이니 그리 알라, 사랑
하는 나의 아들딸들아!

7,205 번째 하나님 말씀

2003년 8월 19일 23시 20분

1 사랑하는 나의 아들아!
2 "네, 아버님! 말씀하옵소서."
3 인간 세속에 살아가면서 너희끼리 서
로 얽히고설키며 또 돕고 신뢰하며 그
와 같이 살아가느니라.
4 또한, 인간관계에서 무엇을 이루고자
계획하며 그 계획을 위하여 노력함이
니, 거기에는 약속이 있으며 기대함이
있느니라.
5 너희가 어떠한 일을 역사하면서 그
일에 대해 기대가 컸을 때, 그 일이 이
루어지지 아니하면 기대가 큰 것만큼
실망도 크다 그리 말함이니라.
6 그러나 인간 세상에서 역사하고자 해
서 실망했을 때는 다음 기회가 있으며
또다시 만들어 다음에 교훈을 삼아 역
사할 수 있는 것이 인간 세상에서 너
희가 살아 있는 동안에 반복되는 일이
며 반복되는 삶이니라.
7 그러나 너희가 가장 두려운 것이 무엇
이며 가장 실망을 느껴서는 아니 되는
것이 무엇인 줄 알겠는가?
8 너희가 육의 세상을 살다 나에게 와
심판을 받아 영원히 사는 그 삶으로
다시 태어나고 거듭나는 그때, 거듭나
지 못하는 자는 얼마나 그 낙담과 실
망이 크겠는가?
9 지금 믿음의 길을 가는 모든 종교 집
단이요, 지도자요, 그들은 완전히 구
원을 받은 자며, 죽어 나에게 왔을 때
오로지 나로부터 받을 상만 남아 있으
며 천국에 저희 자리가 있어 그리 갈
것이라 생각함이니라.
10 완전히 거기에 빠져 있으며 그리 도취
되어 있으며, 그것은 당연한 것처럼
그리 말하느니라.
11 손에 쥔 것처럼, 너희가 보는 것보다
도 더 정확하게 더 자신 있게 말하는
것이 무엇이더냐?
12 너희가 오늘까지 온 그 믿음이 진정한
믿음이요, 다른 신을 가슴에 두지 아
니하고 나 여호와의 뜻대로 살아왔음
이니, 너희는 죽어 나에게 왔을 때 상
을 받을 것이며 은혜가 있을 것이라는
것만 생각하고 살기 때문이니라.
13 그러나 그때 나로부터 상을 받을 자가
없으며 천국의 명단에 너희 이름이 없
다면, 그때 너희의 그 기대에 따른 실
망함은 얼마나 크겠는가?
14 실망함이 크고 작음이 문제가 아니니
라.

15 너희는 실망함으로써 다시 재기할 기회가 있으며 다음 기회가 있는 것이 아니요, 천국에 명단이 없는 자는 지옥이니,

16 지옥이라는 것은 너희가 한번 가면 두 번 다시 나올 수 없으며, 영원히 그곳에 존재하는 것이니라.

17 그때 너희가 기대했던 것이 무너지는 그 실망은 이 세상 무엇과도 바꿀 수 없을 것이며, 그때 가서 실망하는 백성이 바로 누군 줄 알겠느냐?

18 지금의 종교 집단이요, 지도자요, 나의 아들 예수를 죽게 만든 그 종교 대제사장이요, 장로의 후예들로서,

19 그 전통을 이어받아 그 악습을 그대로 지켜 온 오늘의 종교 집단이요, 지도자들이니라.

20 가장 기대가 큰 것만큼 그리고 자신있게 기대했던 그 모든 것이 일순간에 무너질 때, 기대한 것보다 더 큰 실망을 느끼며 몸부림쳐야 하는 것이 바로 종교 집단이요, 지도자요, 그리고 구원을 받았다고 믿고 가는 어리석은 백성 너희임을 알아야 할 것이니라.

21 정녕 구원의 길이 얼마나 어렵고 힘들며 좁고 험악한 길인가를 알지 못하는 자들이 너희니라.

22 그러니 너희가 얼마나 어리석은 자인가?

23 상대방을 알지 못하면서 상대방을 이길 수 있다고 장담하는 자들과 무엇이 다르단 말이더냐?

24 그러니 내가 나의 법전에 기록하여 나의 아들을 따르는 제자들에게 내가 뭐라 가르쳤는가?

25 너희는 그 대목을 읽었는가?

26 지금의 나의 아들을 따르는 제자요, 그 백성이 만백성을 인도하여 하늘에 오르고자 하는 그 반석 위까지 인도했어도,

27 그 반석 위에서 다시 육으로 내려오면 너희는 못 올라갈 수 있다고 그리 말하였음이니라.

28 선택된 지도자들도 바로 살지 못하면 하늘에 오를 수 없으며 나에게 올 수 없거늘,

29 하물며 아무렇게나 살며 그저 말로써 쉽게 믿음의 길을 가며 구원을 받았다는 백성, 너희가 그리해서 과연 나에게 오를 수 있다고 생각하는가?

30 하늘에 오르는 길이 얼마나 어렵고 힘든 길인가를 내가 기록하여 이리 알리고 있으나, 어찌하여 그걸 소홀히 생각하며 깊이 생각하지 아니하며 두렵게 생각하지 아니하는가?

31 절대 쉽고 편안한 방법으로써 나에게 오를 수 없는 것이 하늘의 뜻이며 하늘에 오르는 길이라는 것을 너희는 잊어서는 아니 될 것이니라.

32 이제 내가 나의 법전을 통하여 너희에게 전하노니, 기대하는 것만큼 실망이 크다 했음이니,

33 너희가 나로부터 상을 받을 것이라는 그 기대에서 실망으로 무너지는 것은 그보다도 더 큰 실망이요, 그보다도 더 처참하고 비참한 낙담은 없을 것이니라.

34 이 세상 모든 백성 중에서 가장 실망을 크게 할 백성이 오늘의 종교 집단이요,

35 믿음의 속에서 구원을 받았다 말하며
손에 천국의 열쇠를 쥔 것처럼 그저
가서 마음대로 열고 들어갈 수 있는
것처럼 착각하는 백성 너희가 가장
큰 실망이요, 가장 큰 실망의 고통이
요, 실망에 대한 그 시련보다 더한 것
이 없을 것이니 그리 알라.
36 영원히 사는 지옥으로 떨어질 때, 너
희의 그 실망보다 더 큰 것은 없으니
너희는 그리 알며,
37 오늘의 삶을 바로 서지 아니하며 오늘
의 가는 그 믿음에서 뛰쳐나와 참진리
요, 하늘에 오르는 길인 십계명을 지
키고 살며 나의 법전을 가슴에 안고
정독하는 그와 같은 대변화를 이루지
아니하는 자는 기대한 것보다도 그 실
망은 클 것이며,
38 그 실망은 너희가 감당하지 못할 실
망으로써 이루어질 것이니 그리 알라.
39 나 여호와는 너희에게 모두 기회를
주었음이니라.
40 못나고 잘난 자, 어리석고 어리석지
않은 자, 배우고 배우지 못한 그 모든
백성을 다 떠나서 나의 아들딸로서
내가 너희에게 모두 기회를 주었음이
니, 그를 이루고 못 이루는 것은 너희
자신에게 달렸음을 알라.

7,206 번째 하나님 말씀

2003년 8월 19일 23시 30분

1 사랑하는 나의 아들아!
2 "네, 아버님! 말씀하옵소서."
3 지금 신앙의 생활을 하는 백성, 그리
고 나 여호와에게 큰 상을 받을 것이
며 죽어서 반드시 천국에 올 것이며,
아름다운 세상이요, 그 황홀한 나의
나라에 오게 되어 있다는 생각만을 하
고 가는 것이 수천 년 동안 믿음의 길
을 온 너희 조상이요, 오늘날 구원을
받았다는 신도 너희임을 알아야 할
것이니라.
4 너희는 나 여호와만 열어 줄 수 있는
고유의 권한인 천국의 문을 무사 통과
할 것이라 생각하며,
5 그 문을 통과하여 너희가 상상할 수
없는 하늘의 그 천국에 와, 모든 백성
이 가지 못하는 올바른 신앙이요, 믿
음을 훈련해 왔음이니,
6 나로부터 어떠한 상을 받을 것인가,
창조주 나 여호와로부터 얼마나 큰 상
을 받을 것이며 얼마나 영광된 자리를
받을 것이며 얼마나 사랑을 받을 것인
가, 정녕 큰 기대의 마음을 갖고 지금
살아가는 자들이라는 것을 알아야 할
것이니라.
7 너희는 지금 거기에 빠져 있으며, 오
로지 죽을 날을 기다리며,
8 죽었을 때 만백성들은 지옥으로 가며
너희를 따라서 같은 믿음을 가지 않은
이웃 형제요, 너희 부모까지도 지옥으
로 가나,
9 너희는 하늘나라 천국에 올라와 큰 상
을 받을 것이라는 착각 속에 지금 살
아가고 있으며, 상 받을 것만 생각하
는 것이 오늘의 믿음의 길을 가는 백
성 너희 마음이니라.
10 그러나 너희가 내 앞에 와 심판을 받
고 어떠한 결과일지 아직 알지도 못하
면서 어찌하여 너희가 심판관이 된

것처럼 구원을 받았다고 말하는가?
11 너희가 죽어 나에게 와 심판을 받으
려고 대기하고 서 있음이니, 먼저 온
자들이 심판을 받아 지옥으로 가며 피
눈물을 흘리며 몸부림치는 그들을 보
면서 너희는 그리할 것이니라.
12 어찌하여 지상에서 너희와 같이 지금
의 그 신앙이요, 믿음 생활을 하지 아
니하고 저렇게 처참히 지옥으로 가는
가 하며 불쌍한 백성으로 그들을 쳐
다볼 것이며 불쌍히 여길 것이니라.
13 그리고 너희는 어서 빨리 나에게 와
심판을 받아 축복과 영광을 받을 그
기회를 얻으려고 심판받는 날이 어서
오기를 기다리는 그와 같은 마음일 것
이니라.
14 그러면서 너희는 종교 집단이요, 지도
자들이요, 너희를 이끄는 목사들에게
충성을 다했으며, 바치라는 재물을 많
이 바쳤으며,
15 그리고 믿음만이 구원을 받으며 행함
은 중요하지 아니하다 하며 철저히 살
아온 자들이기 때문에,
16 나 여호와 앞에 심판을 받을 때 오로
지 상만 있을 것이며, 너희에게는 축
복만 있으며, 천국에 너희가 살 곳을
내려 줄 것이라는 그 황홀함을 생각하
며,
17 어서 나에게 와 심판을 받아 너희가
천국에 가는 그 모습을 만백성들에게
보여 주며, 지옥으로 울고 가는 백성
에게 너희는 천국에 간다는 당당한 모
습을 보여 주고자 할 것이며, 자랑삼
고자 하는 것이 너희 마음일 것이니
라.
18 그러나 너희는 남들이 가는 곳은 알면
서 너희가 어찌 되는지는 모르면서
오로지 상 받을 것만 생각하며,
19 너희 차례가 되어 내 앞에 와 심판대
에 섰을 때 나 여호와가 내리는 것이
너희는 천국으로 가라, 너희의 신앙이
요, 믿음이야말로 바른 신앙이요, 진
정한 믿음이라 하여 천국의 문으로 들
어가라 하는 것이 아니라,
20 '나는 너를 모름이니, 네가 과연 어디
서 왔으며 어떠한 형태로 여기까지 와
서 내 앞에 심판을 받으며 감히 상 받
기를 바라며 천국의 문을 들어서기를
자신하는가? 나는 너를 모른다.' 하며
그 문을 닫을 때, 너희는 그때 꿈에서
깨어날 것이니라.
21 그러나 너희가 그 꿈에서 깨어날 때
는 이미 지옥으로 가고 있으며 그 길
을 피할 수 없음이니라.
22 너희 또한 앞에 간 사람처럼 헤어나려
고 아무리 몸부림쳐도 그곳에서 헤어
날 수가 없으며 돌이킬 수가 없느니라.
23 너희를 이끌어 준 종교 지도자요, 그
삶이 억울하고 분통하여 참지 못하고
몸부림쳐도 그 길을 벗어날 수 없는
것이 지금의 믿음의 길을 가는 백성이
니라.
24 너희는 누구나 다 그 길로 가게 되어
있음이니라.
25 지금의 그 믿음으로써는 절대 나에게
올 수 없으며, 나는 너희를 모른다는
대답밖에 없음이니라.
26 지옥으로 가라는 그 명을 받았을 때
육의 세상에서처럼 죽음으로써 일순
간에 고통을 끊어 버리고 도망갈 수

있으며 피할 수 있으며 그 길을 가지
아니해도 된다면 얼마나 좋겠는가?
27 그러나 하늘의 법도는 도망갈 수도
없으며 피할 수도 없으며 너희 스스로
죽음을 선택할 수도 없는 것이 너희
형국이니라.
28 그러니 나의 법 안에 정해진 그대로
지켜야 하며, 영원히 다시 못 오는 지
옥으로 간다는 것을 알아야 할 것이
니라.
29 오늘의 너희 모습을 한번 들여다보라.
30 지옥으로 가지 아니하려고 몸부림치
는 모습이 바로 너희임을 알아야 할
것이며, 너희는 그를 반드시 거치며
그와 같은 행위를 하면 지옥으로 떨어
진다는 것을 잊지 말라.
31 지금의 믿음의 길을 가는 신도요, 지
도자들은 절대로 나에게 오를 수 있는
자가 없음이니라.
32 그리하여 나의 아들 예수를 너희에게
뭐라 말하였느냐?
33 너희를 깨우쳐 바른길을 가게 하여
죄 없는 백성의 세상을 만들려고 내
려보냈다 하였으나, 너희는 그 말을
믿지 아니하며 그를 따르지 아니하며,
34 오로지 나의 아들 예수는 너희의 대
속물로써 너희 죄를 정죄하여 대신 받
게 하려고 이 세상에 내려온 구원자라
그리 말하느니라.
35 그를 믿기만 하면 구원받으며 재물만
바치면 천국에 온다는 종교 집단에 속
해 있는 자들의 미래를 너희는 모름
이니라.
36 너희의 미래는 지옥으로 가는 그 길
밖에 없음을 알라.
37 그러니 그때보다 더 억울하고 더 분통
하고 더 가슴이 찢어지는 아픔은 없을
것이니라.
38 너희는 이 지상에서 보지 못했던 처참
한 환경을 보게 될 것이며, 인간으로
서 지상에서는 겪을 수 없는 그와 같
은 지옥으로 간다는 것을 알라.
39 그 지옥은 영원히 사는 것이요, 나와
관계없는 길이라 하였음이니,
40 너희가 그와 같은 길을 가지 아니하는
것은 오늘의 육의 세상에 사는 삶이
중요하다 가르쳐 주었느니라.
41 너희가 뒤돌아보며 깨우치는 삶으로
써 다시 태어나는 삶을 살지 아니하면
나에게 와 심판을 받았을 때 너희는
무너지며 지옥으로 가는 그 고통의 아
픔을 다 겪게 될 것이며,
42 그때 가서 아무리 통곡하고 몸부림쳐
도 너희에게 두 번 다시 기회가 없다
는 것을 잊어서는 아니 될 것이니라.
43 이제 나로부터 상 받을 것만 생각하
며, 상을 받을 것이며 구원을 받은 자
요, 천국에 오를 수 있다고 생각하는
자들은 나에게 와 심판을 받을 때 내
가 너희를 모른다 할 것이며,
44 아무리 피눈물을 흘리고 통곡하고 몸
부림을 쳐도 나는 끝까지 너희를 알지
못하며, 너희와 관계없음을 알아야 할
것이니라.

7,207 번째 하나님 말씀

2003년 8월 19일 23시 36분

1 사랑하는 나의 아들아!
2 "네, 아버님! 말씀하옵소서."

3 수천 년 동안 흘러오는 그 세월 속에
지금 믿음의 길을 가는 그 백성이 나
에게 구원을 받은 자가 한 사람도 없
다고 말한다면 과연 너희는 내 말을
믿겠는가?
4 너희는 정녕 그를 믿지 아니하며 그를
부정하고자 할 것이니라.
5 그리고 결코 그와 같은 일은 있을 수
없을 것이라 말할 것이니라.
6 그러나 너희는 한 사람도 구원받지
못하였다는 나 여호와의 뜻을 깊이 깨
우치고 깨달아야 할 것이니라.
7 그건 너희의 오늘의 믿음을 봐서 당
연히 그 결과를 알 수 있는 것이며 너
희의 믿음 자체로써는 구원받을 자가
하나도 없음을 너희도 스스로 알 것
이니라.
8 나 여호와의 뜻과 성령에 의한 길을
가는 것이 아니요, 인간이 만든 변형
된 성경의 가르침이요, 인간이 만든
교리와 교회의 법으로써 믿음의 길을
가고 있기 때문이니라.
9 너희는 진정한 참진리요, 나 여호와의
뜻을 연구하고 깨우쳐 어렵고 힘든 그
길을 가는 것이 나에게 오르는 길이라
는 것을 알면서도 행하지 않는 자들이
니라.
10 편안하고 평탄한 길을 가는 것이 하늘
에 오르는 길이라 하여 지금의 모든
종교 집단들이 저희의 영리요, 편안함
을 위하여 모든 법도요, 성령의 가르
침이요, 그리고 성경을 빙자하여 거기
에 교묘하게 변형시켜 나의 피조물 만
백성들을 교회의 법도 안에 몰아넣어
끌고 가니,
11 그들 밑에 있는 자들은 정녕 구원을
받을 수 없음이니라.
12 그 지도자가 구원의 자격이 없으며 그
가 구원의 길이 무엇인지 모르기 때문
이니, 그곳에 가서 구원을 받고자 하
는 자는 이제 깨우쳐야 할 것이니라.
13 지금의 신앙생활에서는 절대 구원을
받을 수 없으며 구원을 받지 못함이니
라.
14 그리고 지금 가는 그 믿음은 구원의
믿음이 아니요, 멸망의 길이라는 것을
잊지 말라.
15 내가 이와 같은 내용을 나의 아들을
통하여 나의 법전에 기록하고 또 기록
함은, 너희가 그리해도 깨우치지 못하
고 어리석기 때문이니 그리 알라.
16 한 구절을 읽어도 깨우칠 수 있는 자
는 깨우치나, 마음이 비어 있지 아니
하며 성령이 임하여 있지 아니하며 성
령의 눈이 뜨여 있지 아니하기 때문에
나의 법전을 읽어도 깨닫지 못하며 읽
고도 그 의미를 알지 못하기에,
17 내가 반복하고 또 반복하여 기록하여
너희에게 깨우침을 주고자 함을 잊지
말라, 사랑하는 나의 아들딸들아!

7,208 번째 하나님 말씀

2003년 8월 19일 23시 43분

1 사랑하는 나의 아들아!
2 "네, 아버님! 말씀하옵소서."
3 너희가 한 자도 빼도 안되며 한 획을
고쳐도 안되며 더해도 안된다는 성경
에 기록하여 너희를 깨우치며 내가
구원을 받는 길이 어떤 것인지 가르쳐

주지 아니하였던가?
4 구원의 길이 무엇이라 말하였느냐?
5 구원의 길은 영영 이루어질 수 없는
힘들고 어려운 길이라 그리 말하였음
이니라.
6 모든 종교 집단의 지도자들 너희에게
내가 구원의 길이 얼마나 힘든 것인가
를 일찍이 깨우쳐 주었으며 성경에 기
록하였거늘,
7 그것은 너희와 관계없는 것이며 타인
의 것처럼 그리 지나감이니라.
8 내가 낙타라는 크나큰 동물이 작은 바
늘구멍을 통과하는 것보다 어렵고 힘
든 길이 하늘에 오르는 길이라 기록하
여 너희에게 전하였음이니, 그게 과연
있을 수 있는 일이며, 얼마나 어렵고
힘든 길인가?
9 그러나 모든 종교 집단 지도자들이 그
뜻을 알지 못하며, 그 뜻을 알고 있으
면서도 그와 같은 길을 가는 것은 너
무나 어렵고 힘들기에, 하늘에 오르는
길은 가장 쉬운 길이며 편안하게 구원
을 받을 수 있는 것이라 그리 둔갑시
켜 가르치는 것이 오늘의 종교 집단
과 지도자이니라.
10 낙타가 바늘구멍을 통과하는 것보다
도 어려운 것이 하늘에 오르는 길이라
고 하면, 너희 성전이요, 교회에 와 재
물을 바치며 너희의 강론을 듣고 깨
우치고자 하는 백성이 없을 것이니,
11 그리하여 구원을 받는 것은 가장 쉬우
며 편안한 것이라 그리 말하느니라.
12 더욱이 구원을 받았다고 말할 수 있도
록 나의 피조물 만백성들을 세뇌시키
고 그리 가르치니 너희가 얼마나 간
교하고 사악한 자들이냐?
13 쉽게 오를 수 있으며 쉽게 구원을 받
을 수 있다고 그리 가르침이니,
14 그리하여 쉽다는 그 말에 세뇌되어 있
으며, 자신이 쉽게 구원을 받을 수 있
으며 구원을 받은 것으로 아는 나의
피조물 만백성 너희는 그 착각이요,
그 꿈에서 깨어나야 할 것이니라.
15 하늘에 오르는 길은 그리 쉬운 것이
아니며, 아무나 역사하는 길이 아님을
알라.
16 가장 어렵고 힘든 고통이요, 이 세상
의 육을 가진 그 삶에서 어떠한 것도
통과할 수 없으며 어떠한 것도 견딜
수 없다는 그 고통보다도 천배 만배
더 고통스럽고 힘든 것이 너희가 천국
에 오는 그 길이라는 것을 알아야 할
것이니라.
17 내가 나의 아들 예수를 세상에 보낸
것은, 나의 아들을 믿으며 성경의 그
깨우침을 믿는 것은 너희가 그렇게 살
고 행하면 구원을 받을 수 있다는 것
을 너희에게 가르쳐 주고 깨우쳐 주
려고 나의 아들을 세상에 보냈음이니
라.
18 너희가 나의 아들을 믿으며 성경의 그
깨우침을 읽는 것은 너희가 그렇게 살
고 행하는 것만 구원을 받을 수 있다
는 것을 나의 아들을 통하여 너희에게
깨우쳐 주고 전하고자 하였음을 알아
야 할 것이니라.
19 그러나 너희는 잘못되었음이니라, 그
리고 잘못 전하고 있음이니라.
20 나의 아들 예수가 살아간 그 길과 같
은 길을 살아가는 것이 구원을 받는

길이라 하여 나의 아들을 세상에 내려
보내 삶의 모범의 본보기로 만들었건
만,
21 그를 행하고 따르는 것이 구원의 길이
라 생각하지 아니하며 그와 같은 길을
가지 아니함이니,
22 그러면서 구원을 받았다는 자는 이제
꿈에서 깨어나야 함을 알아야 할 것
이니라.
23 너희가 인간 세상에 살아가면서 과연
어떠하던가?
24 너희가 무엇을 하나 이루려고 계약을
체결하여 그 약정이 성립되어서 이루
어지기 전까지는 계약대로 이루는 것
과 계약대로 이루지 않는 것과는 하늘
과 땅의 차이인 것을 어찌 모른단 말
이더냐?
25 그러니 너희가 무엇으로써 깨달았다
말하며 나에게 구원을 받았다고 그리
말하는가?
26 정녕 나로부터 구원을 받으며 선택된
백성인가 하는 것은 너희가 죽어 와
심판이 끝날 때만 알 수 있거늘,
27 어찌하여 심판을 받지도 아니하고 지
금 가는 과정에서 구원을 받았다고
말하는가?
28 너희가 인간 세상에서 시험을 봐 합격
한 자가 그 자리에 임명받아 앉을 때
비로소 정녕 시험에서 합격한 자요,
그 칙령을 가지고 있어 그 책임을 지
고 역사하는 자가 되지 않더냐?
29 그러나 시험을 봐서 합격하여 그 자리
에 명을 받기도 전에 시험공부를 하
는 자가 합격한 것처럼 행세한다면
과연 되겠는가?
30 직접 시험을 봐서 합격 한 자와 시험
공부하며 그를 준비하는 자, 합격하지
못한 자와 합격한 자의 차이는 엄연히
다르며 그건 말할 수 없는 차이가 있
는 것이니라.
31 그러니 너희가 나에게 구원을 받을지
못 받을지, 구원을 받을 자격이 있는
지 없는지, 그 자체도 모르는 자가 구
원을 받았다고 말하는 것은 시험을
보고 합격하여 그 자리를 명받지도
않은, 시험 공부를 하는 자가 명받은
것처럼 오만하며 착각하여 먼저 달려
가는 자들이며 꿈속에서 헤매는 자들
이니라.
32 지금의 모든 종교 집단이요, 그리고
신도 너희는 아직 시험을 봐 나에게
명을 받지도 못하고 시험 공부하는
형편인 자가 합격한 사람인 것처럼 생
각하고 그리 가고 있으며 그 착각에
빠진 것이 너희니, 얼마나 불행하고
불쌍한 백성이란 말이냐?
33 집단의 믿음이요, 그들이 가는 그 길
이 계약을 이루지 아니하면서도 계약
을 이룬 것처럼, 계약이 이루어진 것
과 계약이 이루어지지 아니한 그 차이
를 모르느니라.
34 한 여인이 아이를 가져 열 달 만에 세
상에 내보내는 것은 어머니가 당연히
이루어야 할 것이며 또 가야 할 길이
니라.
35 그러나 그 아이를 가져 보지도 못한
자가 아이를 낳았다 하며 아이를 키우
는 것처럼, 당당하게 나로부터 축복받
은 아이를 세상에 생산해 낼 수 있다
하며 생산해 낸 것처럼 생각해서는 아

니 됨이니라.
36 열 달 동안 잉태해서 세상에 내보내는
그 어머니의 고통이요, 시련을 직접
체험하지도 않은 자가 어머니 역할을
하고 있으며, 세상에서 가장 훌륭한
자식을 낳을 수 있는 여인이라 그리
말함이니라.
37 아이를 잉태하여 세상에 분만한 여인
과, 분만하지 아니하면서 분만한 행세
를 하는 그 여인과의 차이는 얼마나
무서운 거리며 얼마나 멀고도 먼 거리
인지 알겠는가?
38 지금의 모든 종교 집단이 잉태한 사실
도 없는 자가 아이를 낳은 것처럼 행
세하며, 아이를 낳은 어머니처럼 그
기쁨을 느낄 수 있으며 그와 같이 역
사하여 대우를 받을 수 있으며 그와
같이 행할 수 있다는 착각 속에 지금
헤매니, 이것이 지금 믿음의 길을 가
는 백성임을 알라.
39 구원을 받지도 못하며 받는 것이 무엇
인지도 모르면서 받았다 하는 자들,
40 바로 아이를 낳아 보지도 않은 자가
낳았다 하며, 아이를 잉태하지도 않은
자가 아이를 낳은 행세를 하는 어리석
은 자들이라는 것을 잊지 말라.
41 아이를 잉태하여 세상에 젖을 물리는
그 엄마의 그 마음을 절대 모르는 것
이 아이를 낳지 않은 여인의 마음이니
그 차이임을 알라.

7,209 번째 하나님 말씀

2003년 8월 20일 0시 05분

1 사랑하는 나의 아들아!
2 "네, 아버님! 말씀하옵소서."
3 나의 진리를 공부하며 나에게 오르는
그 길이 어렵고 힘듦을 너희는 일찌
이 깨우쳐 알고 있을 것이니라.
4 그러나 지금의 믿음의 길을 가는 그
백성이 하늘에 오르는 길이 쉽고 간단
한 길이라 그리 말하며, 모두는 다 저
희 손으로 지은 교회라는 곳에 발을
들여 놓는 그 순간에 구원을 받았다고
말하니,
5 그건 어려움이 아니요, 쉬운 길로 갈
수 있다는 것은 거짓 선지자들이요,
거짓 종교 지도자들이요, 잘못된 자들
이, 저 자신도 무엇인가를 알지 못하
며 믿음이 무엇인가를 모르는 백성이
전하고 가르치기 때문이니라.
6 쉬운 길이며 쉽게 구원을 받을 수 있
다는 그들의 말을 믿고 따르는 그와
같은 자 또한 쉬운 것이 믿음의 길이
라 하여 쉬운 길을 가고자 하니,
7 너희가 욕심에 눈이 어두워 그와 같이
됨을 알아야 할 것이니라.
8 결코, 쉽고 편안한 길이 아니니라.
9 너희는 그것을 알아야 할 것이니라.
10 지금 신앙으로써 가는 자, 그 신앙 속
에서 믿음의 길을 가는 자는 한 사람
도 구원을 받을 자격이 없다 그리 말
하는 것은, 너희가 근본적으로 잘못되
었으며 시작이 잘못되었으며 잘못 가
고 있기 때문이니, 그는 바로 무엇이
더냐?
11 하늘에 오르는 길이 쉽고 편안한 믿음
의 길이라는 자들이요, 그 뜻을 믿고
따르는 자들이기 때문에 너희가 나에
게 오를 수 있는 백성이 아니라 함이

니라.
12 하늘에 오르는 길이란 정녕 얼마나 어
렵고 힘든 길인 줄 알겠는가?
13 너희가 구원을 받고자 지금 믿는 그
와 같은 신앙생활이요, 믿음으로서는
절대 구원을 받을 수 없으며, 나에게
오를 수 없는 백성이며, 나와는 아무
런 관계도 없는 백성이라 함이 여기
있음을 알아야 할 것이니라.
14 쉬운 길이요, 간단한 것이 믿음이요,
하늘에 오르는 길이라 쉽게 생각하고
편안한 길을 찾아 편안한 믿음으로 가
고자 하는 것이 너희이기 때문임을
알아야 할 것이니라.
15 자신의 영리 목적을 위하여 가는 종교
지도자요, 그 집단들이 나로부터 보내
진 자라 그리 말하며, 저희 스스로 나
로부터 보냄을 받은 자라 말함이니,
나의 백성이 그 말은 어찌 그리 쉽게
믿으며 그들의 말을 그리 믿고 따라간
단 말이던가?
16 그러나 그들은 나로부터 보내진 자들
이 아니요, 내가 그들을 명하여 보낸
자가 아님을 너희는 알아야 할 것이
니라.
17 믿음의 길이요, 구원의 길이 쉽게 가
는 길이라 가르치는 종교 지도자들이
말로써는 나로부터 선택받은 자요, 내
가 보낸 자라 말하나,
18 나는 그와 같은 종교 지도자요, 백성
을 보낸 사실이 없으며, 내가 그들을
선택하여 내려보낸 사실이 없음을 알
라.
19 쉬운 길로 가는 것이 믿음이요, 구원
의 길이라 하여 그 길을 선택하는 백
성과 그 길을 가르치는 백성은 정녕
나와 구원의 길과는 관계없는 백성이
가는 길이라는 것을 절대 잊어서는 아
니 됨을 명심하라.
20 너희가 정녕 나에게 오르는 길은 어렵
고 힘든 길이요, 또 지키고 역사하기
가 쉬운 길이 아님이니라.
21 그러니 내가 너희에게 직접 친필로 써
내린 그 십계명대로, 그리고 나의 율
법대로, 지금 내가 나의 아들을 통하
여 내리는 법전대로 행하고 살지 않는
자는 진정한 지도자가 아니며, 지도자
로서 자격이 없으며, 나로부터 선택받
은 지도자가 아니며,
22 그 밑에서 깨우침을 얻고자 공부하는
신도라는 백성 그들도 다 구원을 받을
수 없는 자들이라는 것을 너희는 알
아야 할 것이니라.
23 너희는 정녕 오늘과 같은 믿음으로는
구원을 받을 수 없다는 것을 알아야
할 것이니라.
24 그러니 내가 나의 아들을 통하여 오늘
의 그 믿음으로는 구원받을 자가 하나
도 없으며 구원받을 자격이 없다 하는
이 무서운 말을 가슴 깊이 새겨,
25 어떠한 길이 참진리요, 하늘에 오르는
길이 무엇인가, 그 길을 찾아가는 변
화가 없이는 아니 된다는 것을 잊지
말라, 사랑하는 나의 아들딸들아!

7,210 번째 하나님 말씀

2003년 8월 20일 07시 06분

1 사랑하는 나의 아들아!
2 "네, 아버님! 말씀하옵소서."

3 인간 세상에 살아가는 너희 말에 10
년이면 강산도 변한다고 말하였음이
니라.
4 10년이라는 그 세월 속에는 그대로
놔둔다 해도 자연적으로 강산의 모양
까지 바뀌는 것이 10년 세월의 위대
함이라 그리하였느니라.
5 나 여호와가 너희에게 뭐라 말하였느
냐?
6 내가 10년 후에는 이 모든 법전이 세
상을 덮으며 10년 후에 대역사가 이
루어지는 것을 너희 스스로 볼 수 있
으며, 그때는 너희가 나 여호와가 존
재함을 볼 수 있다고 그리 말하지 아
니하였던가?
7 그러니 과연 그 세월 동안에 너희가
어찌 변하며 어찌 바로 서느냐 하는
것은 너희의 노력이라 하였음이니라.
8 너희가 바로 서지 못했을 때 나의 법
전이 세상을 덮을 수 없으며, 나의 법
전을 접하는 백성이 이는 나 여호와
하나님의 말씀이요, 나 여호와의 성령
이라 믿지 아니한다 하였으니,
9 믿을 수 있도록 변하는 것이 가장 중
요한 것이라 내가 그리 말하였느니라.
10 그러니 너희가 나의 법전을 가지고
10년 동안에 이 세상을 모두 덮느냐,
덮지 못하느냐 하는 그 역사는 바로
너희 마음 자세에 달렸음을 알아야
할 것이니라.
11 나의 성령을 받아 지금 160권의 법전
을 나의 아들이 만들어 가고 있음이니,
12 나의 법전이 세상에 나오는 것을 너희
가 주인 의식을 갖고 행한다면 모두
다 역사하게 될 것을 알아야 할 것이
니라.
13 주인 의식을 가지고 세상 모든 것을
생각하는 것과, 주인 의식을 갖지 아
니하고 세상을 살아가는 그 차이는 너
무나도 크고도 먼 것이 너희의 그 위
대한 삶임을 알아야 할 것이니라.
14 모든 것을 너희가 주인이라 생각하여
주인 의식을 가지고 산다면 모든 것을
스스로 앞장서서 나갈 수 있으며, 먼
저 행할 수 있음이니라.
15 너희가 남으로부터 명을 받기 전에 또
한 관리하는 주인으로부터 윗사람으
로부터 명을 받기 전에 모든 것을 스
스로 너희 것이라 생각하며 주인 의
식을 가지고 네가 서 있는 자리에서
그 마음을 갖고 세상살이를 본다면,
16 너희는 먼저 할 수 있으며 앞장서서
스스로 해도 그 모든 것이 또한 즐거
움이 거기에 있음이니라.
17 그러니 주인 의식을 가지고 사는 백성
과 주인 의식을 갖지 아니하고 사는
그 백성은 하나의 사물을 놓고 관리할
때 거기에도 하늘과 땅의 차이가 있음
이니라.
18 모든 동식물을 관리하는 것 또한 마찬
가지니, 너희가 주인 의식을 가지고
살아야 함을 절대 잊지 말라.
19 그러니 나의 아들을 따르는 제자들이
요, 나의 법전을 읽고 깨우친 백성, 너
희는 나의 법전이 세상에 나가는 이
모든 역사를 주인 의식을 가지고 해야
할 것이니라.
20 너희가 주인 의식을 가지고 산다면 모
든 것이 너희 스스로 즐거우며,
21 아무리 고통스럽고 힘들어도, 네 일을

네가 하니 당연하다 생각하며, 즐거운
마음으로 행할 수 있음이니라.
22 네 이웃의 남의 자식을 사랑하는 것을
네 자식과 똑같은 마음으로 본다면,
그 모두를 사랑하며 그 아이가 아무리
초라한 모습으로 서 있다 해도 소중히
보일 것이며, 그 초라한 모습이 아름
다운 모습으로 변하지 않겠는가?
23 그리고 그러한 어렵고 힘든 아이들에
게 손길이 필요함을 너희는 느끼지
않겠느냐?
24 그러니 나의 법전을 만드는 백성이요,
나의 아들을 따르는 백성이요, 그리고
나의 법전을 읽고 깨우친 만백성 너희
는 이제부터 모든 것을 주인 의식을
가지고 살아야 하는 것이 너희임을
알라.
25 이 세상 모두를 창조하며 역사한 것은
나 여호와가 했음이니, 나의 뜻이요,
참진리의 길을 가는 백성이요, 나로부
터 선택된 백성으로서 하늘에서 이루
어진 것같이 이 땅에서 낙원을 이루
는 대명을 받은 너희는 바로 나를 대
신하여 역사함이니,
26 이 세상의 하나서부터 만 가지에 이르
기까지 모든 것을 다 주인 의식을 가
지고 행하도록 그리하라.
27 주인 의식을 가지고 행하지 아니하면
아니 될 것이니라.
28 주인 의식이라는 것이 무엇이냐?
29 자신을 태워서 비춰 주는 그 촛불과
같은 마음이 주인 의식이요, 모든 식
물이 퇴비가 되어 밑거름되는 것이
주인 의식을 가지고 사는 것이요,
30 이 세상에 꼭 필요한 사람으로서 거
듭나며 다시 태어나는 것이 주인 의
식임을 알아야 할 것이니라.
31 이 세상에 존재하는 모든 것, 너희가
거래하는 것, 이루어지는 역사는 모두
나 여호와의 주관하에 이루어짐이니,
너희는 주인 의식을 가지고 행하도록
하라.
32 그리하면 너희는 꼭 필요한 사람이
되며, 너희가 꼭 필요한 사람이라는
것을 스스로 알게 될 것이니라.
33 주인 의식을 가지고 사는 마음이요,
그 주인 의식을 가지고 사는 마음은
상대방에게 실망을 주지 아니하며 상
대방으로 하여금 너희를 만나는 것을
후회하지 않는 삶을 사는 그와 같은
마음으로 변하게 됨을 알아야 할 것이
니라.
34 주인 의식을 가지고 사는 백성은 상
대방에게 실망을 주지 아니하며, 상대
방에게 거짓 하지 아니하며, 그 상대
방을 이용하여 무엇인가를 이루고자
하는 그와 같은 간교한 마음을 갖지
아니하게 됨이니, 순수한 것으로써 소
중한 것으로써 보게 됨을 알아야 할
것이니라.
35 너희가 길거리의 풀 한 포기를 뽑는
것, 길거리에 하나의 오물을 줍는 것,
그것을 나 여호와의 뜻에 따라 내가
하라 하였으니 행한다고 생각하지 말
고,
36 너희가 주인이기 때문에, 나 여호와가
만든 이 지상을 아름답게 만들기 위한
마음으로써 하나의 오물을 치우며 풀
한 포기를 뽑아 정리하며,
37 곡식을 가꾸는 것, 그리고 포도나무

밭을 가꾸는 것, 과일나무 밭을 가꾸는 것도 모두 품삯을 받는 사람으로서 일하는 마음으로 행하는 것이 아니라,
38 똑같이 품삯을 받고 일을 하되 나 여호와의 뜻이기에 너희가 주인 의식을 가지고 일을 한다면, 하루의 일을 고달픔이 아니요, 즐거움으로 할 것이니라.
39 그러니 내가 이 세상의 삯꾼인 종교 지도자가 잘못됐다 함이니라.
40 자신의 생활을 위하여 생활을 영위하고 먹고살고 부귀영화를 위하여 우리 부자의 이름을 파는 자들인 그 삯꾼은 무엇이더냐?
41 주인 의식이 없는 자요, 그저 시간이 되면 무엇인가를 챙기고 가는 품삯을 받는 사람과 같은 자들이니라.
42 지금의 모든 종교 집단이요, 지도자들이 주인 의식이 없는 자며, 저희가 주인이라는 것을 인식하지 못하고 그저 육의 삶을 저 혼자 구원의 영광을 얻고자 하는 마음으로 살기 때문에 그들은 정녕 주인 의식이 없음이니라.
43 그러니 너를 따르는 제자들이요, 나의 법전을 읽고 깨우친 만백성 너희는 모두가 주인 의식으로서 살아가도록 그리하라.
44 이 세상의 주인이 바로 너희니라.
45 그러니 주인 의식으로 사는 자는 네 것이 소중하며 부서지는 것도 네 것이 부서지며 깨지는 것도 네 것이 깨지며 잘못되는 것도 네 것이 잘못된다는 그와 같은 마음을 가지니,
46 하루의 품삯을 받는 자가 포도나무 가꾸기를 소홀히 할 수 있으며 과수나무 가꾸기를 소홀히 할 수 있느냐?
47 삯꾼으로서는 뽑아 주어야 할 그 잡초들을 그저 흙으로 덮으며 그냥 지나갈 수는 있으나,
48 주인 의식이 있는 백성은 아무리 힘들고 어려워도 포도밭의 과수나무 밑에 있는 뽑아야 할 잡초를 열과 성의를 다하여 뽑으니, 그 뽑는 것 또한 즐거운 마음으로 뽑을 수 있음이니라.
49 그러니 나의 법전을 만들어 이 역사를 이루도록 선택된 백성 너희는 오늘부터 주인 의식을 가지고 살라, 사랑하는 나의 아들딸들아!
50 주인 의식은 자신을 태워서 밝히는 촛불이 될 것이니, 너희는 오늘서부터 그와 같은 마음으로 살도록 그리 가르치라, 사랑하는 나의 아들아!

7,211 번째 하나님 말씀

2003년 8월 20일 09시 48분

1 사랑하는 나의 아들아!
2 **"네, 아버님! 말씀하옵소서."**
3 나 여호와 하나님의 이름을 망령되이 일컫지 말라 하였음이니, 이 대목을 십계명에 기록하여 전하는 나 여호와의 뜻이 얼마나 애절하고 간절하더냐?
4 너희가 얼마만큼 나를 사칭하며 나 여호와의 이름을 망령되게 함부로 쓸 것인가 그리고 얼마나 욕되게 할 것인가를 내가 알고 있기에, 이를 십계명에 기록하여 나 여호와에게 욕되게 하지 말라 그리 전했음이니,
5 너희는 이 대목을 읽고 어떠한 느낌과

어떠한 깨달음을 가져야 하겠느냐?
6 이제 이 세상이 썩을 대로 썩어 잘못
흘러왔으며 돌이킬 수 없는 그와 같은
형국에 이르렀다 하였음이니라.
7 그리하여 내가 나의 아들을 통하여 바
로 세우고자 160권의 법전을 내려보
내니,
8 선택된 백성이요, 이를 읽고 깨우친
너희는 정녕 나 여호와의 이름을 망령
되게 하는 행위를 해서는 절대 아니
됨을 알아야 할 것이니라.
9 너희 자신이 나 여호와의 이름을 망령
되게 하는 행위를 한다면 이 세상에
나의 이름을 망령되게 일컫지 않을 백
성이 없을 것이니, 그를 지키고 행해
야 함을 너희는 알아야 할 것이니라.
10 내가 너희에게 말하기를, 나 여호와
아버지가 계시니 너희는 내가 하라는
것을 행하며 행하지 말라는 것을 행하
지 아니하는 삶을 살라 하였음이니라.
11 '내 아버지가 행하라는 것만을 행하고
산다.' 하라 하였으니, 바로 그러니라.
12 너희가 나 여호와의 이름을 망령되게
일컫지 않는 것은 그와 같은 마음 자
세로써 살아가지 아니하면 절대 역사
할 수 없다는 것을 알아야 할 것이니
라.
13 너희 스스로 유혹하는 마음이요, 스스
로 무너트리고자 하는 그와 같은 마음
이니라.
14 그러니 나의 성령으로 굳게 뭉쳐지지
않으면 너희 마음에 침투하는 수천수
만 가지 그 온갖 생각들이 머리를 스
치며 너희에게 명을 내릴 때,
15 이것이 나 여호와의 뜻에 의한 명령인
지 또 육을 가진 욕심에 의한 사탄의
자식이 유혹하는 것인지를 구분할 능
력이 없느니라.
16 또한 능력이 있다 해도 너희가 싸워
이기고 참는 의지가 약함이니, 바로
너희 마음속에 나의 성령이 임하도록
그리 살아야 함을 절대 잊어서는 아니
될 것이니라.
17 그러니 너희는 '내 아버지가 하지 말
라는 것은 하지 아니하며, 내 아버지
이름을 망령되게 하는 행위를 절대 하
지 않겠다.'는 굳건한 결의와 그 굳어
진 마음으로 뭉쳐지지 아니하면 절대
이룰 수 없으며, 나의 성령이 너희 마
음에 임할 수 없다는 것을 알아야 할
것이니라.
18 성령이 임할 수 있는 그 길은 나 여호
와의 이름을 망령되게 일컫는 행위를
하지 아니하며 모두는 나 여호와가 명
하는 것만 행하는 그와 같은 마음 자
세요, 조심스러운 마음으로 살아야 할
것이니라.
19 너희의 그 생각을 실천할 때 과연 이
것은 육에서 너희가 원하는 것인지,
남에게 어떠한 누가 되지 아니하며 과
연 사랑에 의한 역사를 하고 있는지
그것을 구분해야 할 것이니라.
20 너희는 지금 그 구분조차도 하지 못하
는 자들이니라.
21 처음에는 썩은 냄새가 진동하나 그 냄
새 속에서 생활하다 보면 그 냄새를
못 맡으며 알지 못하듯이,
22 지금 죄악 속에서 흘러가며 죄 속에서
살아가면서도 그 죄를 모르고 살아가
는 백성이기에 그들을 바로 깨우치고

바로 세우기는 그와 같이 어렵고 힘든
것이니라.
23 그러니 너희가 바로 세우며 바로 깨
우쳐 주지 아니하면 절대 되지 아니함
이니, 나 여호와의 이름을 망령되게
하지 않은 삶을 살라 함이니라.
24 그리하여 너희가 성령이 충만하였을
때 악과 선을 구분할 수 있는 눈을 뜨
게 됨이니, 그리되었을 때 너희는 알
게 됨이니라.
25 지금은 너희가 그를 구분하지 못하고
있음이니, 그리하여 우선 나 여호와의
이름을 망령되게 하지 않은 삶을 사
는 데 모두를 다 바쳐 최선을 다하는
삶을 살라.
26 그리 가다 보면 언젠가는 너희 가슴
속에 성령이 충만한 그와 같은 역사
를 이룰 것이니,
27 그때부터 너희는 힘차게 하늘을 향하
여 올 수 있으며 넘어지지 아니한다
하였음을 알라.

7,212 번째 하나님 말씀

2003년 8월 20일 09시 53분

1 사랑하는 나의 아들아!
2 "네, 아버님! 말씀하옵소서."
3 160권의 대장정의 법전이 세상에 내
려가며 그리고 열여섯 권의 법전이
세상에 나와 나의 아들을 통하여 너희
에게 강론하며 가르침의 역사를 시작
하고 있음이니라.
4 그러니 너희는 오늘 이 순간부터 나
의 법전이 인간이 만든 것이 아니며,
인간이 만들 수 있는 흔한 책이라 생
각해서는 아니 될 것이니라.
5 나의 법전을 인간이 만들 수 있는 책
이라 생각하며 누구나 만들 수 있는
그와 같은 책이라 생각했을 때,
6 너희는 마음의 문이 열리지 아니하며
깨달음이 없을 것이니라.
7 그러니 나의 법전은 인간이 만든 것이
아니요, 나 여호와가 나의 뜻을 세상
에 전하는 나의 성령이요, 하늘의 이
치요, 하늘의 참진리요, 하늘의 뜻을
두루마리로 내가 거기에 기록하여 그
두루마리를 내려보내는 것이라 생각
하며 그리 받아들여야 함을 잊지 말
라.
8 창조주 나 여호와가 하늘의 뜻을 모두
기록하여 너희를 사랑하기에 너희를
구원하기 위하여 내가 글로써 나의 성
령을 두루마리로 기록하여 세상에 내
려보냄이니,
9 이게 곧 하늘의 이치요, 하늘의 뜻이
요, 하늘에서 내리는 성령을 기록한
두루마리라 그리 생각하고 나의 법전
을 받아들여야 할 것이며,
10 그와 같은 뜨거운 열정으로써 나의 법
전을 가슴에 안고 그를 보고 정독할
때 너희가 나의 뜻을 알 것이며 내가
원하는 것을 알게 될 것이니 그리 알
라.
11 이제는 나의 아들을 통하여 너희에게
내리는 것이 아니요, 나 여호와가 직
접 사랑하는 나의 아들 너희에게 나의
성령으로써 직접 기록한 그 두루마리
를 내려보내니,
12 이것이 참진리요, 하늘에 오르는 길이
요, 이를 직접 나로부터 받았다는 그

와 같은 생각을 하고, 내가 직접 내려
줌을 알라.
13 이는 내가 나의 아들을 통하여 책으로
만들어 전하나, 이를 읽고 접하는 순
간에 하늘의 나 여호와의 성령이요,
나의 뜻을 두루마리에 기록하여 그 두
루마리를 너희에게 내려보냄이니, 너
희가 직접 받은 것이라 그리 알라.
14 너희가 직접 받음을 알라.
15 그러니 이 두루마리에 기록되어 있는
나의 이 성령의 뜻이요, 하늘에 오르
는 참진리의 그 모든 주인은 너희 각
자가 주인이라는 것을 알아야 할 것
이며, 주인 의식을 갖고 법전을 관리
하며 이를 읽고 깨우쳐야 함을 알라.
16 이는 내가 나의 아들은 나로부터 선택
된 아들이요, 준비된 아들이요, 이는
너희가 세상에서 역사하는 것과는 차
별화되어 있다는 것을 알게 될 것이니
라.
17 나의 아들은 너희의 미래를 알려 주
며 미래에 역사할 것을 알려 주지 않
는가?
18 그러니 나의 아들이 나로부터 선택되
어 이를 만들어 세상에 전하는 것은,
육을 통하지 아니하면 역사할 수 없기
에, 나의 아들이 세상에 내려가 나의
뜻을 받아 기록함이니라.
19 그리 기록하여 너희에게 전하는 나의
법전은 내가 두루마리에 나의 성령을
직접 써 너희에게 하나의 아름다운
두루마리요, 소중한 두루마리요, 더
이상 귀중한 것이 없는 그 두루마리를
너희에게 전하니,
20 법전을 접하는 순간에 나의 두루마리
에 기록된 성령을 너희에게 전하는 것
이니 너희가 주인이니라.
21 각자가 나의 법전을 접할 때, 너희가
모두 법전의 주인이라는 것을 잊지 말
라.
22 그리 주인 의식을 갖고 주인이 된 마
음으로써 나의 법전을 읽고 깨우쳐,
그 주인 의식이 확고할 때 너희는 세
상이 넓고 넓음을 알게 될 것이며 세
상의 모든 흐름을 볼 수 있는 것이니
라.
23 나 여호와가 너희 개인에게 직접 내리
는 두루마리이니라.
24 이게 곧 나의 성령이요, 나의 뜻이니
라.
25 그러니 너희가 직접 받은 두루마리의
주인이 되어, 어찌 관리하고 어찌 이
를 가지고 만백성을 깨우치는 역사를
할 것인가?
26 법전은 내가 너희에게 직접 내리는 하
늘의 성령의 뜻이요, 내가 직접 쓴 두
루마리이니라.
27 그건 네 것이니, 네가 어찌하든 나는
더 이상 말하지 아니할 것이니라.
28 이를 갖고 찢어 버리고 태워 버리고
너희가 지옥으로 가든, 이를 가지고
만백성을 구원하여 너희가 나에게 와
상을 받는 그 영광의 심판을 받든 그
것은 너희가 알아서 할 것이니라.
29 다만, 내가 나의 아들을 통하여 내리
는 160권의 이 법전은 오로지 하늘에
서 내가 직접 써 내리는 성령을 두루
마리에 기록하여 내리는 것을 너희에
게 직접 줌이니 그리 알라.
30 접하는 순간에 내가 직접 주는 것이

요, 나의 아들이 너희에게 전해 주는
것이 아님을 알라.
31 인간으로서 전함이 아니요, 인간으로
서 만든 책이 아니요, 하늘의 성령의
뜻이요, 나의 뜻을 두루마리에 기록하
여 내가 직접 너희에게 내리는, 더 이
상 소중한 것이 없으며 그보다 더 귀
한 것이 없는 나의 두루마리의 뜻임을
알라, 사랑하는 나의 아들딸들아!

7,213 번째 하나님 말씀

2003년 8월 20일 10시 01분

1 사랑하는 나의 아들아!
2 "네, 아버님! 말씀하옵소서."
3 나의 아들 예수가 세상에 내려와 역사
함은 구약의 시대를 폐쇄하는 것이요,
그를 덮어 두려고 세상에 내려왔다
말하지 아니하였느니라.
4 나의 아들은 성서에 기록하여 가르치
기를, 구약 시대의 그 모든 역사는 나
여호와의 뜻에 따라 이루어졌음이니,
그 모두를 완성코자 하여 왔다고 말
하였음이니라.
5 그러나 너희는 과연 어찌 살아가는가?
6 나의 아들 예수가 성서에 기록하여 구
약의 시대에 나 여호와가 역사한 것을
완성하고자 세상에 왔다 하며, 십계명
을 완전케 하고 율법을 완전하게 하
려고 그가 왔다고 말하였거늘,
7 그러나 그 제자라는 자들, 그 백성이
라는 자들이 과연 어찌 살아가는가?
8 이를 정면으로 거부하며 이를 받아들
이지 아니함이니,
9 위로는 나 여호와의 뜻을 거부하며 아
래로는 나의 아들 예수가 너희에게 가
르쳤던 그 모두를 배척하며 그로부터
등을 돌린 자들이니라.
10 그리하여 너희는 율법이요, 십계명을
거부하며 그 모두는 지나갔으며 지킬
수 없으며, 인간으로써는 그와 같은
것은 지킬 수 없기 때문에 이제는 다
폐지되었으며,
11 오로지 나의 아들 예수의 보혈로써 나
의 아들 예수의 이름을 찾으며 너희
손으로 지은 사탄의 죄의 소굴인 교회
요, 성당이요, 성막에 가서 기도하면
구원을 받는다 그리 말하며,
12 오로지 신약의 시대가 열렸음이니 그
신약 시대의 역사에 발을 맞춰 신약
시대의 삶을 살면 너희는 무조건 구
원을 받는다고 말함이니, 그 모두가
나의 뜻을 거역하는 것이요, 나와는
관계없는 삶을 사니,
13 나 여호와의 뜻을 거역하며 나와 관계
없는 길을 가는 자들이 나의 백성이던
가?
14 나를 능멸하는 사탄의 자식으로서 전
락하여 있는 것이 너희임을 알라.
15 너희가 이와 같이 나 여호와를 거역
하는 백성이 되어 있으면서 뭐라 말하
느냐?
16 하늘에 오르는 것이며 천국에 오르는
것이요, 내 품에 온다 하며 너희는 나
의 아들 예수의 보혈로써 그저 구원을
받은 자이며, 그러니 그와 같은 것이
다 완성된 자들이라 그리 말하느니라.
17 너희는 구원이라는 욕심에 눈이 어두
워 아무것도 보지 못하며 한 치 앞도
알지 못하며 세상의 이치요, 질서까지

도 모르고 살아가느니라.
18 그저 훈련된 짐승이 주인이 물라면 무는 그와 같은 형국으로 모든 종교 집단이요, 신도들이 지금 그리 가고 있으니, 얼마나 불쌍하고 가련한 백성이더냐?
19 그러니 종교 지도자들의 사악한 행위요, 인간으로서 할 수 없는 그와 같은 행위도 그것이 합리화되며 타당하다고 표현하는 자들이 되어 있음이니, 이 얼마나 불쌍하고 가련한 백성이더냐?
20 너희가 먹이를 주어 길러 놓은 그 강아지가 과연 도둑이 누구인 줄 아느냐?
21 주인이 도둑이요, 살인자라 해도 그를 잡으러 오는 자를 물라 하면 물려고 대드는 것이 밥을 주어 길러 훈련시킨 그 강아지니,
22 지금 바로 종교 집단들 속에 있는 지도자에게 맹종 맹신하는 신도들 너희가 바로 그와 같은 자이니라.
23 물론 그것을 생각할 수 있으며 판단할 수 있으면 아무리 훈련을 시킨 강아지라도, 그 주인이 도둑이요, 살인한 자라면 그 주인을 물 것이나,
24 그는 판단력이 없으며 생각할 여지가 없으며 그저 세뇌된 것밖에 모르며, 주인이 물라 하면 무는 것밖에 모르니, 저를 잡으러 온 천사를 물라 하니 물려고 대드는 것이니라.
25 그러니 종교 집단이요, 지도자들이 사악한 죄를 지어 인간으로서 지탄받는 행위를 해도, '나는 그런 것이 아니요, 저들이 나를 모함하는 것이며, 저들이 사탄이요, 악마라' 하면,
26 그 신도들은 그를 단죄하는 자를 욕하며 물고 늘어지고 물고 뜯으려 하는 그와 같은 형국이니, 너희를 누구에게 비교하면 될 것인가?
27 나 여호와는 감히 사랑하는 나의 아들딸들이 훈련된 개와 같이 되었다는 말을 담기가 마음이 너무 아파 감히 말을 하지 아니함이니,
28 오늘날 맹종 맹신하는 신도 너희가 과연 누구며 어디에 있는가를 너희 자신이 평가해 보도록 그리하며, 내가 너희를 누구와 견주어 평가하는지를 알라.
29 나의 뜻을 실현해야 하는 너희가 어찌 그와 같은 형국으로 살아가는가?
30 너희는 모두를 다 잃었음이니라.
31 진정한 믿음의 길도 잃었으며 주인 의식이요, 나의 아들딸로서 그 대업을 이어 가는 너희라는 것 그 자체도 다 잊어버린 것이니라.
32 그리하여 주인 의식을 갖고 살지 못하며 주인 의식 없이 세상을 보며 사는 나의 아들딸이 되었으니, 너희가 무엇을 알겠느냐?
33 이제는 너희가 주인이요, 주인 의식을 갖고 나 여호와로부터 유업을 계승 받는 나의 아들딸이라는 그와 같은 마음가짐으로 세상을 다시 한 번 보면, 다시 태어나는 그와 같은 역사를 얻을 것이며,
34 오늘의 잘 가고 잘못 가는 모든 종교 지도자들의 그 허물이요, 그 약점이요, 그 추한 모습을 알게 될 것이니라.
35 나의 법전은 구약과 신약을 다 버림이

아니니라.
36 다만 너희가 내가 거기에 기록한 비
유의 뜻을 모르니,
37 그 비유에 숨어 있는 그 뜻을 내가 너
희에게 가르쳐 주고자 하며 깨우쳐 주
며,
38 또한 종교 집단 지도자들이 저희의
육을 위하여 육의 사악한 마음으로써
나의 성경에 가감된 그 부분을 바로잡
으며 그를 내가 너희에게 전하며 깨
우쳐 줌이니라.
39 그리하여 제3의 시대를 열어 가는 것
이며, 그리하여 너희가 가장 알기 쉽
게 깨우칠 수 있는 바닥의 진리로써
나의 법전을 만들어 구약의 시대와 신
약의 시대를 완성해 가면서 그 틀 위
에 제3의 시대를 열어 가는 것을 잊지
말라.
40 나의 아들 예수가 구약의 시대를 완성
케 하며 율법 시대를 완성하기 위하
여 왔다는 그 의미를 너희가 알아야
할 것이니라.
41 오늘의 제3의 시대가 그를 저버리는
것이 아니니라.
42 다만, 이해 못 하는 비유의 뜻을 알기
쉽게 풀어 주며, 너희가 인간의 욕심
으로 가감하여 기록한 내용을 찾아내
어 그를 다 뽑아내는 그와 같은 역사
를 같이 감이니,
43 그를 뽑아낸 구약과 신약의 바탕 위에
그를 완성하며 그것과 나의 법전의 새
로운 역사가 시작되는 것은 한배를 타
고 간다는 것을 잊지 말라.
44 예수가 구약의 시대를 완성케 하며
그 예수 또한 같은 배를 타고 가며, 지
금 나의 아들이요, 새로운 법전이 또
한 같은 배를 타고 출항하는 것이라는
것을 너희는 잊어서는 아니 될 것이
니 그리 알라.

7,214 번째 하나님 말씀

2003년 8월 20일 10시 11분

1 사랑하는 나의 아들아!
2 "네, 아버님! 말씀하옵소서."
3 너희는 스스로 원죄를 가지고 나왔으
며, 그리하여 세상에 태어날 때 죄로
써 세상에 태어난 자들이며, 그리고
원죄를 가지고 세상에 나온 자이니,
4 나오면서부터 타락된 자요, 죄 속에서
살아가는 백성이라 그리 말하느니라.
5 그리하여 그 죄가 있기에 그 죄를 사
함을 받으며 그를 용서받는 그와 같은
믿음의 길을 가지 아니하면 아니 된다
하여,
6 종교 집단이요, 지도자들이 나의 피조
물 만백성들로부터 원죄를 사해 준다
는 명분으로 모든 재물을 거둬들이며,
그들의 시간과 자유로운 삶까지 송두
리째 갈취하는 그와 같은 사악한 방법
으로써 끌어 가느니라.
7 그러면서 그들은 너희에게 뭐라 가르
치느냐?
8 모든 너희 죄를 피를 바쳐 그 피로 제
사를 지냄으로써 모두 다 용서받을 수
있으며 나 여호와에게 오는 길이 열리
며 나와 교통하는 길이 열린다고 말
함이니라.
9 모든 죄를 사하는 것은 피를 바치는
것만이 죄를 사함이라 그리 이야기하

느니라.
10 그리고 피로써만 대속할 수 있으며
모두 용서받을 수 있다 하여, 너희는
나의 아들 예수의 죽음으로 그가 고통
스럽게 죽어 간 그 피를 바쳐 나에게
제사를 지냄으로써 너희 죄가 다 용
서되었으며, 너희는 죄가 없는 자라
그리 말하느니라.
11 오로지 피로써만 제사를 지내며 피로
써만 용서를 받는다고 말함이니,
12 다른 생명을 죽인 그 흉악한 붉은 피
로써 제사를 지낼 때 그 죄를 용서받
을 수 있으며, 오로지 피로써만 제사
를 지낼 수 있다는 그 사악한 망발을
더 이상 하지 말라.
13 정녕 네가 죽음으로 인하여 네 피로
써 제사를 지내 남의 죄를 용서해 준
다 하여 네 생명을 내놓으라 할 때,
14 너희 자신의 피로써 제사 지내는 것이
만백성을 구원하는 길이요, 오로지 나
여호와가 기쁨으로 거둬들인다 하여
과연 네 생명을 내놓을 수 있는가?
15 너희는 네 생명으로써 네 피로써 제사
를 지낸다 하면 절대로 피로써 제사
지내는 것이 구원이 아니라고 발버둥
칠 것이니라.
16 피를 바치는 그와 같은 마음으로써 믿
음의 길을 가며 나 여호와를 경배하는
것이 하늘에 오르는 길이요, 제사를
지내는 것이며,
17 죽음으로써 피를 바치는 마음으로 정
성껏 제사를 지내며 천사와 같은 마음
으로 변하는 것이 나 여호와가 원하는
것이요,
18 다른 생명을 죽여 그 붉은 피로써 제
사 지내는 것을 나 여호와가 원하는
것이 아니라 그리 대답하고 그리 설명
할 것이니라.
19 바로 그러하니라.
20 너희 자신을 죽여 네 피로써 제물이
되어 제사를 지내라 할 때, 너희는 목
숨을 다하는 그와 같은 마음으로써 나
를 향하여 가는 믿음의 길이 구원의
길이요, 사람을 죽이고 짐승을 죽여
그 피를 제물로써 제사를 지내는 것이
아니라 그리 말할 것이니라.
21 바로 그것이 정답이니라.
22 너희가 절박하게 닥쳤을 때 마지막 부
르짖는 그 절규가 나 여호와의 뜻임을
알라.
23 나는 생명을 죽인 그 흉악한 붉은 피
로써 바치는 제사를 원하지 아니함이
니라.
24 너희 자신을 죽여서 제사를 지내라
할 때 너희는 그리할 수 없다고 말할
것이니, 바로 그러니라.
25 피는 곧 생명이니라.
26 내가 남의 생명을 죽여 피로써 나에게
믿음이요, 경배하고 제사 지내는 것은
나의 뜻이 아님을 알아야 할 것이니라.
27 이제 모든 종교 집단 지도자요, 너희
는 다른 짐승의 피로써 죄를 사하며,
나의 아들 예수의 피로써 죄를 사하
며, 피로써 제사를 드리고 죄를 사하
는 것만이 너희가 가는 길이라 함에
대해서 이제 깨우쳐야 할 것이니라.
28 정녕 그와 같이 피를 바쳐 나에게 기
도하고 제사 지내는 것이 용서받는 길
이라면, 너희 스스로 네 피를 바치고
용서를 받으라고 전하라.

29 저 자신의 피를 바치지 아니하며 제
목숨을 끊어 나에게 그 피로써 제사를
지내지 아니하면서, 어찌 남의 생명을
끊어 남의 피로써 제사를 지내는 것이
구원을 받는단 말이더냐?
30 이제 나의 법전을 읽고 깨우친 백성이
요, 나의 아들을 따르는 제자 너희는
그리하라.
31 네가 남의 피로써 제사를 지내며 그로
써 제사 지내는 것만 나 여호와를 볼
수 있으며 나에게 오르는 길이요, 죄
를 용서받는 길이라 하거든,
32 남의 피로써 용서받으려는 사악한 짓
을 하지 말고, 네 피를 바쳐 구원을 받
도록 그리하라 전하라.
33 바로 네 피를 바쳐 네가 구원을 받으
라 함은, 너희가 스스로 네 목숨을 끊
어 그 피를 갖다 바침이니, 네가 제를
지낼 수 없음이니 바로 무엇인 줄 일
겠느냐?
34 너희가 피를 바쳐 제사를 지내는 것은
생명을 끊어 바치는 것과 마찬가지니,
35 그와 같은 마음으로써 믿으며 그와 같
은 마음으로써 변화되는 삶을 살라 하
는 것이 나 여호와의 뜻이니라.
36 내가 이삭의 생명을 거둬들여 제물로
받았더냐?
37 그와 같은 의미요, 뜻을 아는 자들이
어찌하여 남의 생명을 끊은 그 피로써
제사를 지내는 것을 내가 받아들이며,
나에게 죄를 용서받는 것은 남의 피를
바치는 것이라 그리 말하는가?
38 이제는 너희는 남의 피로써 용서받지
말며 그런 생각은 하지도 말라 전하라.
39 그는 있을 수도 없으며 그 역사는 잘
못된 것임이니라.
40 너희가 남의 피로써 구원을 받고자 하
면 네 피를 바쳐 구원을 받도록 그리
하라.
41 그 신도들에게 너희가 전해 주고 깨
우쳐 주도록 그리하라, 사랑하는 나의
아들딸들아!

7,215 번째 하나님 말씀

2003년 8월 20일 10시 20분

1 사랑하는 나의 아들아!
2 "네, 아버님! 말씀하옵소서."
3 지금의 믿음의 길을 가는 종교 집단이
요, 이 세상을 지배할 것처럼, 모든 것
을 다 쥔 것처럼 오만방자한 그들이
지금 어찌 가고 있는가?
4 나의 아들의 죽음을 너무 욕되게 하고
있으며 그를 망령되게 하는 자들이 그
들이니라.
5 나의 아들 예수의 죽음을 그들이 어찌
생각하는가?
6 나의 아들 예수의 죽음으로써 저희는
모두 대속 받아 죄를 사했다고 가르치
며, 그리하여 구원을 받은 자들이라
그리 말하느니라.
7 그러면서 나의 아들을 통하여 역사하
고자 했던 것은 따르려 하지 아니하며
지키지 아니하는 것이 너희니라.
8 내가 사랑하는 나의 아들을 죽게 한
것은 너희의 버려진 그 양심을 되찾
아 양심 속에서 살아가는 백성,
9 그리고 양심을 도로 찾아 양심에 부끄
러움을 느꼈을 때, 그를 속죄하는 마
음을 가지고 살아갈 수 있는 나의 백

성을 이 세상에 존재하도록 하려고 그
본보기로써 나의 아들을 너희에게 던
져 주었음을 알겠느냐?
10 그런데 너희는 어찌하여 그 피로써
제사를 지냈으며, 그 피로써 속죄를
다 받았음이니 너희는 죄 없는 자요,
천사와 같은 자라 그리 말하는가?
11 너희의 잃어버린 양심을 찾으며, 양심
에 가책을 받아 너희가 속죄의 마음
을 찾도록 하는 것은 저버리고, 오로
지 나의 아들 예수가 피를 흘려 죽음
으로써 너희는 모든 죄를 속죄받았다
는 허황된 믿음 속에서 가고 있으니,
이것이 바로 너희가 가르치는 것이니
라.
12 그러면서 이것이 참진리요, 하늘에 오
르는 길이라 하느니라.
13 그러나 이것이 비진리요, 나를 욕되게
하는 행위라는 것을 알아야 할 것이
니라.
14 나의 아들을 그 고통스러움 속에서 구
원하지 아니하고 그 길을 가도록 하
며, 죽어 가는 내 아들의 고통보다도
바라보는 나 여호와의 마음이 더 고통
스러운 그 심정을 너희가 알겠는가?
15 그 모든 것을 우리 부자가 견디며 이
긴 것은 무엇이더냐?
16 너희의 양심을 청결하게 하여 다시 태
어나는 삶을 살아갈 수 있도록 하여
구원을 받게 하려고 그를 가르치고자
하였으며, 그 뜻을 역사하고자 하여
그와 같은 길을 우리 부자가 간 것이
거늘,
17 어찌하여 너희는 그와 같이 사악한
방법으로써 오늘 나의 아들을 욕되게
하며 나를 그리 능멸하는가?
18 너희는 성경에 일찍이 기록되어 있는
그 내용도 모르더냐?
19 성경에 일찍이 기록하여 내가 너희에
게 전하여 깨우쳐 준 대목이 있음이니
라.
20 너희가 열과 성의를 다하여 네 한목
숨을 바칠 수 있는 자세의 믿음으로
행하라, 그러면 너희가 구원을 받을
것이라 그리하였음이니라.
21 그렇거늘 너희는 어찌하여 피를 뿌려
제사를 지내는 것이 구원받는 행위며
너희를 용서하는 길이며 죄가 사해진
다고 말하는가?
22 이제 남의 생명을 죽여 그 피를 뿌려
구원하고자 하는 그와 같은 제사를 바
치는 것이 구원의 길이라 말하는 사악
한 자들은 내가 정녕 용서치 아니할
것이니 그리 알라.
23 인간 세상에서도 여러 형제가 더불어
살아감이니라.
24 그러니 너희가 여러 형제 중에서 한
형제를 죽여 그 피를 뿌림으로 인하여
다른 형제들이 바르고 곱게 살아갈 수
있으며 거듭날 수 있다 하여 네 육의
부모에게 그 여러 자식 중에서 한 자
식을 죽여 그 목숨의 피로써 만백성을
구한다 하면,
25 너희 인간 세상의 부모가 누구를 선택
할 것이며, 누구를 고를 것이며, 그 부
모가 과연 그를 골라 너희 형제 앞에
죽이라 그리할 수 있단 말인가?
26 이와 같이 인간 세상에서도 할 수 없
는 짓이니라.
27 너희는 그와 같이 할 수 있는 자들이

라 하며, 그와 같이 할 수 있는 마음의
욕심을 가진 것이 너희니라.
28 열 형제 중에 한 형제를 죽여서 너희
가 다시 태어날 수 있다면, 그 피로 너
희가 목욕하면 구원을 받는다면,
29 너희는 가차없이 의논하여 그중에서
한 형제를 죽게 하여 피를 뿌려 목욕
할 것이니, 그 부모의 가슴이 얼마나
찢어지겠는가?
30 그것이 욕심이고 짐승만도 못한 사탄
의 행위가 아니더냐?
31 인간 세상에서도 한 자식을 죽여 그
피로써 많은 형제를 구한다 해도 부모
가 그를 선택하지 못하며 그를 지명하
지 못하며 그 길을 선택하지 아니할
것을,
32 어찌하여 창조주인 나 여호와가 그와
같은 방법으로 선택하여 나의 피조물
만백성을 구원하는 역사를 이룬다 하
는가?
33 너희가 감히 그와 같은 말을 하고도
나의 백성이요, 나를 경배하는 백성이
요, 나에게 오를 수 있는 백성이라 말
할 수 있겠는가?
34 나를 그와 같이 사탄으로 만든 것은
바로 너희가 지금 사탄의 자식이 되
어서 나를 물고 흔들고 뜯는 그와 같
은 사악한 짓을 하고 있음이니, 정녕
내가 너희를 더 이상 용서치 아니할
것이니라.
35 너희가 곧 사탄의 자식이니, 내가 너
희를 이제 다스릴 것이며,
36 남의 생명인 피로써 제사를 지내는 것
으로 제 죄가 속죄된다는 그와 같은
사악한 마음의 뿌리를 만천하에 전하
여 만백성들에게 경종을 울리며 그들
을 깨우치고자 함이니라.
37 너희가 남의 피를 바쳐 제사를 지내
구원을 받는다면, 너희 자신의 피를
바쳐 구원을 받는 그 길을 가도록 그
리하라, 사악한 자들아!
38 이는 내가 절대 용서치 아니할 것이니
라.
39 남의 생명을 죽여 구원을 받겠다는 그
욕심보다 더한 자가 어디에 있느냐?
40 지금 너희는 사악하기가 어떤 줄 알
겠느냐?
41 너희가 만일 열 형제 중에 하나를 바
쳐 구원을 받는다 하며 너희 부모에게
내주라 할 때,
42 그를 선택하지 아니한 부모를 너희는
능멸하려 대들 것이며, 네 부모가 그
를 내주지 아니할 때 너희끼리 의논
하고 작당하여 그중의 한 형제를 죽
여 그 피를 바르면서,
43 그 형제에게, '대를 위해 소가 희생되
는 죽음을 네가 영광이라 생각하라,
네가 죽은 그 삶을 우리가 대신 살 것
이다.' 그리 말할 것이니라.
44 무엇을 대신 산단 말이던가?
45 너희가 죄를 사할 수 있고 구원받을
수 있다는 것 때문에 감히 짐승도 하
지 못하는 사악한 행위를 할 수 있는
것이 너희 마음이요,
46 오늘의 그 사악함을 비춰 주려고 이와
같은 것을 법전에 상세히 기록하여 전
함이니,
47 이를 보고 깨우치는 자는 남의 피로써
남의 생명으로써 구원을 받으며 대속
물로 제사를 지내는 것, 피로써만 제

사를 지낼 수 있다는 사악한 말을 두
번 다시 하지 말라.
48 그 입의 대가를 나에게 와 치를 것이
니라.

7,216 번째 하나님 말씀

2003년 8월 20일 10시 29분

1 사랑하는 나의 아들아!
2 "네, 아버님! 말씀하옵소서."
3 내가 너희에게 명하고 전함이니라.
4 너희에게 가장 아름다운 삶을 살며 그
소중한 삶을 보여 준 것은 과연 누군
줄 알겠느냐?
5 죽음으로써 모든 것을 순종하며 살았
던 나의 아들 예수의 삶이니라.
6 그러니 예수가 순종하며 죽음으로까
지 나의 피조물 만백성들을 위하여 사
랑으로 그 마음을 전했던 삶이 가장
아름다운 삶이요, 너희가 본보기로 삼
아야 할 삶이니라.
7 그 죽음이 얼마나 소중하고 귀한 삶이
더냐?
8 그러니 너희는 그를 보고 깨우쳐야
함을 잊지 말라.
9 그리하여 자신을 바쳐 만백성을 깨우
치고자 하는 그와 같은 나의 아들 예
수의 그 마음의 자세를,
10 이제 나의 법전을 읽고 깨우친 백성이
요, 나의 아들을 따르는 제자 너희는
너희 자신의 모두를 다 바치는 그와
같은 믿음으로써 가장 아름답고 소중
한 예수의 삶을 그대로 살아갈 수 있
도록 함이 나 여호와의 간곡한 바람
이며,
11 그것이 너희가 나에게 오를 수 있는
지름길임을 절대 잊지 말라, 사랑하는
나의 아들딸들아!
12 그러나 지금의 종교 집단이요, 지도자
들이 얼마나 사악한 길로 가느냐?
13 남을 죽여 그 피로써 제사를 지내 제
가 죄사함을 받으며 용서를 받았다는
자들이 얼마나 사악한 마음이던가?
14 그 모든 종교 집단이요, 지도자들이
그 마음부터 버려야 할 것이며, 그와
같은 것으로써 너희의 속죄양이 될
수 있다는 착각을 버려야 할 것이니라.
15 내가 너희에게 이르기를, 죄를 지은
것은 너희 몸에서 떠나지 아니하며,
너희가 선함을 행해도 떠나지 아니하
며,
16 죽어 나에게 와 저울을 달 때 그것을
모두 달게 된다 하지 않았더냐?
17 너희 자신의 육신을 위한 삶에 허덕
이지 말며, 저 자신이 제물이 되어 영
혼을 구하는 그와 같은 아름다운 삶을
살도록 그들에게 모두 가르쳐 줘야 할
것이니라.
18 짐승의 피로써 제사를 지내 속죄함을
받으며, 나의 아들 예수의 피로써 그
리하며, 희생양에 의하여 구원을 받는
다는 그와 같은 삶을 살지 말며,
19 그 모두가 사악한 육신의 욕심에서 이
루어지는 것이며 육신을 위한 그 욕심
에서 벗어나지 못하며 욕심의 뿌리에
서 허덕이는 자들이 하는 말이니,
20 절대 그와 같은 삶을 살지 말라.
21 너희 자신이 이제 스스로 제물이 되
어, 십자가를 지고 가는 백성이 되어,
육이 아니라 영혼을 구하는 아름다운

그 삶을 사는 것이니, 곧 그것은 예수
의 삶을 그대로 따르는 것임을 알라.
22 십자가를 직접 짊어지지 아니하고 어
찌하여 남에게 그 십자가를 짊어지게
하며, 남이 네 십자가를 짊어짐으로써
네 죄를 사함을 받으며 용서를 받는다
하는가?
23 그와 같은 착각이요, 근성을 버리지
아니하면 너희는 절대로 나에게 오를
수 없으며 하늘에 오르는 빛을 볼 수
도 없음이니라.
24 네가 지은 죄는 그 십자가를 네가 짊
어지고 가며, 네가 잘못된 것은 네 피
를 바쳐 용서를 빌고 회개하는 길이
타당한 것이거늘,
25 어찌하여 너희가 지은 죄를 남의 피
로써 용서를 받으며, 남이 네 십자가
를 지고 가도록 하여 그것으로 네 죄
를 용서를 받는다고 말하느냐?
26 저 자신의 희생은 바라보지 아니하며,
저 자신의 희생은 생각하지 아니하며,
오로지 남을 이용하며 활용하려는 그
와 같은 기대심리는 다 물거품과 같은
것이니라.
27 너희가 나에게 와 심판을 받을 때 그
무서움을 알 것이니라.
28 너희가 정녕 구원을 받고자 하면 너
희 자신을 바치며 네 피를 바쳐 너 자
신을 희생하여 만백성을 구하는 그와
같은 아름다운 삶을 살며,
29 악에 물들지 아니하며 사탄의 그 모든
생각을 뿌리치며 천사와 같은 마음으
로써 나의 성령이 임한 길을 가며 그
와 같은 삶을 살라.
30 그것이 곧 구원의 길이니라.
31 이 세상에서 가장 아름다운 삶이요,
고귀하고 소중한 삶을 내가 나의 아들
예수를 통하여 너희에게 보여 주었으
니,
32 그대로 따르고 산 자는 하늘에 오르는
것이요,
33 그걸 거역하고 거기에 시시비비를 하
며 이러저러한 이유를 다는 자는 절대
나의 백성이 아니며 구원을 받을 수
없음이니라.
34 더욱이 내가 불로써 직접 써 내린 십
계명을 가지고 시시비비하며 지킬 수
있다 없다, 인간이기 때문에 할 수 있
다 없다 하는 갑론을박을 할 가치도
없으며 시시비비할 가치도 없으며,
35 해서는 아니 되는 것을 가지고 지킬
수 없는 쪽으로 나의 피조물 만백성들
을 쉬운 방법으로 이끌어 가고 깨우치
니, 그것이 얼마나 무서운 죄이며,
36 구원을 받을 수 있는 나의 백성까지도
지옥으로 인도하는 사탄의 자식이 된
죄를 너희가 나에게 왔을 때만 알 것
이니라.
37 그날이 머지아니하였으니 더 이상 여
기서 사악한 짓을 하지 말며 하던 짓
을 중단하라.
38 그렇지 아니하면 그 무서운 지옥 불에
가 너희가 그를 감당키 어려울 것이
니 그리 알라.

7,217 번째 하나님 말씀

2003년 8월 20일 10시 37분

1 사랑하는 나의 아들아!
2 **"네, 아버님! 말씀하옵소서.'**

3 너희가 천국의 그 아름다움이요, 내
품에 올 수 있는 그것을 가장 갈구하
는 것이요, 그게 가장 중요한 뜻이며
원하는 것이 아니더냐?
4 그러니 너희가 그리 갈구하고 원하는
내 품이요, 천국의 나라에 살 수 있는
것은 무엇이더냐?
5 위로는 나 여호와의 뜻에 따라 삶을
살면 될 것이며, 그건 바로 나의 율법
을 지키는 것이요, 그리고 내가 직접
친필로 써 내린 십계명을 지키는 삶을
위하여 노력하면 되는 것이니라.
6 아래로는 무엇이더냐?
7 이 세상의 주인 의식을 갖고 살아가
며, 나 여호와의 삶을 대신하며 나 여
호와의 이름을 망령되이 일컫지 않는
그와 같은 삶을 살며, 주인 의식을 갖
고 만백성을 위하여 살아가면 그 삶이
곧 무엇이더냐?
8 너희가 나에게 오르는 길이라는 것을
알고 있지 아니한가?
9 그러면서 너희는 어찌하여 그를 지키
지 아니하는가?
10 너희 자신이 제물이 되고자 하는 삶
을 살다 만백성을 위하여 너희 자신
이 제물이 되어 만백성을 구하는 그와
같은 마음으로 살아가며,
11 이 세상의 만백성을 구하는 것이 네
대명이며 그를 위하여 세상에 태어난
것이며, 그 주인이 바로 너라는 생각
을 하고 살며, 너희 자신이 제물이 되
어 만백성을 구하는 그와 같은 삶을
살라.
12 그러면 너희 자신의 향기로움이 꽃에
서 풍기는 그 향기보다도 더 진하게
이 세상을 다 덮어 퍼져 나갈 것이니
라.
13 너희 자신에게서 흘러나오는 그 아름
다운 향기가 퍼져 나갈 때, 그것이 바
로 무엇이더냐?
14 너희 몸에서 그치지 않고 계속 샘물처
럼 솟아나는 그 향기만이 하늘에 닿는
것이며, 그 향기를 따라 너희가 하늘
에 오르는 길을 볼 수 있다는 것을 잊
지 말라.
15 너희 자신이 제물이 되어 너 하나를
바쳐 모든 세상에 향기로운 그 냄새
가, 네 몸에서 향기로움이 퍼지도록
그와 같이 변화되는 삶을 살라.
16 그것이 그 향기를 따라 너희 영혼이
하늘에 오르는 길이라는 것을 알라.
17 너희 죄를 속죄하기 위하여 죽어 간
나의 아들을 찬미하고 찬양한다 말하
며, 울고불고 광란의 짓을 하며 그것
이 구원의 길이라 그리 말하지 말라.
18 나의 아들이 성경에 이미 기록하여 너
희에게 전하지 아니하였던가?
19 말로써 나를 찬미하며 찬양하는 것은
너희가 정녕 구원을 받지 못하는 것이
요,
20 너희 자신의 십자가를 지고 가는 삶
을 살도록 노력하며, 천사와 같은 마
음으로 변화되는 것, 그리고 악과 선
에서 선을 선택할 수 있는 그 성령이
충만한 마음으로써 하늘에 오르는 길
이라 하였음이니라.
21 천사와 같이 변화되는 마음, 십자가를
짊어지고자 하는 마음, 십계명을 지키
고자 하는 마음을 너희는 뒤로 접어
두며,

22 사악한 행동이요, 남이 보기에 추한
행동이요, 나 여호와의 뜻을 거역하는
그와 같은 행위를 하면서 말로만 나의
아들 예수를 찾으며 구세주라 부르며,
울고불고하는 그와 같은 너희의 그
역겨운 행위를 내가 더 이상 바라볼
수 없어,
23 이제 내가 너희 교회요, 성전이요, 성
막이라는 그 문을 닫고자 하는 것이
며, 단죄의 불칼로써 모두를 다스려,
가라지는 치워 버릴 것이며 뽑을 것은
뽑아 버리는 그와 같은 심판의 시대가
열림을 알라.
24 너희 자신이 먼저 남을 위한 제물이
되라.
25 너희가 남을 죽게 하여 대속의 피를
흘려 구원을 받으며, 예수가 너희를
대신하여 죽었다는 그와 같은 말을 하
지 말며,
26 너희 스스로 예수처럼 자신이 제물이
되어 만백성을 구하는 그와 같은 길을
가라.
27 육의 향락에 젖어 살며 그저 인생의
즐거움을 마음대로 살다가 나의 아들
예수의 그 피로써 구원을 받은 자요,
구원을 받았다는 것이 얼마나 이기적
이고 사악한 행동이며, 사악한 욕심의
근원을 뽑지 못한 것인가?
28 너희 자신을 던져 만백성을 구하라.
29 나의 아들 예수가 남을 위해 죽어 갔
듯이 너희도 그와 같은 마음으로써
살아가는 것만 구원의 길이니라.
30 남이 죽어 간 그 피로써, 그저 앉아서
향락의 즐거운 인생의 짓을 하며 추하
고 더러운 짓을 일삼고 사는 너희가
죄를 용서받았다 생각하는 사악한 근
성부터 버리지 아니하면,
31 너희는 머지않은 세월에 지옥의 그
불바다가 어떠한 것인가를 알게 될 것
이니라.
32 육의 고통을 그대로 느끼고 살아야 하
며, 영원히 나오지 못하며 변하지 않
는 그 지옥의 세계에서 살게 될 것이
니라.
33 그때 너희가 아무리 발버둥치고 통곡
해도 벗어날 수 없음을 알라.

7,218 번째 하나님 말씀

2003년 8월 20일 10시 45분

1 사랑하는 나의 아들아!
2 "네, 아버님! 말씀하옵소서."
3 이 세상의 모든 백성은 누구나 할 것
없이 모두 다 각성하며 회개하고 반성
하는 그와 같은 삶을 살아야 할 것이
니라.
4 저희는 죄가 없으며, 죄를 용서받았다
하며 구원을 받았다 하는 그와 같은
사악한 백성이 있음으로 이 세상이
지금 맑은 세상이요, 하늘에서 이루어
진 것같이 이 지상에서 이루지 못함
이니라.
5 그러니 너희라도 깨우쳐야 할 것이며,
6 이방인이라 하는 백성이 나의 법전을
접하거든, 지금의 모든 백성은 누구나
할 것 없이 각성하고 회개하고 반성하
고 깨우침을 얻어 다시 태어나는 삶을
살지 아니하고는 정녕 너희가 원하는
천국이요, 하늘나라에 올 수 없다는
것을 전하도록 그리하라.

7 지금 구원을 받았다는 자, 죄를 용서
받았다는 그 사악한 자들이 있기에 오
늘의 이 험악한 세상이 됐음이니,
8 내가 너희를 사랑하여 그들을 단죄하
고자 하는 것이 나의 법전이 세상에
내려가는 것이며, 죄사함의 시대요,
심판의 역사가 이루어진다는 것을 믿
고 회개하는 마음이요, 변화되는 마음
으로 살라.
9 그들과 같이 휩쓸려 지옥으로 가는 그
와 같은 삶을 살지 말라, 사랑하는 나
의 아들딸들아!
10 인간의 모든 삶은 창조주 나 여호와에
게 고정해야 함을 알라.
11 너희가 창조주 아버지라 부르며 전지
전능한 아버지라 부른다면, 이 세상
어디에 너희의 스승이 있으며 어디에
더 위대한 가르침이 있겠는가?
12 그리고 어디에 참진리가 있으며 어떠
한 것이 하늘에 오르는 길이겠느냐?
13 창조주 나 여호와는 모든 진리요, 모
든 것은 나로부터 역사함이니,
14 너희가 사는 삶을 아버지인 창조주 나
여호와에게 고정하는 것이 당연한 것
이 아니더냐?
15 나 여호와에게 모두를 고정하지 아니
하고 사는 삶은 사탄에게 무너지게 되
어 있으며, 쓰러지게 되어 있으며, 파
멸하게 되어 있으며, 너희 자신을 다
스리지 못함이니라.
16 오로지 참진리요, 신은 창조주 나 여
호와요, 너희가 부르는 전지전능한 아
버지 나 하나뿐이니, 너희의 모든 삶
을 이제 나에게 고정하고 살라 그리
하라.
17 지금 믿음을 잘못 가며 죄가 없다는
자들, 구원을 받았다고 망발을 하는
그 백성을 위해서 내가 오늘날 법전을
내림이 아니요,
18 이방인이라 하는 백성, 나의 아들을
따르는 깨우치는 제자들이요, 법전을
읽은 백성이 변화되는 삶을 살 수 있
게 하려고,
19 내가 너희의 모든 삶을 나 여호와에
게 고정하게 하기 위하여, 나 여호와
에게 고정하는 길이 무엇이며 고정하
는 방법이 무엇이며 고정한 자가 살
아가는 방법은 무엇이며 고정한 자가
어떠한 은혜를 입고 영광 속에 사는가
그 모두를 나의 법전에 기록하여 전함
이니,
20 너희는 각성하고 회개하는 그와 같은
삶 속에서 모두를 다 나 여호와에게
맞추라.
21 나 여호와의 이름을 망령되지 아니하
며 나 여호와의 법전을 가슴에 안고
정독하는 것이 구원의 길이라는 그 가
르침을 절대 잊지 말라.
22 너희가 고정하고 살아야 함을 잊지
말라.
23 너희가 고정하지 아니한 만큼 너희는
나에게 오를 수 없음을 알아야 할 것
이니라.
24 너희는 피에 굶주려 있는 자들이니라.
25 그리고 죄에 빠진 자들이니라.
26 지금의 믿음을 간다는 백성이 얼마나
사악한 자들인 줄 알겠느냐?
27 그들이 이미 피에 젖어 있으며 죄에
빠진 자들이며, 그리고 불행의 늪에
스스로 빠지며 불행의 늪으로 걸어가

는 자들이니라.
28 그러면서 제 스스로 불행을 초래했으
며 불행의 늪으로 당당히 걸어가면서
그들은 나에게 불평불만을 하는 자들
이며 불만을 늘어놓는 자들이니라.
29 저희가 스스로 가지 아니하면 될 것이
며 저희 스스로 돌아서 나오면 될 것
이거늘, 누가 가라 했느냐?
30 저희 스스로 사탄이 유혹하는 말에 욕
심이라는 것을 버리지 못하여 제 스스
로 죽음의 늪으로 빠지는 자들이 몸이
점점 빠져 감이니, 나 여호와를 불평
하며 욕하는 자들이 그들이니라.
31 창조주 나 여호와의 노함을 과연 조금
이라도 생각하고 그와 같은 백성에게
전하는 자가 있으며 깨우치는 자가 있
는가?
32 '너희가 회개하지 아니하며 반성하지
아니하며 오늘과 같은 삶을 살 때, 창
조주 아버지께서 노하시며, 그 노하심
으로 너희에게 체벌이 내려질 것이며,
그와 같은 재앙이 세상에 내려질 것이
라.' 하여 깨닫고 느끼며,
33 만백성을 구원하고자 가르치는 자가
과연 어디에 있느냐?
34 아무도 없음이니라.
35 정녕 나 여호와의 노함을 너희는 모
르고 있을 것이니라.
36 그를 아는 나의 아들딸들이 세상에 없
음이니, 나의 노함을 만백성에게 가르
쳐 너희가 회개하고 반성하며 나 여
호와의 노함을 풀 수 있는 그와 같은
삶을 살라 전하는 자가 하나도 없음이
니,
37 그 모두를 내가 나의 아들을 통하여
내 법전 속에 기록하여 너희에게 전함
이니라.
38 그러니 나 여호와가 노한 그 뿌리를
뽑을 수 있는 백성은 나로부터 선택된
아들딸 너희니라.
39 지금 나의 노함의 뿌리는 점점 깊이
내려가고 있거늘, 너희는 어찌하여 남
의 피로써 속죄받으며 죄의 대가를
치를 수 있으며, 그리하여 너희는 천
사가 되어 있으며 구원을 받아 천국에
오를 수 있다고 말하는가?
40 썩은 자, 냄새나는 자는 천국에 올 수
없다 함이니, 한 곳에도 제대로 된 자
가 없는 지금의 믿음의 길을 가는 신
도요, 종교 집단이요, 그들이 나에게
오를 수 있다고 그리 말하고 있음이니,
41 그는 저희가 죽어 왔을 때 알 것이니
라.
42 그는 꿈도 꾸지 말라 그리 전하라.
43 그리하여 내가 나의 법전에 책으로 근
거하여 전함이니, 너희는 나에게 원망
하지 말라.
44 십계명과 법전대로 사는 길로 돌아서
지 아니하면 너희는 구원을 받을 수
없을 것이니라.
45 이제 나 여호와의 노함을 안다 하면,
남이 너희 죄를 대속해 준다는 어리
석고 사악한 생각을 버리며,
46 스스로 늪으로 빠지는 삶에서 회개하
고 반성하며 나의 십계명이요, 나의
법전대로 읽고 깨우쳐 돌아서는 삶을
살도록 하는 자만 구원을 받을 수 있
다는 것을 절대 잊지 말라.

7,219 번째 하나님 말씀.

2003년 8월 20일 10시 58분

1 사랑하는 나의 아들아!

2 **"네, 아버님! 말씀하옵소서."**

3 지금 이 세상의 모든 백성은 사랑을
베풀며 나누며 살아야 한다는 말만 그
리하며, 행하지 않는 사악한 자들이
이 세상을 뒤덮고 있음을 너희는 알
겠느냐?

4 나의 아들 예수를 던져 주면서까지 사
랑을 베풀며 죄 없는 아름다운 세상
을 만들고자 했거늘,

5 지금까지 그 모든 백성을 이용하여
말로써는 사랑을 베풀며 나눔을 베풀
며 더불어 산다는 말만 하는 그 사악
한 자들이 이 세상을 지배하고 있음이
니라.

6 그게 바로 지금의 종교 집단이요, 지
도자들이요, 그 밑에서 구원을 받았다
는 그 신도들만큼 사악하고 사탄의 자
식이 되어 있는 자들이 없음이니라.

7 그들은 그 사악한 사탄의 자식으로 되
어 있는 것만이 아니니라.

8 그들은 사탄 중에서도 가장 사악한 자
로서 폭군이 되어 있으며,

9 나의 사랑하는 백성을 이간질하며 음
해하며 서로 모함하며 시기하고 질투
하는 방법으로 이끌어 가, 타락할 대
로 타락한 것이 지금의 종교 집단이
요, 지도자요,

10 그 속에 들어가 '아멘, 할렐루야, 구세
주요, 맞습니다, 옳습니다.' 하며 울고
불고하는 자들,

11 그리고 지전 몇 푼이요, 금화 몇 닢을
갖다 놓고 천국에 오는 그 문을 들어
설 수 있으며 천국에 오는 표를 샀다
생각하는 그 어리석고 불쌍한 자들,

12 금화와 은화는 하늘에 티끌만큼도 관
계없다 그리 말하지 아니하였던가?

13 감히 지상의 세상에서 너희의 욕심을
채우는 데 필요한 금화와 은화를 가지
고 그것이 육의 세상에 필요한 절대적
인 것이라 깨닫고 사는 자들이, 그걸
만들기에 혈안이 되어 있는 그 종교
지도자요, 그 신도들이,

14 그걸 가지면 하늘에 와서도 그것이 통
할 것이며, 그걸 가지고 하늘에 오르
는 길을 살 수 있으며, 나에게 은혜와
영광을 받을 수 있다는 그 타락된 더
럽고 추한 마음을 가진 그들보다 더
사악한 자는 없음이니라.

15 이제 내가 그들을 단죄하며 그들 자체
를 보기 싫어하며, 그들이 울고불고하
는 소리까지도 듣기 싫은 것이 나 여
호와이니라.

16 나의 사랑하는 백성의 마음에 그들이
어떠한 짓을 하고 있는지 알겠느냐?

17 순박하고 나약한 나의 백성에게 악의
씨를 계속 심어 가고 있으며 그를 뿌
리는 자들이니라.

18 남아 있는 선한 마음의 뿌리마저도
뽑아내려 발버둥치며, 그 선한 마음을
완전히 뽑아내어 악한 마음으로써 그
모두를 다 채우려고 나의 사랑하는 백
성이 가진 선한 마음이요, 성령의 그
마음을 하나하나 도둑보다도 더 무섭
게 훔쳐 가는 자들이 그들이니라.

19 그와 같은 너희 자신의 성령의 그 아
름다운 마음이요, 하늘에 오를 수 있

는 그 근본을 악의 씨앗들에게 하나
하나 도적맞으면서도 그 도적맞음을
모르는 불쌍한 나의 백성을 더 이상
볼 수가 없어, 내가 그 도적을 단죄하
며 치고자 함이니 그리 알라.
20 나의 백성이 이와 같은 것을 보지 못
하고 깨닫지 못하고 지금 살아감이니
라.
21 너희 자신이 욕심이라는 그것을 버리
지 못하며, 너희가 욕심에 과장된 선
전에 잘못된 것을 구매하고 사는 백성
처럼,
22 너희에게 가장 소중하며, 잘못 선택해
서는 안 되는 구원의 그 길마저도 어
떠한 길이 진정한 길인지 깨닫지 못하
는 것이 지금 나의 백성이니라.
23 그리하여 너희가 악의 구렁으로 점점
빠져들어 가고 있음이니라.
24 너희가 악의 구렁으로 빠져들어 가는
것은 무엇이더냐?
25 그건 곧 지옥으로 가는 것이며 지옥의
길임을 알라.
26 한 번 가면 영원히 나올 수 없는 그 견
딜 수 없는 지옥 불로 가는 것을 자연
스럽게 끌려가는 것이 지금 나의 피
조물 만백성들이니라.
27 오늘의 사악한 종교 집단이요, 지도자
요, 구원을 받았다는 사탄이 된 그 신
도들이 얼마나 교활한 자들인가?
28 나의 사랑하는 백성이 어디로 끌려가
는지도 모르게 서서히 잠식하여 끌어
가는 그와 같은 자들이니라.
29 나의 은혜 속에서 살면서 나를 욕되게
하며, 나를 능멸하며, 배은망덕한 짓
을 하는 자들, 그들 속에 나의 사랑하
는 백성이 저 자신이 도적맞는 줄 모
르며 물건을 도적맞듯이, 제 마음이
도적맞는 것을 모르며 제 스스로 서서
히 지옥 불로 끌려가고 있다는 것을
모름이니라.
30 그 불쌍한 백성을 더 이상 끌어가지
못하도록 내가 단죄하고자 하며, 그
교회요, 성전이요, 성막에 거미줄을
치고자 하는 것이 나 여호와의 뜻이
며, 그는 반드시 역사할 것이니라.
31 나의 참진리요, 하늘의 영광된 빛을
차단하며 그를 세상에 내려오지 못하
도록 하며, 나의 법전이요, 나의 성령
을 기록하여 만백성을 구하고자 하는
나의 뜻까지도 저버리며, 이를 세상에
나오지 못하도록 하는 것이 그들이니
라.
32 그와 같은 사탄이요, 사악한 자들이
누구를 이용하여 나의 법전이 세상에
뿌리를 내리지 못하도록 하며 영광된
하늘의 찬란한 구원의 빛이 세상에 내
려오지 못하도록 막는 자들인지 알겠
느냐?
33 사랑하는 순박한 나의 백성을 이용하
여 막고 있으며, 그들을 이용하여 방
패막이로 쓰고 있다는 것을 알라.
34 이제 사랑하는 나의 아들딸, 너희는
더 이상 이용당하지 말며, 사악한 자
의 간악한 설교에 너희 자신을 버리
지 말라.
35 죄지은 것도 시인하지 못하는 자요,
죄지은 것을 당당히 인정하지 못하며,
오로지 그저 저희는 모두 맞으며 나
머지는 모두 사탄이요, 사악한 자라
말하며,

36 도적질한 종교 지도자가 그를 단죄하
는 법을 다루는 자에게 '사악한 사탄
이 천사를 죽이려 한다'고 하며 뒤집
어씌우는 말을, '맞소, 옳소.' 손뼉을
치고 따라가는 것이 지금의 나의 피조
물 만백성이니,
37 내가 너희에게 뭐라 말했느냐?
38 먹이를 주고 훈련시켜서 사람을 물라
면 무는 그 동물처럼 물라면 무는 그
와 같은 자들이 된 것이 너희라 하였
음이니라.
39 이 가슴 아픈 이야기요, 내 아픈 마음
을 듣고 너희 자신을 돌아다보며,
40 너희가 지금 어떠한 형태로 살아가는
가, 인간의 형태로 살아가는가, 구원
의 길을 가려고 살아가는가,
41 욕심에 그득 차 구원만을 바라보며
그저 사기꾼이요, 잘못된 종교 지도자
들의 그 명을 따라서 선한 자를 물고
늘어지라 하면 물고 늘어지는 삶이 아
닌가 보라.
42 너희 자신이 잘못 가는 것으로써 구원
을 받지 못하며 그 죄가 얼마나 무서
울 것인지,
43 사탄의 자식이 너희에게 물라 하여
선한 나의 백성을 물어 고통을 주며
그들의 숨통을 끊어 놓는 그 사악한
행위를 하는 그것이 얼마나 무섭고 두
려운지 모르고 있음이니, 알 날이 머
지않았느니라.
44 너희가 깨달으면 이미 늦으니, 이제라
도 나의 법전을 읽고 깨우쳐 하늘에
오르는 참진리를 보도록 그리하라.

7,220 번째 하나님 말씀

2003년 8월 20일 11시 24분

1 사랑하는 나의 아들아!
2 "네, 아버님! 말씀하옵소서."
3 너희가 인간 세상에 살아가면서 모든
백성의 그 마음이 하늘의 마음이라,
'민심은 천심'이라 그리 말함이니라.
4 그러니 나약한 백성이라 해도 그 백
성의 마음이 등을 돌리고 떠났을 때,
그를 다스리는 군주가 있다 하면 그
군주가 있으면 무엇하겠는가?
5 모든 백성의 마음이 떠난 그 군주라는
자리는 가치가 없는 것이 아니더냐?
6 그러니 민심은 천심이요, 하늘의 마음
이라는 그 뜻을 알겠는가?
7 지금 모든 종교 집단이요, 지도자요,
그들이 나에게 오르는 길이며 만백성
을 구원한다 하여 저희가 이 세상을
다 다스리고 통제하는 것같이 그리
말하나,
8 과연 나의 백성이 그들을 따르는 마
음이 어디에 가 있다 생각하는가?
9 나의 피조물 만백성들은 그들이 하는
행위에 지금 환멸을 느끼고 있으며,
사악한 그들의 이중적인 행동에 대하
여 모두 마음이 떠나 있으며, 등을 돌
리고 있으며,
10 교회요, 성전 앞을 지나오며 경건한
마음으로 하는 것이 아니라, 죄의 온
상이라 하여 쳐다보기도 싫어하는 그
와 같은 마음으로 나의 백성이 지나
간다 하면 그것이 과연 너희가 민심
을 얻은 것인가, 민심을 잃은 것인가?
11 바로 모든 백성이 너희 종교 집단이

요, 지도자가 하는 짓을 등을 돌려 침
을 뱉고 간다 하면, 과연 나 여호와가
너희 마음에 같이 있다 생각하는가?
12 모든 나의 백성이 민심은 천심이라
했듯이,
13 순박하고 곱고 아름다운 나의 백성이
너희가 나의 백성을 이끌며 하늘에 오
르는 길이라 하여 갖은 사악한 죄의
온상이 되어 있는 그곳을 알고 있기에
그 마음이 거기서 떠났음이니,
14 정녕 나의 사랑하는 백성의 마음이
다 떠났음이니, 하늘의 마음이 거기에
있다 생각하는가?
15 그러니 나 여호와의 마음 또한 거기
서 등을 돌렸기에, 너희가 기도하고
경배하는 것 그 어느 것도 나와는 관
계없으며 내가 그를 듣지 아니한다는
뜻이 여기 있음을 알라.
16 민심이 하나의 군주에게서 떠나는 것
보다도 더 무서우리만큼 지금 많은 백
성이 떠나 있으며, 그들이 지금 그곳
에 너희와 같이 있지 아니함을 알아
야 할 것이니라.
17 지금 너희를 따르며 맹종하는 그와
같은 백성 또한 그들이 의식주를 해
결하기 위하여 그 폭군의 군주를 따라
가는 미미한 백성처럼 너희가 구원의
길이요, 하늘에 오르는 길이요, 그 대
안이 없으며 다른 길이 없으며 참진
리의 길을 모르기에,
18 그들이 죽기 아니면 살기로 차라리 이
길을 가는 것이 낫지 않을까, 그리고
이 길이 나에게 와서 상을 받고 은혜
를 받는 길이 아닐까 하여 그들은 의
심과 초조한 마음으로써 그저 가고 있
음이니,
19 그 마음 또한 너희에게서 등 돌리고
있음을 너희는 알아야 할 것이니라.
20 너희를 맹종 맹신하고 따르는 그와 같
은 백성도 그 마음이 돌아서 있으며,
또한 모든 백성까지도 그 민심이 돌
아서 있음이니, 나 여호와의 마음이
거기 있다 너희가 생각하지 말라.
21 내가 나의 아들을 통하여 지금의 맹종
맹신하는 그 백성을 어디에 비유했더
냐?
22 이 세상에 어떠한 백성도 제가 스스로
죄를 지었을 때, 인간의 법도에 의하
여 그 죄를 다스리고자 하면, 그 죄를
시인하며 그것을 치르고자 하며 그 부
끄러움을 아는 것이 나의 피조물 만백
성들이요, 평범한 백성이 살아가는 것
이 아니더냐?
23 그러나 지금의 종교 지도자라는 자들
그리고 집단의 우두머리라 하는 자들,
그들은 죄를 지음으로 인하여 인간의
법도에 의하여 그를 다스릴 때 과연
무엇이라 말하는가?
24 죄를 하나도 의식하지 아니하며 인정
하지 아니하려 함이니라.
25 그리고 그 종교 지도자가 죄를 지은
것을 알면서도 그를 따르며 맹종하는
그 신도요, 백성은 뭐라 말하느냐?
26 거기를 떠날 줄을 모르며 그를 단죄할
줄을 모르며,
27 그는 정녕 천사요, 나 여호와의 뜻을
역사하는 자요, 그는 잘못된 것이 아
니며,
28 그를 심판하는 인간이 사탄이요, 사악
한 자라 그리 말하며 그 죄지은 종교

지도자를 변호하며 그를 극구 찬양하
는 그와 같은 형국으로 가는 그 백성
이요, 신도들을 내가 뭐라 말하였느냐?
29 사람이 애완용 개를 먹이를 주고 길러
사람을 물도록 하고 짐승을 물도록 훈
련하여 그 사악한 자가 물라 할 때,
30 아무나 무는 판단력이 없는 그와 같이
훈련된 맹수처럼,
31 지금의 종교 집단이요, 신도들이 하는
짓이 무엇이 다르냐고 내가 여기에 비
유해서 말했으니,
32 사랑하는 나의 아들딸 너희를 내가
그리 비유하는 오늘날 믿음의 집단 너
희가 되어 있는 형태가 과연 그렇지
아니하다면 나에게 한번 항거를 해
보라.
33 내가 보는 마음은 그러하니라.
34 판단력이 없는 그 맹수는 훈련받은
대로 너희 주인이 사악한 자요, 살인
자요, 강도라 해도, 그 강도요, 살인자
가 천사와 같은 자, 강도요, 살인자를
잡으려 하는 자를 물라 하니, 그 맹수
는 지각이 없고 판단력이 없어 그를
물고 늘어짐이니라.
35 오늘의 종교 집단이요, 지도자요, 신
도라는 백성이 그와 같은 형국이요,
그와 같은 마음 자세로,
36 종교 지도자가 지은 죄는 잘못된 것
이 하나도 없으며,
37 그를 단죄하는 법에 따라 집행하는
나의 백성이 잘못된 자요, 그들이 사
탄이요, 이단이요, 마귀이기 때문에
천사를 죽이려 한다고 그리 뒤집어씌
우고 악을 쓰고 울고불고한다 하면,
38 과연 훈련된 맹수가 물라 하면 분별
없이 무는 것과 무엇이 다르냐?
39 나의 법전에 기록하여 이 아픈 마음을
전했음이니라.
40 지금의 모든 종교 집단이요, 믿음의
길을 가는 자들이 그리 세뇌되어 있음
이니,
41 분별할 줄 모르며 하늘의 이치를 모르
며 민심이 모두 다 돌아서 있으며 떠
난 것을 모름이니라.
42 너희가 민심은 하늘의 마음이라 하였
으니, 민심이 등을 돌렸으면 하늘의
나 여호와의 마음도 너희에게서 떠났
다는 것을 어찌 모르는가?
43 이제 너희는 봐야 할 것이니라.
44 내가 너희를 버리고 안 버리는 것을
말하지 말고, 믿음의 길을 가는 자, 백
명 중에 과연 그들이 진정한 백성이며
너희가 말하는 이방인만도 못한 백성
인지 평가하여, 점수를 너희 스스로
매기며 질문을 받아 보도록 그리하라.
45 과연 그들의 답이 어찌 나올 것인가?
46 백 명 중에 너희를 찬양하는 자가 얼
마나 있으며 너희를 잘못된 자라 하
는 백성이 과연 얼마나 있는가?
47 너희 스스로 양심을 놓고 생각할 때,
48 너희를 따르고 맹종하는 자가 정녕 네
말대로 구원을 받아 하늘에 오를 수
있는 자리가 있는가, 네가 그 자리를
보았으며 정녕 구원받을 수 있느냐고
그리 물었을 때,
49 당당하게 대답할 수 있는 자는 없을
것이니라.
50 죄짓지 아니한 자만 하늘나라에 오름
이니, 정녕 그는 죄짓지 아니하였다는
것이니,

51 과연 죄짓지 아니하고 산 자가 있는
가?
52 그러니 이게 잘못된 것이며,
53 너희를 비방하는 말을 하지 아니하나,
나의 백성의 마음속에 깊이 뿌리를
내렸으며, 너희를 불신하는 마음이 뿌
리를 내려 모든 민심이 떠나 있으니,
54 하늘에 나 여호와의 마음도 떠나 있다
는 것을 너희는 여기서 깨우치도록
그리하라.

7,221 번째 하나님 말씀

2003년 8월 20일 11시 32분

1 사랑하는 나의 아들딸들아!
2 너희는 들어야 할 것이며, 내가 나의
아들을 통하여 내리는 그 모든 뜻은
나 여호와의 뜻이며, 이를 역사하기
위해 세상에 내려보냄이니 이를 알아
야 할 것이니라.
3 사랑하는 나의 아들 너는 또한 이 모
든 것을 전하는 데 최선을 다해야 할
것이며, 네 모두를 바쳐야 함을 정녕
잊어서는 아니 될 것이니라.
4 사랑하는 나의 아들아!
5 "네, 아버님! 말씀하옵소서."
6 나의 피조물 만백성은 나 여호와가 너
희를 얼마나 사랑하며 소중히 생각하
는지 그 자체를 정녕 모르고 살아가는
것이니라.
7 나의 뜻에 따라 살며 하늘에 오르는
길을 산다는 백성이라는 그들 또한
나를 더욱 능멸하며, 내 사랑을 모르
고 살아가는 자들이 그들이니라.
8 그러니 이제 나의 피조물 만백성, 그
리고 그중에서 선택된 나의 아들을 따
르는 제자요, 나의 법전을 읽고 깨우
친 만백성, 너희는 오늘 이 순간부터
이 세상을 주인 의식을 가지고 살도록
그리하라.
9 이 세상 모든 것의 주인은 너희라는
것을 잊지 말라.
10 오로지 내 뜻에 따라 살아가는 나의
아들딸 너희야말로 주인 의식을 가지
고 살아야 할 것이며, 주인임을 알아
야 할 것이니라.
11 너희가 주인 의식을 가지고 살아갈
때, 이 세상을 보는 눈이 달라질 것이
며 생각하는 것이 모두 다 달라진다
그리 말하였음이니라.
12 너희는 나의 사랑이라는 것을 정녕 모
르고 사는 백성은 주인 의식을 갖지
못하는 백성이요,
13 내가 존재함을 믿으며 나의 크나큰 사
랑을 느끼고 사는 백성이야말로 주인
의식을 가지고 사는 백성이니라.
14 너희는 오늘 이후부터 주인 의식을 가
지고 세상을 살아가야 함을 알아야 할
것이며, 주인 의식을 가지고 이 세상
을 보도록 그리하라.
15 너희가 주인 의식을 가지고 세상을 볼
때, 이 세상에 자라는 풀 한 포기요,
미물 하나하나까지도 너희가 관리하
는 것이며, 그들의 주인이요, 네 소유
라 생각할 때 그들을 얼마나 소중히
다스리며 아껴야 하는가를 너희는 알
아야 할 것이니라.
16 이제 나의 아들을 따르는 제자 너희는
주인 의식을 가지고 살라.
17 내가 너희에게 주인 의식을 가지고 살

라 명함이니, 이는 나의 명이니라.
18 너희가 그만큼 자격이 있으며 그만큼
역사함이 있기 때문이니 그리 알라.
19 폐허에 나 있는 모든 풀 한 포기까지
도 너희가 주인 의식으로 본다면, 그
폐허를 다스리고 바른 집으로 세울 것
이며 바로 다스리는 그와 같은 마음이
너희 가슴속에서 우러날 것이니, 세상
을 보는 그 마음이 달라질 것이니라.
20 지금 믿음의 백성이 '구세주여, 사랑
의 주님이시여, 구원하여 주옵소서.'
하며 그저 '당신만을 믿으며 당신의
피로써 우리는 구원을 받은 자요, 그
은혜를 입어 천국에 갈 수 있는 자격
이 있다.' 말하며,
21 그렇게 외치기만 하면 저희가 줄줄이
지은 모든 죄가 다 지워지며 천국의
문이 저희 앞에 열리며, 저희가 구하
고 원하는 것, 얻고자 소원하는 것이
줄줄이 얻어진다는 그 착각 속에서 살
아가는 사탄의 자식이 되어 있는 그
백성을 깨우쳐 돌이켜야 하는 것이
너희가 오늘 가야 할 길이니, 얼마나
어렵고 힘든 그 길이더냐?
22 바위보다도 더 단단하며 도저히 접근
할 수 없는 그와 같은 자들을 무너트
리는 것이 너희가 가야 할 길이라는
것을 잊지 말라.
23 진정한 길이 무엇이며 하늘에 오르는
길이 무엇이며 그 역사함이 무엇인가
를 모르기에, 거짓 선지자가 가르치는
설교요, 그 말에 넘어가며, 그들의 가
르침에 넘어가는 자들이 바로 지옥으
로 가는 것을 스스로 모르고 있음이니
라.
24 그러니 지옥으로 가는 것을 모르며 끌
려가는 나의 아들딸들을 너희가 바로
잡아야 할 것이며, 그들이 지옥에 가
서 겪을 고통이 얼마나 심하고 두렵고
무서운 것인가를 나의 법전에 기록하
여 전하였으니,
25 그를 만백성에게 전하여 그들이 지옥
의 길을 가는 것만큼은 면할 수 있도
록 그리해야 할 것이니 잊지 말라.
26 얼마나 고통스러운 것이 지옥에 가는
길인가를 그들에게 깨우쳐 줘야 할 것
이니라.
27 그리하여 나의 법전이 지옥으로 갈 때
그 몸부림치는 것을 막으려는 것이라
그리 전하며 소리 높이 외치라.
28 그리하여 모든 백성이 잠에서 깨어나
나의 법전을 읽고 깨우칠 수 있도록
그리하라.
29 지금의 이 세상에서 나를 믿으며 나의
뜻을 위하여 하늘에 오르는 길로 백성
을 인도한다는 종교 집단이요, 지도자
들이 가장 사악한 자며, 배은망덕한
짓을 하는 자들이니라.
30 그들로 하여금 나의 백성을 구하게 할
수 없다 함을 알라.
31 이제 내가 내리는 법전을 읽고 깨우치
는 그것이 너희가 구원에 오르는 길
이요,
32 말로써 나의 아들 예수의 은혜로써 구
원을 받았다 말하는 것으로써 너희가
소원하는 것이 줄줄이 이루어지며 너
희가 얻고자 하는 것이 줄줄이 이루어
져 나에게 와 큰 상을 받을 것이라는
기대를 하고 나에게 오는 자는,
33 그때 내가 너를 모른다 하여 지옥문으

로 갈 때 통곡하고 몸부림쳐도 너희는
이미 때가 늦다 하였음이니라.
34 그와 같이 상을 받는 것, 천국에서 사
는 것, 상상할 수 없는 나의 나라에 와
사는 그와 같은 꿈에 젖어 있으며 환
상에 젖어 있는 그 불쌍한 백성에게
행함이 얼마나 소중하며 오늘의 삶이
얼마나 소중한 것인가를 깨우쳐 주라.
35 회개하고 반성하며 살아도 너희가 나
에게 올까 말까 한 것을, 육의 세상에
서 죄를 짓는 것에 두려움이 없다 그
리 말하는 자, 그리고 사랑의 구원을
받았다 말하는 자들에게 너희가 깨우
쳐 줘야 할 것이니라.
36 그 고통이 너희의 고통이라 생각하여
그들을 인도하는 데 최선을 다하며,
소리 높이 외쳐 그들을 깨우쳐 주도록
하라, 사랑하는 나의 아들딸들아!

7,222 번째 하나님 말씀

2003년 8월 20일 11시 42분

1 사랑하는 나의 아들아!
2 "네, 아버님! 말씀하옵소서."
3 태양빛이 내리쬐어야 할 그와 같은
시기에 하늘에 먹구름이 뒤덮는다면
과연 너희는 어찌 견디며 지탱할 수
있더냐?
4 비가 내려 물이 대지를 적셔야 할 때,
뜨거운 태양빛이 내리쪼인다면 과연
너희가 얼마나 견딜 수 있으며 역사할
수 있다고 생각하는가?
5 그와 같은 이치를 안다면 너희 자신을
돌아다봐야 할 것이며, 가장 낮은 자
세로써 살아가야 한다는 것을 어찌
그리도 깨우치지 못하는가?
6 백 년도 안 되는 그 삶의 모든 것을 나
여호와로부터 빌려 쓰며 내 것을 가지
고 사는 자요, 내 품 안에서 벗어나지
못하는 자들이 어찌 그리 오만하며,
7 세상에 우리 부자의 이름을 파는 두렵
고 무서운 것을 모르고 살아가는 종교
집단이요, 지도자들이 이 세상을 지배
하고 있음이니, 이를 내가 더 이상 관
망하지 아니함을 알아야 할 것이니라.
8 이 세상에 생명을 가진 모든 백성이
요, 모든 미물까지 나로부터 은혜를
받지 아니한 것이 없으며, 살아갈 수
있는 모든 은혜를 내려 준 나의 백성
너희거늘,
9 어찌하여 너희는 시간을 다투어 나에
게 상처를 입히는 일만을 골라서 하
며, 내 가슴에 못을 박는 그와 같은 사
악한 짓만 하고 있단 말이더냐?
10 내가 모든 은혜를 내려 주어 살아갈
수 있도록 만들어 주었으며, 그리 살
다 영원히 사는 나의 나라에 올 수 있
도록 모든 은혜를 베풀어 준 그 백성
의 행동이 어떠하던가?
11 그들의 행동은 오로지 나의 가슴에 상
처를 입히며 나를 거역하는 행위를 하
고 있음이니,
12 그 상처를 입히는 행동을 중단시켜야
할 것이며, 그들이 더 이상 내 마음에
상처를 입히지 아니하도록 바로 세울
수 있는 것은 선택된 백성 너희뿐이라
는 것을 알아야 할 것이니라.
13 나에게 상처를 주며 은혜를 상처로 갚
는 그와 같은 자들의 행동을 너희가
중단시켜야 함을 알아야 할 것이니라.

14 내가 뭐라 말하였느냐?
15 이 세상에 교회라는 것을 짓지 말며
성전이라는 것을 짓지 말고 나의 피조
물 만백성들을 깨우쳐 하늘로 인도하
라 하였으나,
16 그들이 내가 만든 이 지상에 계속 그
걸 짓고 있으며 건립하고 있지 아니한
가?
17 그러니 그들이 내 마음에 상처를 주고
있음이니라.
18 내가 너희에게 높이 붙이지 말며 걸
어 붙이지 말며 우상이라는 그 십자가
를 내걸지 말라 하였거늘,
19 너희는 그걸 높이 내걸며 그걸 만들어
붙이는 것이 너희 즐거움이요, 그게
나에게 오르는 길이요, 영광이라 하며
그 앞에 기도하고 경배하며 그것이 나
의 뜻이라 울고불고하느니라.
20 그뿐이던가?
21 나의 사랑하는 백성으로부터 어떠한
일이든 재물을 거둬들이지 말라 하였
거늘,
22 너희는 초시계보다도 더 빠른 속도로
계속 나의 사랑하는 백성에게서 재물
을 거둬들이며, 그들에게 금화와 은화
를 받아들이는 그와 같은 행위를 계속
하고 있음이니라.
23 그것은 나 여호와가 내려 준 그 은혜
에 보답하는 백성으로서의 아름다운
삶이 아니요,
24 내 마음에 상처를 입히며 나의 가슴을
도려내는 그와 같은 사악한 짓들을 하
는 백성이니라.
25 너희만이 그들을 바로잡을 수 있으며,
나의 상처를 더 이상 번지지 아니하
도록 막을 수 있느니라.
26 내가 너에게 말했듯이, 태양빛이 쬘
때 먹구름으로써 물을 쏟을 수 있으며,
27 내가 물을 내려 생명을 구할 때 뜨거
운 태양빛으로써 너희가 견디지 못하
도록 하는 그와 같은 역사도 이룰 수
있음이니라.
28 그러니 너희가 하는 짓은 그와 같은
재앙의 역사로써 다스려 달라고 나를
부추기며 나를 능멸하는 행위만 하고
있다는 것을 알아야 할 것이니라.
29 정녕 너희는 나 여호와의 노함을 모
르는 백성이더냐?
30 이제 너희는 알아야 할 것이니라, 나
여호와의 노함을.
31 내가 모세의 시대를 역사했던 것, 그
리고 예수의 시대를 역사했던 것, 그
리하여 지금의 제3의 시대를 역사함
은 나의 노함을 참고 인내함이니라.
32 그러한 나 여호와의 마음을 부추기는
것이며 나를 노하게 하는 그 행동을
정녕 너희는 알 수 없으며 들여다볼
수 없으며 느끼지 못하고 오늘의 삶을
산단 말이던가?
33 그러니 이 마음의 상처를 다스릴 수
있으며 이 마음의 상처를 위로할 수
있는 것은 지금 나로부터 선택된 나의
아들을 따르는 너희라는 것을 잊지
말며,
34 너희가 나의 상처를 제거하고 상처를
치료하는 데 최선을 다하며, 더 이상
의 상처를 막도록 그리하라, 사랑하는
나의 아들딸들아!
35 내가 상처를 견딜 수 있을 때까지 지
금 견디고 있음을 너희는 알아야 할

것이니라.
36 나의 아들딸들이 나에게 상처를 입히
면서 상처투성인 내 가슴에 못을 박는
다 해도, 너희가 지옥 불로 떨어지지
만 아니하며 그와 같은 고통을 겪지
아니한다면 나 여호와는 그 상처를 견
딜 수 있음이니라.
37 그러나 너희가 내 가슴에 상처를 내
는 것만큼 더 험악하고 힘든 지옥 불
의 그 길을 감이니,
38 지옥행으로 가는 너희를 내가 더 바
라볼 수 없기에 내가 지금 너희를 바
로잡고자 하는 것이 나의 마음이니라.
39 나의 상처의 아픔은 내가 얼마든지 견
디고 인내할 수 있으나, 너희가 지옥
불로 가는 그것을 볼 수 없으며 그 마
음의 상처는 더 아프고 크기에 내가
너희를 바로잡고자 함이니라.
40 그러니 너희는 나의 마음에 상처를
만들지 말며, 내 가슴에 못을 박는 그
와 같은 짓을 하지 말라.
41 내 가슴에 상처를 크게 만들며 내 가
슴에 못을 박아 너희가 지옥 불로 떨
어지지 아니한다면 나는 이를 모두 감
내하고 인내하며 참을 수 있음이니라.
42 그러나 그러한 행위를 하여 더 큰 죄
를 범하며 더 무서운 지옥 불로 떨어
지는 것이 너희기에,
43 내가 오늘의 이 깨우침을 전하고자 하
며, 그 상처를 치유할 나의 아들 너희
의 그 수고로움을 이리 간곡히 말하며,
44 그 상처를 치유하며 상처가 더 번지지
않도록 할 것은 너희뿐이라는 것을
알아야 할 것이니라.
45 나의 큰 고통과 슬픔을 이제는 정녕
바라보는 제자들이 되어야 할 것이니
라.
46 나의 아들을 따르는 제자들은 나 여호
와의 큰 슬픔이요, 큰 고통의 아픔을
바라다보는 백성으로서 마음이 열려
야 할 것이니 그리 알라.
47 너희는 구원해야 할 것이니라.
48 모두의 지금 잘못 가는 그와 같은 백
성들을 너희들이 구원하는 것이 너희
들의 운명이니라.
49 그리하여 내가 너희들과 같이 제3의
시대를 열어 감이니, 너희는 구원자로
서 직분을 다하며,
50 어떠한 희생이 따라온다 하여도, 너희
들이 어떠한 희생을 치른다 하여도,
너희들은 나 여호와가 원하는 이 길이
영광되게 너희들의 직분을 다하며 역
사하여야 되는 것이 너희들이라는 것
을 절대 잊어서는 안 될 것이니라.
51 오늘의 고통과 시련이 쌓이고 쌓인 만
큼 너희들이 나에게 와서 내 앞에 와
너희들이 역사의 그 고통의 이야기를
나와 더불어 나누면서 웃음의 꽃을 피
울 수 있는 것을,
52 그날을 생각하며 그날을 기억하며, 그
날의 열망을 버리지 말며, 절대 실망
하지 말며, 쓰러지지 말며, 주저하지
말라.
53 너희들이 이 고통과 시련을 겪고 나의
법전이 세상을 덮는 그 역사를 이루고
왔을 때, 너희들은 나에게 와 옛이야
기를 나의 천국의 나라에서 같이할 날
이 있음이니,
54 그때의 그 열망을 절대 지우지 말며,
쓰러지지 말라, 사랑하는 나의 아들딸

들아!
55 나의 상처를 치유하고 고칠 것은 너희
들뿐이니, 내가 너희를 사랑함이니라.

7,223 번째 하나님 말씀

2003년 8월 20일 11시 47분

1 사랑하는 나의 아들아!
2 "네, 아버님! 말씀하옵소서."
3 너를 따르는 사랑하는 제자들에게 그
리 전하라.
4 이 세상에 방대한 종교 집단이요, 어
떠한 조직도 두려워하지 말고 겁먹지
말라 그리 전하라.
5 그 모두는 다 나 여호와의 뜻에 따라
하루아침에 무너질 것이며, 또한 너희
앞에 고개 숙여 너희가 가는 그 길이
진정한 나 여호와의 길이라는 것을 그
들이 스스로 깨달으며 아는 자가 수없
이 늘어날 것이니 그리 알라.
6 나로부터 선택된 전사요, 나로부터 명
받은 너희는 어떠한 고난과 시련이
있다 해도 여기를 떠날 수가 없음을
알아야 할 것이며,
7 나의 성전이요, 나의 아들이요, 나의
법전의 손을 놓고 떠날 수 없는 백성
이며 또한 떠나서는 결코 살 수 없는
백성이라는 것을 너희는 아직 모르고
있음이니라.
8 너희가 깨달으며 느낌은 이 세상 어느
백성도 너희를 따라갈 수 없음이니,
9 너희는 인간 세상에 다시 전락하여 더
불어 살아갈 수 있는 삶은 두 번 다시
기회가 없음이니 그리 알라.
10 그리하여 너희는 떠날 수도 없으며
떠나서 살 수도 없는 것이 나의 아들
을 따르는 제자 너희가 가는 길이라
는 것을 알아야 할 것이니라.
11 너희는 고통을 진정시켜야 할 것이니
라.
12 어떠한 고통과 시련이 너희 마음속에
소용돌이친다 해도 그 마음을 다스리
고 진정시켜 돌아서서 나의 법전을 가
슴에 안고 정독하는 그것만이 너희가
살아가는 길이며 그것만이 나에게 오
는 길이며 너희의 삶의 길이 거기 있
음을 알라.
13 어떠한 조직이요, 어떠한 방대한 세력
앞에서도 절대 무서워하지 말고 두려
워하지 말라.
14 선택된 너희는 만백성을 위한 나의 희
생물이라 내가 그리 말하지 아니하였
더냐?
15 너희는 내가 만백성을 구원하는 희생
물로 선택되었으며 내 뜻을 역사하는
희생물로 선택되었음이니,
16 너희는 육의 세상에서 희생물로서 모
든 것을 마치라.
17 그러나 두려워할 것이 없음이니라.
18 너희가 육의 세상에서 나 여호와의 뜻
을 따라 희생물로 선택되어 그 희생물
의 역할을 다 했을 때, 그 사후의 세계
에서 창조주 나 여호와를 볼 수 있으
며 나를 만날 수 있는 것이 너희니라.
19 창조주 나 여호와가 너희를 사랑하는
것을 느끼며 내 사랑의 품속에서 정녕
영원히 사는 세상에 올 수 있는 것이
너희니, 그것보다 더 큰 축복과 영광
이 없음이니라.
20 너희야말로 희생양으로서 내가 선택

한 그 희생의 제물로 쓰는 것이 아니
요,
21 너희가 희생물로서 그 직분을 다 했을
때 내가 너희에게 내려 준 상은 나를
볼 수 있으며 나를 만날 수 있으며 나
를 만질 수 있으며 나와 더불어 살아
감이니,
22 내가 인간 너희에게 내려 준 크나큰
그 사랑 속에서 그 사랑을 느끼는 것
이 바로 너희임이니라.
23 나를 볼 수 있다는 그 마음을 저버리
지 말라.
24 그와 같은 마음을 절대 저버리지 아니
하는 자는 쓰러지지 아니할 것이니라.
25 나에게 와 지난날을 얘기할 수 있는
그날을 생각하며 살아간다면 그 마음
이 흔들리지 아니할 것이며 어떠한 태
풍에도 절대 날아가지 아니하며 쓰러
지지 않는 것이 나의 전사로서 선택된
자들이니라.
26 내가 다시 한 번 말함이니라.
27 어떠한 역경이요, 고통이요, 무서움이
너희에게 엄습한다 해도 나의 아들 곁
을 떠나지 말며 그에게 등을 돌리지
말라.
28 너희는 떠나서 살 수도 없으며 떠나
갈 수도 없는 것이 너희임을 알라.
29 이 세상 인간의 한계를 벗어난 너희가
썩고 썩은 그 추악한 냄새 속에서 발
붙이고 살아갈 곳은 없음이니 그리 알
라.

7,224 번째 하나님 말씀

2003년 8월 20일 11시 51분

1 사랑하는 나의 아들아!
2 "네, 아버님! 말씀하옵소서."
3 정녕 너의 제자들이 떠나고자 하며 네
제자들의 마음이 흔들리며 오늘의 고
통의 그 역사를 같이 가지 못하는 그
불쌍한 백성에게 물으라.
4 네가 정녕 죽음이라는 것을 피할 수
있으며, 육의 죽음에서 해탈할 수 있
으며, 거기서 벗어날 수 있거든 떠나
라 그리 말하라.
5 그리고 인간이 살아가면서 죄를 짓지
아니하고 살 수 있다고 말할 수 있으
며, 과연 죄를 짓지 아니하고 살아가
는 백성이 있는가 한번 물어보라.
6 그리하여 너의 제자들이 이곳을 떠나
죄를 짓지 아니하며 살아갈 수 있는
그 길이 있거든 그리 가라, 네가 그 길
을 안내해 주라.
7 죄를 짓지 아니하고 살 수 없는 것이
너희니라.
8 그러니 천국이요, 하늘에 오르는 길은
무엇이라 말하였느냐?
9 죄지은 자는 천국에 올 수 없으며 죄
를 가진 자는 나에게 올 수 없다고 말
하였음이니라.
10 그러니 죄짓지 아니하는 자만 나에게
오를 수 있으며 하늘에 오를 수 있다
고 말하였음이니,
11 지금의 모든 백성이 과연 나에게 오
를 수 있는 그 길이 있는가 물어보라.
12 지금의 모든 백성은 죽음이라는 것을
벗어날 수 있는 백성이 단 한 사람도

없음이니라.
13 너희가 나의 법전을 읽고 변하지 않는 한 죄를 짓지 않고 살 수 있는 백성은 한 명도 없으며, 죄를 아니 짓는 자 하나도 없음이니라.
14 그러니 죄를 짓는 자, 죄를 가진 자는 천국에 오를 수 없으니, 천국에 오를 수 있는 자가 한 명도 없다 함이니라.
15 오늘의 너희의 삶이요, 오늘의 가는 믿음이요, 오늘의 형태로써는 결국 나에게 올 수 있는 자가 한 명도 없다는 것이 아니더냐?
16 그리하여 너희에게 하늘에 오르는 길이요, 천국에 오를 수 있는 그 길을 깨우쳐 주려고 내가 법전이라 하여 160권의 대장정의 '하나님! 말씀하옵소서' 하늘에 오르는 길이라는 이 책을 내려보냄이니,
17 이를 접하고 이를 보고 깨우치며 강론을 들은 너희가 정녕 등을 돌리고 떠나서 죄를 안 짓고 살 수 있어 나에게 오를 수 있다면 떠나도 말하지 아니할 것이니라.
18 너희는 정녕 여기서 떠나는 그 순간에 날개 부러진 짐승처럼 추락할 것이며, 육으로써 사악한 마음이 너희를 공격하며 유혹하는 것을 막고 견딜 힘이 없음이니 그리 알라.
19 육은 항상 너희를 무너트리고자 공격하고 있음이니라.
20 그러니 육의 생각은 너희를 무너트리는 것이요, 영의 생각은 나에게 구원을 받으며 나에게 오는 길이니라.
21 너희가 정녕 여기를 떠나 육의 욕심이 사탄이 되어 공격하는 것을 막을 수 있으며 영의 마음을 받아들여 나에게 올 수 있는 자가 있거든 오늘 당장 떠난다 해도 나 여호와는 말하지 아니할 것이니라.
22 그러나 너희가 죽음을 면할 수 없듯이 이곳을 떠나서 살 수 없으며 이곳을 떠나서 너희가 하늘에 오르는 길이 없다는 것을 명심하여 가슴에 깊이 간직하고 살아가며,
23 오늘의 시련과 오늘의 고통을 벗어나려 하지 말며 나의 아들과 더불어 감을 욕되게 하지 말라.
24 너희가 나의 아들과 더불어 법전을 가지고 정독하고 강론을 듣고 살아가는 것보다 더 귀하고 소중한 것이 없음이니라.
25 귀하고 소중한 것을 버리고 너희가 무엇을 얻고자 살아가겠는가?
26 너희는 그러한 백성이 없을 것이라 그리 내가 믿노라.

7,225 번째 하나님 말씀

2003년 8월 20일 11시 56분

1 사랑하는 나의 아들아!
2 "네, 아버님! 말씀하옵소서."
3 사랑하는 나의 아들을 따르는 제자들이요, 나의 법전을 읽고 깨우친 너희를 바라보는 그 기쁨이 얼마나 충만한 것인지 알겠는가?
4 너희가 등 돌리고 떠나며 사탄의 집단으로 가는 그 모습을 바라보는 내 마음이 너무나 아픔을 너희는 알아야 할 것이니라.
5 너희는 선택됐음이니라.

6 선택된 너희가 마음을 다스리지 못하
고 변화되지 못하는 그와 같은 삶을
산다면 과연 이 세상의 어떠한 백성이
나의 뜻에 따라 천사와 같은 삶을 살
수 있다 하더냐?
7 이제 너희가 천사가 되는 길이요, 흔
들리는 마음이요, 떠나고자 하는 마음
이요, 고통을 인내하지 못하는 그 마
음을 다스리는 너희에게 상을 또 하
나 내림이니 그리 알라.
8 사랑하는 나의 아들을 따르는 제자 너
희는 들으라.
9 사랑하는 아버지에게 너희는 사랑의
편지를 수시로 수없이 써서 나에게 전
하도록 그리하라.
10 너희가 가장 사랑하는 여인에게 사랑
한다는 편지만을 전하지 말고,
11 너희가 사랑하는 아버지인 나 여호와
에게 사랑의 편지를 수시로 써 네 마
음을 나에게 전하며 나를 사랑함을 표
현해 줄 수는 과연 없겠느냐?
12 너희가 나에게 사랑의 편지를 매일 수
시로 써 보낸다면 너희 마음을 다스
리는 길이 여기에 있음을 알라.
13 너희가 사랑하는 여인이요, 사랑하는
사람과 주고받는 그 아름다운 사랑의
편지를, 그 사랑을 듬뿍 담아 매일 나
여호와에게 사랑의 편지를 써서 전한
다면 너희는 무너지지 아니할 것이며
쓰러지지 아니할 것이며 천사와 같이
변할 것이라는 것을 알라.
14 너희가 나 여호와에게 사랑의 편지를
보내면 나 여호와의 기쁨은 이루 말할
수 없으며 사랑이 가득 찬 너희의 그
사랑의 편지를 받은 나 여호와는 얼마
나 행복하며 얼마나 기쁘겠는가?
15 너희는 사랑의 편지를 나에게 수없이
보내고 쓰고 또 쓰라.
16 그리하여 매일 같이 나 여호와에게 사
랑의 편지를 썼을 때, 그 사랑의 편지
는 종이는 여기에 남으나, 그 내용은
내 가슴이요, 하늘에 올라옴이니라.
17 너희가 인간 세상에 살다 나에게 와서
그 사랑이 듬뿍 담긴 사랑의 편지를
풀어 놓고 네가 썼던 그 심정과 내가
받았던 그 기쁨을 너희가 천국의 나라
에서 사랑의 편지를 놓고 옛이야기를
할 수 있는 그 역사를 차곡차곡 쌓아
놓고 기록하도록 그리하라.
18 너희가 견디고 인내하기 어렵고 힘들
때 그때 너희는 여인을 사랑하는 마
음보다도 이 세상에 살아가는 어떠한
사람보다도 더 사랑하는 마음으로 사
랑이 그득한 사랑의 편지를 나에게 쓰
고 또 쓰라.
19 밤새워서 쓰며 고통스러울 때 쓰며 병
상에 누워서 쓰며 힘들고 어려울 때
사랑의 편지를 나에게 쓰라.
20 그러면 너희는 마음의 천사가 될 것이
며 그 마음의 문이 열릴 것이며 너희
에게 기적의 역사가 이를 것이니 사랑
의 편지를 듬뿍 쓰라.
21 사랑의 편지를 쓰라 함은 내가 너희가
쓰는 사랑의 편지를 받아주겠다 함이
니, 이것이 내가 너희에게 내리는 사
랑이니라.
22 그리하여 사랑이 그득 담긴 편지를 쓰
고 또 써 하늘나라에 전하여,
23 너희가 내 앞에 왔을 때 너희가 보낸
그 사랑의 편지를 내놓고 나에게 보냈

던 그 어렵고 힘들었던 이야기요, 그
사랑의 이야기를 되짚어 보면서 너희
와 내가 웃는 그와 같은 삶을 영위하
도록, 그 역사로 길이길이 간직하며
그 역사를 많이 쌓도록 그리하라, 사
랑하는 나의 아들딸들아!
24 오늘부터 떠나려 하지 말며 버리려 하
지 말며 등 돌리려 하지 말며, 나의 아
들이 가슴 아픈 역사를 하지 말며, 사
랑이 담긴 사랑의 편지를 네 아버지인
나에게 쓰라.
25 '아버님 전상서', '사랑하는 아버님 전
상서'라 하여 사랑의 편지를 수없이
써서 보내도록 하라, 사랑하는 나의
아들딸들아!
26 그러면 고통을 이길 것이며 시련을
이길 것이며,
27 나의 법전이 하얀 눈처럼 세상을 덮었
을 때 육에서 영광을 얻을 것이며, 그
리고 죽어서 왔을 때는 그 사랑의 편
지를 읽으며 너와 내가 아기자기한 그
아름다운 대화를 할 수 있는 그날을
위하여 희망을 버리지 말고 살라, 사
랑하는 나의 아들딸들아!
28 내가 너희를 사랑함이니라.

7,226 번째 하나님 말씀

2003년 8월 20일 12시 01분

1 사랑하는 나의 아들아!
2 "네, 아버님! 말씀하옵소서."
3 어렵고 힘들 때마다 '아버님 전상서',
'내 아버지 전상서'라고 사랑의 편지
를 쓰라 하였음이니라.
4 나의 사랑하는 백성이 그와 같은 마
음으로 살아갈 때, 모두를 다스리며
이 황폐한 세상에 아름다운 꽃을 피울
수 있는 것이 그것임을 알라.
5 나 여호와는 너희를 세상에 내려보낼
때, 내가 너희에게 아무것도 주지 아
니하며 아무것도 역사하지 못하며 그
저 알거지와 같이 너희를 만들어 세
상에 내려보냈단 말이더냐?
6 내가 너희 한 사람을 세상에 살아갈
수 있게 하여 내려보낼 때 이 세상에
서 취하고 얻을 수 있는 그 모든 것을
다 같이 내려보냈음이니라.
7 너희에게 물질의 풍족함이요, 마음의
풍족함이요, 사랑의 풍족함이요, 모든
나의 성령을 너희에게 줘서 내려보냈
음이니라.
8 아무것도 주지 않은 알거지로 세상에
나가 이 세상에서 먹고사는 그 역사함
속에서 사탄과 싸워 이기라는 그와 같
은 짐을 너희에게 쥐여 주지 아니하였
음이니라.
9 너희에게 열 가지 백가지 무거운 짐을
다 지우며 사탄과 싸워서 나에게 오라
한다면, 나는 공의의 하나님이 아니
요, 너희의 아버지가 아니지 않더냐?
10 사랑하는 나의 아들 너희를 빈손으로
내보냈다고 너희는 그리 말하나,, 너
희가 두 주먹 쥐고 세상에 나가는 그
순간에 모든 것을 취하며 얻고 지배하
고 다스리고 살 수 있는 그 모든 은혜
를 너희와 더불어 내려보냈음이니라.
11 모두를 다 준 내가 착하고 아름답게
살다 나에게 오라 하는 그것이 그리도
원망스러우며, 나 여호와의 뜻을 거역
하고 살아갈 수 있단 말이더냐?

12 너희는 어찌하여 나를 그리 능멸하며
나에게 등을 돌리며 나를 모르는 체하
면서, 말로만 구세주요, 하나님이요,
영광의 하나님이요, 축복의 하나님이
라 그리 말하는가?
13 내가 너희에게 모두를 내려 주면서
사탄과 싸워 바르게 살다 나에게 오라
함이거늘,
14 이 모든 은혜를 주어 취하고 살 수 있
는 그 모든 것을 너희에게 주었거늘,
15 어찌하여 너희는 악에 물드는 그와
같은 삶을 사는 것인가?
16 정녕 너희는 어찌하여 용서받지 못할
일만 찾아서 하며, 나에게 돌아올 수
없는 그 일들만 그리도 잘 골라서 행
하는 삶을 산단 말이더냐?
17 이는 너희가 욕심을 버리지 못하기
때문이니라.
18 너희는 나 여호와가 노하는 일, 내가
용서하지 못하는 일만 그리도 골라 찾
아서 행하면서 나의 나라에 온다고 생
각하며 오도록 명을 받았다 말하며,
심지어 너희는 뭐라 말하느냐?
19 아무개 너는 나에게 올 수 있다고 나
여호와가 결재의 서명을 하며 도장을
찍었다 하며, 내가 결재를 해서 받았
다는 사악한 자들이 이 세상에 존재하
고 살아감이니라.
20 그리하여 사랑이 없는 세상이 되었으
며 황폐한 세상이 되었으며 모두가 존
재할 수 없는 세상이 되었음이니라.
21 너희가 나의 피조물 만백성들이 살아
갈 수 없는 세상을 만들었음이니라.
22 이 세상이 살아갈 수 없는 황폐한 땅
이 되었다면 너희는 믿지 아니할 것
이니라.
23 너희는 살다 백 년 후에는 죽음이니
라.
24 그러나 너희 영혼은 나에게 와 영원히
다시 살며 새로운 삶을 역사하는 것이
나, 새로운 삶을 가지 못하도록 죽인
것이 너희니라.
25 바로 황폐하여 모든 내 생명이요, 내
아들딸이 살 수 없는 세상을 만들어
그 모두를 도륙내고 다 죽인 것이 너
희임을 잊지 말라.
26 이 무서운 사실 앞에 내가 모두를 기
록하여 나의 아들에게 전함이니, 이를
보고도 깨우치지 못한다면 너희는 아
니 될 것이니라.
27 더 이상 무슨 희생을 바라며 더 이상
무슨 성령을 내려보내기를 바라며 더
이상 어떤 뜻을 너희에게 내려보내기
를 바라느냐?
28 이제는 내가 두루마리에 성령을 써 내
려보내 너희에게 각자 손에 쥐여 주
었으니, 법전이 그렇다 했느니라.
29 각자 나로부터 두루마리에 나의 성령
이요, 나의 뜻을 받은 자들이니,
30 법전을 접하는 그 순간은 직접 너에게
준 것이니, 네가 주인 의식을 가지고
잘 관리하고 다스려 황폐한 땅을 모든
동식물이요, 나의 사랑하는 아들딸의
생명이 다시 태어나는 그와 같은 아름
다운 옥토로 만들라.
31 그 역사가 너희임을 잊지 말라.

7,227 번째 하나님 말씀

2003년 8월 20일 21시 02분

1 사랑하는 나의 아들아!
2 "네, 아버님! 말씀하옵소서."
3 내가 너희에게 두 번째의 상을 내림
이라 그리하였음이니라.
4 정녕 너희 자신을 다스리지 못하고 바
로 서지 못하며 질서에 위배되는 생각
을 하지 아니하고 살 수 없으며 죄를
짓지 아니하며 추한 생각을 하지 아니
하고 살 수 없거든, 너희 자신을 다스
리려 해도 그것이 다스려지지 아니하
거든 너희는 나 여호와에게 사랑의
편지를 쓰라 그리하였음이니라.
5 내 아버지 전상서라 하여 사랑이 그득
히 담긴 그 편지를 나에게 수시로 씀
으로 인하여 너희 자신을 다스릴 수
있다 하였으며,
6 또한 나 여호와에게 해서는 안 될 일,
나 여호와에게 할 수 있는 일 그 모두
를 구분하여 나의 뜻에 따라 그와 같
은 마음으로써 항상 살아가며 다스려
갈 수 있다 하였음이니라.
7 오늘 내가 너희에게 상을 내린 그 의
미를 깊이 깨우쳐 행하도록 그리하라.
8 항상 나에게 사랑이 그득 담긴 그 편
지를 매일 같이 쓰도록 그리하라.
9 그리하면 너희의 마음이 다스려질 것
이며 바로 갈 수 있으며 나와 같이 하
는 그와 같은 깨달음을 얻게 될 것이
니라.
10 이 세상 나의 피조물 만백성들이 살아
가면서 수천수만 가지 서로 얽히고설
키는 그 생활 속에서 항상 정의로운
것이요, 바른길을 가기 어렵고 힘든
것을 알기에 너희가 정녕 죄를 짓지
아니하고 살 수 없다 그리 말하였음이
니라.
11 이제 나의 아들을 따르는 제자들이요,
나의 법전을 읽고 깨우친 너희가 정녕
비도덕적인 죄의 행동을 하게 될 때,
12 너희 자신이 지키지 못하면 이 세상
어떠한 백성도 이를 지킬 수 없으며,
13 이 세상에 수억의 자식들을 두었으나
한 자식도 질서를 지키며 죄를 짓지
아니하는 백성이 없다는 것을 바라보
는 내 아버지께서 얼마나 가슴이 아프
고 슬플 것인가를 생각하여,
14 '나는 꼭 지켜야겠으며, 지키겠다'는
마음을 가지고 지키도록 그리하라.
15 그리고 네가 지키지 아니하면 이 세상
에 지킬 사람이 없음이니, 너 자신은
지켜야 하며,
16 나의 아들을 따르는 제자들이요, 나의
법전을 읽고 깨우쳐 하늘의 뜻이 무엇
인가를 아는 너희가 지키지 아니하면
이 세상에 아무도 지킬 사람이 없음이
니라.
17 너희 제자들은 각자 네가 지키지 아니
하면 아무도 지킬 수 없는 이 도덕적
인 질서요, 그리고 추한 짓이요, 죄의
행동을 하지 말아야 하겠다는 굳은 마
음을 갖고 그때그때 그를 이기고 넘
어가는 그것이 바로 너희가 지키는
길임을 알아야 할 것이니라.
18 눈앞에 보이는 어떤 급한 상황이요,
그리고 눈에 보이는 이해관계에 의하
여 순간적으로 죄를 범할 수 있는 것
이 인간 너희니라.

19 그러나 너희는 그리해서는 아니 될
것이니라.
20 어떠한 손실이 있다 해도 어떠한 불이
익이 있다 해도 아무리 급하다 해도
질서를 지키지 아니하며 남에게 추한
행위를 해서는 절대로 아니 됨이니라.
21 너희는 지금 말하지 않더냐?
22 모든 백성은 죽어 가며 너희는 한 줌
의 흙으로 돌아가 그 무덤 속에 다 묻
히게 됨이니라.
23 그리하여 그 많은 무덤 속에 가서 그
죽은 자에게 묻기를 '네가 어찌하여
죽었느냐?' 물었을 때, 이유 없이 죽은
자가 없다는 말을 너희는 알지 않느
냐?
24 공동묘지에 가서 죽은 자들에게 물어
볼 때 이유 없이 죽은 자는 한 사람도
없으며 거기에는 다 합당한 이유가 있
다 말하지 아니하였더냐?
25 그 뜻이 바로 무엇을 의미하느냐?
26 너희는 이유가 있으며 이유와 조건이
있어서 사악한 일을 할 수 있으며, 죄
를 지을 수 있다 그와 같이 생각해서
는 아니 되느니라.
27 어떠한 이유가 있더라도 질서를 파괴
하며 죄를 짓는 그와 같은 행위는 이
유가 되지 아니하며 그건 타당할 수
없음이니라.
28 어떠한 이유를 대서도 아니 되며 이
유가 있을 수 없음이니라.
29 그것이 너희가 가야 할 길이며 지켜
야 할 길이니라.
30 너희가 그와 같이 지키기 어렵고 힘들
때 내가 뭐라 말하였느냐?
31 '이 세상에 나 자신이 지키지 아니하
고 내가 지키지 아니하면 그 누구도
지킬 사람이 없으며, 내가 지키지 않
을 때, 그 수십억의 많은 아들딸을 둔
내 아버지께서 얼마나 고통스럽고 괴
로우실까?' 하는 그와 같은 마음을 가
지고 너희 자신을 다스려 나가야 할
것이며,
32 나 여호와에게 기쁨을 주는 자식으로
서 거듭나는 자식으로서 어떠한 이유
든 간에 죄를 짓는 행위요, 용서받지
못할 행위요, 추한 행위를 해서는 안
됨이니, 그 이유가 통하지 아니함을
알라.
33 이유 없이 죽은 자는 없다 하듯이, 너
희가 죽어 나에게 심판을 받을 때 이
유 없는 자가 없으며,
34 아무리 울고불고 그 이유를 댄다 해도
그걸 아무도 들어주는 자 없으며 참고
하는 자가 없음이니라.
35 그러니 너희가 이 세상에 얼마나 살겠
느냐, 몇백 년을 사는가?
36 너희는 그 속에서 어떠한 이유든 간에
남들에게 해서 안 되는 일, 그리고 남
들에게 잘못된 일을 행해서는 절대 안
됨이니라.
37 너희는 백 년도 못 사는 그 삶을 위해
서 영원히 사는 아름다운 그 세상에
다시 태어나는 은혜와 영광을 잃는 어
리석은 백성이 되어서는 아니 될 것
이니라.
38 어떠한 이유도 있어서는 안 되며, 너
희가 어떠한 이유에서든 이기지 못할
때,
39 네가 아니면 지킬 수 없으며 네가 아
니면 나 여호와에게 기쁨을 줄 수 없

으니 너는 지킨다는 그와 같은 굳은 결의를 갖고 자신을 다스려야 나에게 오르는 그 길을 오게 될 것이니 그리 알라.

7,228 번째 하나님 말씀

2003년 8월 20일 22시 05분

1 사랑하는 나의 아들아!
2 "네, 아버님! 말씀하옵소서."
3 나로부터 선택된 나의 백성이요, 너를 따르는 그 제자들은 너희는 없다 그리하였음이니라.
4 그러니 너희 자신을 위하여 기도해서도 아니 되며 너희가 무엇을 소원해서도 아니 된다 하였음이니라.
5 너희는 나로부터 희생양으로서 선택된 백성이니, 너희가 오늘의 그 희생을 겪고 인내했을 때 너희는 나를 만날 수 있으며 나를 볼 수 있으며 나로부터 은혜를 받을 수 있으니, 그 희망을 버리지 말며,
6 오늘의 그 희생을 조금도 두려워하지 말며 그리 살아가라 했음이니라.
7 그리고 너희는 남을 위해 살며, 자신을 위해 생각하지 말라 내가 너희에게 깨우쳐 주었음이니라.
8 모든 백성이 '남'을 먼저 생각하지 아니하며 '나'를 먼저 생각하고 사는 백성은 넓고 넓은 이 세상의 자연 속에서 제 키만큼밖에는 이 세상의 모든 이치를 알 수 없으며, 제 키만큼밖에 성령의 깨달음을 받을 수 없는 것이니라.
9 그 이상은 받을 수 없는 자가 바로 남을 생각하지 못하며 자신을 먼저 생각하고 자신만을 위해 살아가는 자들이니라.
10 그러니 자기 자신을 버리고 남을 위해 사는 삶이요, 남을 위하여 생각하며 사는 그와 같은 백성으로서 거듭나지 아니하면 아니 됨을 알아야 할 것이니라.
11 저를 생각하지 아니하고 남을 먼저 생각하는 그 백성은 이 세상의 모두를 다 볼 수 있으며 이 세상의 역사함을 다 볼 수 있다고 내가 너희에게 그리 전했음을 알라.
12 이는 곧 무엇이더냐?
13 남을 생각하는 자는 내가 그 마음을 하늘 높이 띄워 줌이니, 하늘 높이 있던 그 마음의 문이 내려다보는 것만큼 세상의 모든 것을 다 볼 수 있으며 세상의 이치를 깨닫는다 그리하였음이니라.
14 그리하여 높이 올라 밑을 내려다보면 그 밑의 얽히고설킴을 다 알며, 그것이 잘못되고 잘 된 것을 스스로 알게 됨이니라.
15 너희는 잘못된 전철을 밟지 아니하며 바른길을 가게 됨이니, 그게 바로 무엇인 줄 알겠느냐?
16 너희가 구원을 받을 수 있는 그 눈을 뜨게 되며 하늘에 오르는 길을 보는 영광을 얻게 됨이니라.
17 이제 나의 아들을 따르는 제자요, 나의 법전을 읽고 깨우친 만백성 너희는 내가 너희를 위하여 생각하지 말며 남을 생각하며 남을 위하여 기도하며 역사하는 삶을 살라는 것을 이제 알았

느냐?
18 자신을 생각하는 자는 제 앞에 있는
것밖에 보지 못하듯이, 제 키 높이 이
상은 아무것도 얻는 것이 없으며 깨우
치는 것이 없으며 깨달음이 없으며 아
무것도 보지 못하는 어리석은 백성임
을 잊지 말라.

7,229 번째 하나님 말씀

2003년 8월 20일 21시 12분

1 사랑하는 나의 아들아!
2 "네, 아버님! 말씀하옵소서."
3 사랑하는 나의 백성 너희의 그 마음
속에는 선함을 행하고자 하는 마음이
있는가 하면 또한 악을 행하고자 하는
마음이 있으니,
4 선한 마음의 영이 너희에게 있는가 하
면 사악한 영들이 또한 너희 마음속
에 존재함이니라.
5 그러니 이곳의 싸움에서 선함이 이기
는 그와 같은 삶이 있을 때 악한 영의
그 씨앗은 사라지게 될 것이니라.
6 그러나 여기서 선함을 행하기가 얼마
나 힘들고 어려운 것인가를, 그를 통
하여 내가 너희에게 깨우쳐 전하고자
함이니라.
7 너희는 선한 영과 악한 영의 그 두 마
음이 있음이니, 세상사 살아가면서 육
으로써 생각하며 판단하는 그 모두는
육신을 먼저 생각함이니라.
8 그 모두는 악의 영에게 양식을 공급하
는 그와 같은 생각으로 치우치는 것이
바로 너희니라.
9 그리하여 많은 종교 집단이요, 지도자
들이 인간의 노력으로써는 구원할 수
없으며 인간의 노력으로써는 하늘에
오르는 길을 올 수 없으며 하늘에 오
를 수 없다 그리 말하니,
10 그 깊은 의미를 모르고 있기 때문이니
라.
11 육으로 생각하는 것은 육의 편안함이
요, 이해관계요, 수지타산이요, 이를
먼저 계산하는 그 생각에서 모두를 이
끌어 가기 때문에, 육으로써 생각하며
육으로써 판단하는 것은 바로 무엇이
냐?
12 사악한 영에게 양식을 공급하며 그를
돕는 그와 같은 마음이기 때문이니라.
13 너희가 정녕 성령의 선한 영을 도우며
그 선한 영에게 생명의 생수를 공급하
는 그와 같은 깨달음의 길을 가지 못
하고 있기 때문이니,
14 여기서 너희는 알아야 할 것이니라.
15 모든 것을 육의 생각으로써 행동하는
것은 선한 영이 존재하며 그에게 공급
하여 그를 성장하도록 한 것이 아니요,
16 육의 모든 생각은 대부분이 악한 영을
위하여 존재하며 그들에게 양식을 공
급하는 그와 같은 삶을 살고 있기 때
문에 너희는 육이 존재하는 이상 구
원할 수 없다고 말하느니라.
17 너희는 여기서 들어야 할 것이니라.
18 육의 생각 자체가 너희의 행복을 위
하여 육의 향락을 위하여 육의 즐거움
을 위하여 인간의 삶을 위하여 모두를
살아가느니라.
19 그러나 여기서 너희 가슴속에 있는
선한 성령을 키우며 그가 모든 악의
뿌리를 뽑을 수 있도록 하는 것은 너

희가 선한 생각이요, 아름다운 생각을
하여 바로 너희 가슴에 있는 선한 성
령을 키우며 그에게 모든 것을 공급하
는 것이라는 것을 잊지 말아야 할 것
이니라.
20 너희가 사랑하는 마음으로써 모두를
생각하는 그와 같은 마음으로 돌리는
것, 그 자체가 성령을 존재토록 하며
선한 성령이 성장하도록 하는 것이라
는 것을 절대 잊어서는 아니 될 것이
니라.
21 너희가 그를 받아들일 때 육의 생각에
서 한 것인가, 성령에 의한 생각인가
를 항상 판단하고 구분하고 분별하여
행동하는 것을 잊어서는 아니 될 것이
니라.
22 너희가 그저 언뜻 생각나는 대로, 육
에서 느끼는 대로, 육에서 요구하는
대로, 육의 욕심이 지배하는 그대로
행동을 하는 것은 너희 마음속에 있
는 악의 영을 키우는 것이기에,
23 너희는 항상 멈추어 나 여호와를 생각
하며, 나의 아들딸이라는 것을 생각하
며, 창조주 나 여호와가 존재함을 알
며,
24 '내 아버지가 하라고 한 것인가, 하지
말라고 한 것인가?'를 빨리 구분하고
판단하여, 나 여호와가 너희에게 명한
것이 아니면 행하지 않는 것이 선한
영이 존재할 수 있도록 하여 너희가
하늘에 오르는 길을 갈 수 있음이니,
25 이를 잘 구분하여 행하도록 그리해야
함을 알아야 할 것이니라.
26 지금 나의 피조물 만백성들은 사악한
것과 선한 마음을 구분하지 못하고
있기에, 그저 마음대로 저희가 생각나
는 대로 받아들이며 받아들이는 것이
정답이요, 옳은 길이라 그리 생각함이
니,
27 그 모두를 분별하지 못하는 그와 같은
백성이니라.
28 이제 나의 아들딸 너희는 알아야 할
것이니, 너희가 선과 악을 구분하는
것,
29 선한 영과 악한 영에게 공급하는 양식
이 무엇인가, 지금 너희가 하는 것이
어느 쪽에 영양분을 공급하고 있는가
를 생각하여 다스려 나가는 그 훈련이
필요함을 잊어서는 아니 될 것이니라.
30 너희가 선함이요, 사랑하는 마음으로
생각하고 나를 생각하며 하는 것은 선
한 영을 공급하며 키우는 것이요, 네
마음속에 자리를 잡게 함이니, 그게
하늘에 오르는 길이요,
31 너희가 육의 생각으로써 육의 판단으
로써 행하는 그와 같은 모든 생각은
악의 영을 성장시키며 그를 키우기에
바로 지옥으로 가는 그와 같은 삶을
면치 못한다는 것을 절대 잊지 말라,
사랑하는 나의 아들딸들아!

7,230 번째 하나님 말씀

2003년 8월 20일 21시 16분

1 사랑하는 나의 아들아!
2 "네, 아버님! 말씀하옵소서."
3 이제 너를 따르는 제자들이요, 만백성
너희가 살아가는 그 삶은 계절과 같은
삶이라 그리 생각하고 살아가도록 해
야 할 것이니라.

4 동양의 작은 나라 너희가 존재한 곳
은 사계절로 구분되어 봄·여름·가을·
겨울로 그리 나누어져 있지 않으냐?
5 그와 같은 계절의 흐름과 같이 살아가
는 백성이라 생각하도록 그리하라.
6 너희는 사계절을 다 살 수 있는 사람
이 아니며, 사계절을 다 음미하고 살
수 없는 백성이라 그리 생각하라.
7 너희가 이 세상에 태어나는 것은 한
계절을 살며, 한 계절에 존재하다 죽
음으로써 나에게 오는 백성이요,
8 봄에 사는 백성이요, 여름에 사는 백
성이요, 가을에 사는 백성이요, 겨울
에 사는 백성이 다 구분되었다 생각하
는 가벼운 마음으로 모든 역사를 하도
록 그리하라.
9 너희가 사계절 모두를 다 살며, 그 사
계절 속에서 나 여호와가 이루는 것을
다 이루고자 하는 그와 같은 마음을
가지면, 너희는 불안과 초조한 그 마
음속에서 이룰 것도 이루지 못하는 그
와 같은 형국임을 알아야 할 것이니
라.
10 그러니 그 사계절 중에서 한 계절만
을 살다 나에게 오는 것이라 생각하
며 살라.
11 계절의 변화에 따라서 봄이요, 여름이
요, 가을이요, 겨울이 오듯이, 모든 나
의 뜻을 역사하며 새로운 시대를 여는
것이요, 나의 법전으로써 세상을 모두
다 덮는 것은 봄의 계절에 사는 백성
이 그 역사를 한 다음에 여름에 사는
백성이 또 와서 계승해서 역사할 것
이며,
12 여름에 살던 백성이 역사하다 가면
가을이요,
13 가을에 살던 백성이 또 역사하면 겨울
의 백성이 와서 나의 법전을 세상에
전하여,
14 천 년에 걸쳐서 새 역사를 이루는 그
와 같은 이치를 너희가 깨달아야 할
것이니 그리 알라.
15 너희가 사계절 속에 살며 한 번에 모
두를 다 이루겠다는 그와 같은 생각은
다 욕심이며,
16 그 조바심이요, 초조한 마음으로써는
아무것도 이룰 수 없음이니라.
17 너희는 이제 들어야 할 것이니라.
18 너희가 얼마나 귀하고 중요한 나의 아
들딸인가를 알라.
19 너희는 그 사계절 속에서 새로운 싹
이 트는 봄의 계절에 서 있으며, 오늘
의 봄의 계절에 서 있는 너희가 새로
운 역사요, 새로운 씨앗을 뿌려야 하
며,
20 너희는 봄의 계절에 살다 나의 역사
함을 다음 계절에 오는 자에게 넘기고
너희는 나에게 와 심판을 받아 구원받
을 자와 구원받지 못할 자로 구분되는
그것이 너희 운명이라 그리 생각하라.
21 그리하여 모두를 다 역사함이 아니라,
너희는 한 계절에 역사하는 것이니만
큼 너희가 이룰 수 있는 내가 명한 그
것만을 충실히 이루는 삶을 살면 될
것이니라.
22 너희가 모두를 한 번에 이루고자, 한
번에 역사하고자 하는 생각을 한다면
곧 그 모두가 너희의 욕심이니라.
23 봄에 씨앗을 뿌려 잘 가꾸는 그와 같
은 역사는 가장 중요한 대명을 받은

자들이요, 그래서 너희가 소중함이니
라.
24 오늘의 봄에 너희가 역사할 수 있는
씨를 잘 뿌리며 토양을 잘 걸러 준비
함을 소홀히 해서는 아니 될 것이며,
씨앗을 뿌리는 그 준비 단계에 최선
을 다하라.
25 그러면 다음의 여름의 시대에 사람이
또 와서 그다음을 계승하여 이룰 것
이니, 너희가 그와 같은 마음을 가지
고 있다면 초조하지 아니하며 불안하
지 아니하며 성급하지 아니하며 너희
마음이 편하리니,
26 너희에게 이 이치를 깨우쳐 줌이니라,
사랑하는 나의 아들딸들아!

7,231 번째 하나님 말씀

2003년 8월 20일 21시 24분

1 사랑하는 나의 아들아!
2 "네, 아버님! 말씀하옵소서."
3 내가 왜 너에게 낮은 자가 되며, 만백
성의 종이며 가장 낮은 자가 되어 살
라 하는지 그 뜻을 알겠느냐?
4 그리고 너의 제자들에게 가장 낮은 자
가 되며, 가장 낮은 자세로써 살며, 너
희 자신보다 낮은 자가 없다는 그와
같은 마음을 가지고 살라 내가 그리
너희에게 간곡히 부탁하고 또 부탁했
음이니라.
5 그 뜻이 무엇인 줄 알겠느냐?
6 낮은 자로 사는 것은 너희가 곧 천사
와 같이 되는 것이며, 천사가 됨이니
라.
7 그러니 낮은 자는 천사가 되는 길이요,
8 너희 자신이 높고자 하여 높은 길을
향하여 달려가며 높아져 우상화되기
시작한다면 너희는 어떠한 형국이 되
는지 알겠느냐?
9 저 자신이 높은 자라 하여 제가 우상
화되는 그와 같은 생활이요, 그와 같
은 생각으로 바뀔 때,
10 너희가 우상화하고 높은 만큼 큰 사탄
이 너희에게 임하여 너희를 다스리며
사탄이 역사하게 되는 것이니라.
11 그리하여 내가 너희에게 아무도 바라
보지 않는 낮은 자가 되라 함이니라.
12 너희가 높은 자, 오만하고 교만한 자,
자신을 우상화시켜 가는 백성이 있다
하면, 또 지도자가 있다면,
13 제 마음속에 우상화를 시킨 만큼 사악
한 사탄이 너희에게 임하여 그를 지
배하게 되는 것이니 그 뜻을 알아야
할 것이니라.
14 너희가 10이 우상화가 됐으면 10만큼
사탄이 들어오며,
15 50이라는 것만큼 우상화가 되었으면
50에 해당하는 사탄이 너희 마음속에
들어와 너희를 지배하게 되어 있으며
너희를 무너트리게 되어 있음이니라.
16 그리고 사악한 짓을 더 많이 하게 되
어 있으며,
17 70이 우상이 되었으면 70만큼 강한
사탄들이요,
18 100이라는 마지막까지 우상화에 젖어
있다면, 마지막 가장 큰 사탄이 너희
에게 임하여 사악한 짓을 너희로 하
여금 행하게 함이니,
19 그리하여 너희에게 가장 낮은 자가 되
라는 나 여호와의 뜻을 알라.

20 그러니 지금 모든 종교 집단이요, 지도자요, 선생이라는 그들이 과연 낮은 자더냐?

21 그들은 제 스스로 우상화를 시키며, 저희가 잘못하는 것 사악한 것을 들여다보지도 말며 탓하지도 말라 하지 않는가?

22 그리고 저희를 잘 받드는 것, 잘 모시는 것이 나 여호와로부터 상을 받는다고 말하니, 과연 그들이 낮은 자더냐, 우상이더냐?

23 우상화시키는 자, 제가 높은 자라 말하는 자, 그리고 제 기도로써 모든 것이 다 역사한다고 자신 있게 말하며, 천국이요, 구원으로 가는 백성이라 말하는 자,

24 그와 같이 자신을 우상화시키기 위하여 갖은 감언이설로써 나의 사랑하는 백성에게 밑도 끝도 없이 한도 없이 그저 재물을 거둬들이며 그들에게 봉사를 강요하며 맹종하며 눈물 흘려 찬송 부르도록 하며,

25 '아멘, 맞습니다.' 하며 너희를 받들라 하며, 너희가 살인하라 하면 살인을 하며, 누구를 물속에 밀어 넣으라면 거침없이 밀어 넣으며,

26 그와 같이 너희 말이요, 명령이면 무조건 따르도록 절대적인 군주보다도 더 무섭게 너희가 나의 사랑하는 피조물 만백성들을 세뇌시켜 이끌어 감이니,

27 바로 너희가 얼마나 우상화가 된 자들이더냐?

28 우상화의 그 점수가 높으며 높은 만큼, 그만큼 더욱 크고 강한 사탄이 너희에게 들어와 사악한 행위를 역사하게 하는 것이 너희요, 이 세상의 법도며 이치라 함이니라.

29 그리하여 나의 아들과 나의 아들을 따르는 선택된 제자 너희는 이 세상에서 가장 낮은 자가 되라 함이니,

30 낮은 자 앞에 사탄이 임하지 아니하며 낮은 자 앞에 사탄이 감히 접근치 아니함이니라.

31 낮으면 낮을수록 아름다운 천사들이 너희에게 임하며 너희와 더불어 같이 함을 잊지 말라.

32 진정한 성령이요, 나의 뜻은 가장 낮은 자세로써 모두를 사랑하는 그와 같은 것이 정녕 나의 뜻이며 나의 성령이 임한 백성이니라.

33 높은 사탄이 임하여 그와 같은 행위를 하는 것은 너희는 이미 사악한 자가 되었으며 우상화된 자이며, 낮은 자세를 모르는 어리석은 백성이라는 것을 알라.

34 이제 사랑하는 나의 아들딸 너희는 왜 낮은 자가 되어야 하며, 너희를 우상화하여 높은 자가 되어서는 아니되는지 그 의미를 알았음이니,

35 알았으면 이를 가슴에 깊이 새겨 하나의 오차도 없이 그리 행하는 삶을 살도록 그리하라, 사랑하는 나의 아들딸들아!

7,232 번째 하나님 말씀

2003년 8월 20일 21시 30분

1 사랑하는 나의 아들아!

2 **"네, 아버님! 말씀하옵소서."**

3 내가 성경에 기록하여 너희에게 일찍
이 깨우쳐 전하였음이니라.
4 '남의 이름을 사칭하는 자는 악의 자
식이요, 악의 뿌리'라 그리 가르쳤음
이니라.
5 오늘날 나의 피조물 만백성들이 성서
에 나오는 자의 이름을 사칭하는 자
가 얼마나 많이 있는가?
6 재림 예수라 하며 또는 누구라 하며
그와 같이 많은 이름을 사칭하여 제
가 이 세상에 다시 태어난 자인 것처
럼 말을 하는 이 험악한 세상이 올 것
을 내가 미리 알고,
7 그들을 단죄하기 위하여 그들을 믿지
말라 하여 내가 성경에 기록하여 남을
사칭하는 자는 악마라 그리 말하였으
며 내가 그를 기록하여 전하였음이니
라.
8 이 세상에 지금의 종교 집단에 있는
지도자라 하는 자들이 얼마나 남을 사
칭하고 있는가?
9 그 사칭하는 자는 악의 뿌리며 사탄의
뿌리며 사탄의 자식이 되어 있음을 알
아야 할 것이니라.
10 누가 재림하였으며 누가 이 세상에 왔
으며 누구의 몸을 빌려 제가 이리 왔
다 하여 지금 나의 피조물 만백성들을
현혹하는 자들이 바로 무엇이더냐?
11 남의 이름으로 사칭하는 자들이니, 그
와 같은 것이 오늘날 성행하며, 그와
같은 것들이 나의 피조물 만백성들을
지옥으로 이끌어 가느니라.
12 오늘날 이리 이루어질 것을 미리 알고
그들로부터 보호하기 위하여 내가 성
경에 기록하여 전했거늘,
13 성서에 기록하여 나 여호와가 전한 나
의 그 무서운 가르침이요, 내 뜻은 너
희가 뒷전으로 밀어붙이며, 그는 들으
려 아니하며 그를 기억하지 아니하며
그를 잊어버리고 살면서,
14 남의 이름을 도용하여 지도자라 하며
선택받았으며 재림했다는 자들 앞에
서 눈물 흘리며 찬송하고 경배하는 그
와 같은 백성이 지금 있음이니라.
15 이를 보는 내 마음이 과연 어떠하더냐?
16 내가 성경에 일찍이 기록하여 오늘날
그와 같은 현시대를 다스리기 위해
미리 기록하여 처방전을 내렸건만,
17 너희는 그 처방전을 보지 아니하려
하고, 들여다보지 않으려 하며,
18 그저 그 사악한 자들의 말에만 현혹되
어 나의 성경에 기록되어 미리 예언한
그와 같은 것을 깨우쳐 행하는 삶을
살지 아니함이니, 이를 과연 어찌하겠
는가?
19 그리하여 내가 그 모두를 다시 다스리
며 너희를 깨우치기 위해 대장정의
160권의 법전을 세상에 내려보내 너
희를 깨우치게 함이니, 너희는 여기서
그를 알아야 할 것이니라.
20 모두를 속이는 자는 마귀가 된 자요,
그들이 바로 사탄이라 함을 알아야 할
것이니라.
21 그들이 이 세상을 어찌 지배하는지 아
는가?
22 천사가 내려오면 천사를 악마라 하며
악마를 천사라 하며, 하늘에서 구원의
빛이 오면 그것은 암흑의 빛이라 그리
가르치고 선전하는 자들이니라.
23 그러니 내가 나의 아들을 통하여 지금

160권의 법전을 세상에 내려보내 마
지막 시대에 너희를 구원하고자 하는
이것도 사탄이요, 사악한 자요, 마지
막 시대에 혼란케 하기 위해 온 자라
하며 찢어 버리고 태워 버리며 나의
아들까지도 이 세상에 존재치 못하도
록 핍박하는 계획을 세우는 백성이 되
어 있음이니라.
24 바로 천사를 악마라 하는 대표적인
것이 너희니라.
25 그러니 남의 이름을 도용하는 자, 남
의 이름을 사칭하여 제가 이 세상에
재림하여 다시 왔다는 자들이 사탄이
요, 악마임을 너희는 알아야 할 것이
니 그리 알라.
26 그 말에 현혹되어 너희 자신이 지옥
으로 가는 길을 가지 말라.

7,233 번째 하나님 말씀

2003년 8월 21일 08시

1 사랑하는 나의 아들아!
2 "네, 아버님! 말씀하옵소서."
3 인간은 항상 두 마음이 존재한다 하였
음이니라.
4 그러니 그 두 마음을 다스리는 것이
얼마나 힘들고 어려운 것을 나 여호와
또한 아느니라.
5 그러나 여기서 육의 생각으로써 육의
즐거움이요, 향락 쪽으로 모두를 생각
하고 가는 것은 사탄의 생각이요, 나
여호와의 생각이 아니며 내 뜻이 아님
이니라.
6 너희는 두 마음 중에 나 여호와에 대
한 마음이요, 나의 성령이 임하여 사
는 너희는 절대 흔들려서도 안 되며,
자세가 흔들려서도 안 되며, 잠자는
모습까지 바로 자야 할 것이며, 모든
생각하는 것과 마음가짐이 곧고 발라
야만 됨을 잊어서는 아니 되는 것이니
라.
7 행동하는 모든 것이 바르며 곧지 아니
하면 이는 나의 뜻이 아니요, 사탄의
뜻으로써 역사하는 것이니라.
8 그러니 너를 따르는 제자들에게 가르
치라.
9 너희는 항상 두 마음이 있음이니, 그
마음에서 육의 생각으로는 육의 편안
함과 육의 즐거움을 먼저 생각하여 행
함이니 그는 사탄의 마음이요,
10 너희가 바른 자세요, 바로 서고자 하
며, 바른 마음이요, 바른 생각을 하고
살아가는 것이 나 여호와의 성령이요,
나의 뜻이라는 것을 절대 잊어서는 아
니 됨을 너의 제자들에게 깨우쳐 주어
야 할 것이니 그리 알라.
11 그 길만이 너희가 나에게 오르는 길
이요, 나의 아들딸로서 거듭남이니라.
12 생각이 바르지 못하며 행동이 바르지
못하며 마음가짐이 곧지 못할 때, 너
희는 다 사탄으로서 임하는 것이요,
나의 아들딸로서 임하는 것이 아니니,
13 너희는 마음가짐이 곧으며 생각이 곧
으며 그리고 행동이 곧아야 함을 절대
잊지 말라.
14 그것이 나 여호와의 뜻을 향하여 너희
가 역사하는 것이니라.
15 그렇지 않은 것은 다 사탄의 것이라는
것을 이제 알았을 것이니라.
16 너희는 이제 그만큼 다스려 나갈 수

있으며 그만큼 깨달음이 있음이니, 자
세를 바로 다스려야 할 것이니라.
17 '내 아버지가 하지 말라 한 것이기에
하지 않으며, 내 아버지께서 원하는
것이기 때문에 내가 해야 한다.'는 그
와 같은 마음가짐으로 너희 자신의
어떠한 것도 용납해서는 아니 됨이니
라.
18 십계명에 기록되어 있는 그 내용을 어
떠한 이유에서든지 지키지 아니하며
그를 행하지 아니하면 아니 되며, 가
장 그걸 지켜야 한다 말하며, 그걸 지
키고 살아가야 하는 백성이 나로부터
선택된 너희니라.
19 가장 많이 암송하며 가장 많이 지키겠
다 부르짖는 너희가 그를 지키지 못
한다면 이 세상에 그 누구도 지킬 수
가 없지 않더냐?
20 가장 많이 암송하고 가장 많이 기록하
고 가장 많이 접하는 너희가 그대로
지키는 삶을 살아야 할 것이니라.
21 십계명에 위배된 그 모든 생각은 사
탄의 생각이요, 십계명대로 지키고 사
는 것은 나 여호와의 생각이요, 성령
이니라.
22 그러니 여기서 너희는 이제 두 마음
중에 기준을 십계명으로써 잡아야 할
것이니라.
23 십계명대로 지키고 살아가는 것이 성
령이 임하는 것이요, 나의 뜻이요, 하
늘의 뜻이며,
24 너희가 십계명을 어떠한 이유에든 지
키지 아니하며 그리 행하지 못할 때
그것은 바로 너희가 사탄이 되어 있
으며 사탄의 뜻을 역사하는 것이며,
두 마음 중에 십계명대로 사는 것은
내 마음이요, 그렇지 않은 것은 사탄
의 마음이라는 걸 잊지 말라.
25 사랑하는 나의 아들아, 내가 너에게
뭐라 말하였느냐?
26 잠을 자는 모습이요, 걷는 모습이요,
앉아 있는 모습이요, 음식을 먹는 모
습이요, 모든 것이 힘들고 어렵다 해
도 바른 자세요, 바른 마음의 상태가
아니면 절대로 아니 됨이니라.
27 인간의 생각은 잠시도 해서는 아니 됨
이니, 인간의 생각으로써 네가 살아간
다면 너는 나의 아들로서 나로부터
명받은 목자로서 만백성을 구하러 이
세상에 내려간 의의가 없으며 네가 존
재하는 가치가 없음을 알아야 할 것이
니라.
28 네가 이 세상에 존재하는 것은 그 누
구도 갈 수 없는 길이요, 누구도 지킬
수 없는 그 길을 가라 함이니,
29 나의 아들 예수가 그와 같은 길을 행
했기에 오늘의 많은 백성이 그를 찬
양하며 그를 구세주라 부르지 아니하
고 있더냐?
30 다만, 그들이 생각하는 것과 믿는 각
도요, 그 모두가 틀렸음이니라.
31 그러나 예수를 따르고 찬양하는 것,
그리고 어쨌든 예수를 믿음으로 구원
을 받는다는 것, 그건 바로 예수의 삶
이 곧았으며 그 삶이 바르기 때문이니
라.
32 누워 잠자는 것까지도 바른 자세로 자
도록 그리하며, 매사에 네가 바로 가
는 그와 같은 훈련을 거듭하여 거듭
나야 함을 잊지 말라.

33 사랑하는 나의 아들아!
34 어렵고 힘든 그 길이나, 네가 가야 하며, 그리해야 네 제자가 따라가며,
35 그 길만이 하늘에 오르는 길이요, 만백성이 나의 법전을 접하는 길이니, 그 길을 가라, 사랑하는 나의 이들아!
36 이제 네가 그 길을 가야 함이니, 나 여호와가 너를 바라보는 이 애절한 마음을 네가 알아서 행하도록 그리하라.
37 그리고 너의 제자들과 더불어 손을 잡고 그와 같은 길을 가도록 그리하라.

7,234 번째 하나님 말씀

2003년 8월 21일 08시 10분

1 사랑하는 나의 아들아!
2 **"네, 아버님! 말씀하옵소서."**
3 이제 철옹성같이 굳어진 종교 집단이요, 지도자라 그리 말하며 그 신도들이 같이하는 집단이라 그리 말할 것이니라.
4 그러나 이제부터 그 모든 집단이 터지기 시작하며 무너지기 시작하며 흐트러지기 시작함을 알아야 할 것이니라.
5 모든 것이 썩고 썩을 데까지 갔음이니, 곧 썩고 썩었으니 그것이 터지는 것은 당연한 것이니라.
6 갈 데까지 갔을 때 그다음에 터지는 것은 무엇이더냐?
7 붕괴밖에 없음이니라.
8 오늘의 모든 종교 집단이요, 믿음이요, 지도자요, 모든 신도라는 자들이 썩을 데까지 썩었으며 갈 데까지 갔기 때문에,
9 더 이상 나갈 것도 없으며 더 이상 거짓 하여 끌고 갈 것도 없음이니라.
10 그러니 무너지고 터지기 시작함을 알아야 할 것이니라.
11 모두가 진실로 종교 집단이 터지고 무너지는 것은 당연하며,
12 그가 무너지고 터지지 아니하며 저희끼리 반목하는 그와 같은 불화가 생기는 조짐이 이제 시작되는 것이며,
13 그는 전 세계요, 만백성으로 확산될 것이며, 모든 종교 집단들이 저희 속을 들여다보는 그와 같은 변화가 일어나기 시작할 것이니라.
14 그는 바로 나의 성령의 참진리요, 나의 법전이 세상에 내려가기 때문이니,
15 그와 같이 터지고 무너지는 역사가 생기지 아니하면 너희는 참진리인 나의 성령의 법전을 보지 않으려 할 것이며, 보려 하지 아니하기 때문이니, 터지고 무너지는 것은 당연하며,
16 이제는 나 여호와가 버릴 것은 버리며 취할 것은 취하는 그와 같은 심판의 시대가 열렸기 때문임을 알아야 할 것이니라.
17 너희가 무너지고 터지는 것은 나 여호와 외에는 아무도 알지 못하며 너희는 감히 상상할 수 없을 것이니라.
18 지금 나의 백성 너희에게 미래를 볼 줄 아는 능력을 주며 미래를 본다면 너희는 얼마나 그 미래에 대한 것을 악용하겠는가?
19 미래를 볼 수 있으며 미래를 알 수 있는 종교 집단이요, 지도자라면 너희야말로 나 여호와가 통제하는 것을 능가하는 그와 같은 기질이 있기 때문이요, 그 악용함은 감히 감당할 수 없기

에,
20 내가 너희에게 미래를 볼 수 있는 능
력을 주지 아니하였으며, 미래를 알
수 없도록 하였음을 알아야 할 것이
니라.
21 나 여호와만이 미래에 역사하는 것을
알 수 있음이니,
22 너희에게 미래를 볼 수 있는 그와 같
은 능력을 주었다면 나의 백성 너희는
그를 악용하는 것이 나 여호와가 통제
하는 것을 능가하고자 하는 그와 같은
마음이요, 기질의 그 수완을 다스릴
수 없기 때문에 그 모두를 내가 통제
하였음을 알아야 할 것이니라.
23 이제 모두가 무너지기 시작하며 터지
기 시작하며 쓰러지기 시작하며, 곪은
것을 짜내는 그와 같은 역사가 이루어
짐이니,
24 그는 너희 내부에서 스스로 이루어짐
을 알라.

7,235 번째 하나님 말씀

2003년 8월 21일 08시 17분

1 사랑하는 나의 아들아!
2 "네, 아버님! 말씀하옵소서."
3 지금 종교 집단이요, 모든 백성이 썩
고 썩은 것이 무엇인 줄 알겠느냐?
4 종교 집단과 지도자들은 저희가 죄를
지어도 하늘에서도 심판할 수 없으며
하늘을 두려워하지 아니하며,
5 인간 세상에서 죄를 지었을 때 그 죄
의 대가는 인간의 법으로 다스려야 하
나, 저희는 그것에 적용되지 않는 백
성이라 그리 착각하고 사는 것이 큰
문제이며,
6 또한 광분하며 따라가는 그 신도들이
그리 믿고 인정함이니, 이것이 너희의
가장 큰 문제요, 가장 썩게 된 근본임
을 알라.
7 너희는 종교 집단이요, 종교 지도자이
기 전에 한 인간이며 생명을 가진 똑
같은 백성이니라.
8 그러니 똑같이 이 지구상 인간의 법
테두리 안에 살면서 종교 집단이요,
지도자라 하여 그 법을 면할 수 있으
며 그 법에 저촉되지 아니한다고 생각
하고 사는 이것이 얼마나 오만방자한
것이며, 하늘의 두려움을 모르고 사는
백성인 줄 알겠는가?
9 종교 집단과 지도자들이 그 착각 속에
서 살아감이니라.
10 지금의 믿음의 길을 가는 백성은 저희
목자요, 종교 지도자가 죄를 지었으
며, 인간의 법에 따라 구속되어 인간
의 법에 따라 그 대가를 치러야 하는
엄연히 드러난 범죄행위라 해도,
11 그 목자는 절대로 죄가 없으며 그는
그런 일을 할 사람이 아니며, 그는 그
와 같은 역사를 하지 아니하였다 하며,
12 그가 그와 같은 죄를 지었으면 하늘의
뜻에 따라 부득이 그와 같은 역사를
했음이니, 그는 죄가 없다고 그 신도
라는 자들은 그리 생각하느니라.
13 인간 법도에 따라 구속하며 그 대가를
치러야 할 범죄자를 구속하며, 그를
다스리는 인간 지도자를 너희는 사탄
이요, 마귀라 그리 말하며,
14 너희 지도자는 천사인데 사탄과 마귀
들이 그 천사의 가는 길을 막으려고,

그 천사가 역사하는 것을 막으려고 지금 저같이 사악한 짓을 한다며 종교 지도자요, 또 그 신도들이 그를 보고 믿으며,

15 그렇다 하여 아우성을 치며 법을 집행하는 자를 원망하며 그를 무너트리려는 사악한 자세이니라.

16 너희가 지금 얼마나 사악하며 얼마나 잘못 가고 있는가?

17 그 죄의 행위에 대해서 인정하지 아니하려는 그와 같은 오만함이 가장 큰 문제이니라.

18 인간 세상에서 죄를 지은 것은 죄에 대해 정죄를 받아야 할 것이며, 그 죄를 인정해야 할 것이며,

19 인간 법도에 어긋난 짓을 하는 것은 종교 지도자요, 집단의 우두머리요, 신도라 하여 면죄받을 수 없으며 벗어날 수 없는 것을,

20 어찌하여 너희는 인정하지 않으려 하며 너희가 말하는 순박한 이방인이라는 그 백성에게만 그것이 적용된다 생각하는가?

21 너희는 이것이 잘못되었음을 이제 깨우쳐야 할 것이니 그리 알라.

22 너희의 그것이 사탄이요, 악마이니라.

23 그것은 성령으로써 임하며 나의 뜻으로써 그리 말하는 것이 아니요, 육의 사탄이 너희에게 침투한 육의 생각이기 때문이니라.

24 너희가 감히 성령으로 임한 백성이요, 나의 질서를 지키는 백성이요, 참진리의 길을 가는 백성이라면, 인간이 인간의 법에 따라 지은 죄는 당연히 치르고 받아야 할 것이거늘,

25 그걸 인정치 아니하는 자들은 곧 나에게 와서 나에게 지은 죄도 인정치 않으려 하는 자들이니라.

26 너희는 그것을 성령으로써 행하는 것이 아니요, 육의 생각으로써 행한 것이며,

27 그러면서 나의 뜻이요, 내가 임하여 했다고 착각하며 그리 광분하고 있음이니라.

28 육을 통하여 너희 마음에 들어가는 것은 사탄의 행동이며 사탄의 행위이니라.

29 그리고 너희가 사탄의 자식이 되어 있기 때문에 사탄이 들어감이니라.

30 모든 사탄도 육하원칙에 의하여 너희에게 침투하느니라.

31 그리하여 너희에게 침투한 그 사탄의 가르침이 성령인지 아닌지 그걸 모르니, 이를 구분하지 못함이니라.

32 성령이 임하는 것은 사랑이요, 사랑이 아닌 것은 사탄이 육으로써 임했다는 것을 잊어서는 아니 될 것이니 그리 알라.

33 사랑하는 나의 아들딸들아!

34 모든 종교 지도자들이 범죄한 사실을 범죄가 아니며 사탄으로부터 구속받는 것이라 말하는 그것이 바로 육의 생각이요, 육의 판단이기 때문에 너희는 사탄으로서 변질한 자요,

35 사탄의 생각으로써 그와 같은 무서운 소리를 감히 할 수 있음이니라.

36 인간 세상의 법에 저촉되어 구속될 자가 구속되는 것은 당연하거늘 어찌하여 그것이 죄가 아니라 그리 아우성치며 밀고 가는 사악한 행위를 하는가?

37 이를 바로 보고 바로잡지 아니하면 나
의 피조물 만백성들이 구원받을 자가
하나도 없다 함이 여기 있음을 알라.

7,236 번째 하나님 말씀

2003년 8월 21일 11시 36분

1 사랑하는 나의 아들아!
2 "네, 아버님! 말씀하옵소서."
3 너를 따르는 제자들이요, 너 또한 어
렵고 힘든 그 길을 가고 있음이니, 내
가 너희의 그 고충과 어려움을 모르
는 것은 아니니라.
4 그러나 너희가 가야 할 길이며 가야
할 그 역사함이 있음이니 어찌하겠는
가?
5 이 세상에서 살며 천사가 되지 아니하
면 하늘나라요, 내가 있는 곳에 너희
는 오를 수 없음이니라.
6 그래서 썩은 자, 냄새나는 자가 올 수
없음이니라.
7 너희는 썩은 자가 되지 아니하며, 냄
새나지 않는 자가 되어야 할 것이며,
몸에서 향기가 풍기는 너희가 되어야
하기 때문이니,
8 너희 자신을 이렇게 어렵고 힘들게 다
스리며 훈련하지 아니하면 오를 수
없기 때문이니라.
9 사랑하는 나의 아들아!
10 이제 모든 것을 다 곧은 마음으로 곧
게 행하고 살도록 그리 전하라.
11 너희는 모두 바르고 곧은 생활만이
나에게 오르는 길이요, 천사가 되는
길이요, 거듭나는 길이라는 것을 잊지
말라 전하라.
12 내가 너에게 일찍이 가르치지 아니하
였더냐?
13 잠을 자는 모습도 반듯이 자며, 모든
것을 곧고 바른 자세로 살아가는 그
훈련에 강도 있게 돌입하지 아니하면
아니 될 것이니라.
14 말 한마디요, 행동 하나요, 그 모두가
곧고 바르며 예의에 어긋나지 아니하
며 법도에 어긋나지 아니하며,
15 질서를 파괴하지 않는 아름다운 행동
으로써 모두를 지켜 가야 함이니라.
16 언어는 물론이요, 행동도 물론이요,
남과의 대화함도 물론이요, 그리고 남
들이 보든 보지 않든 너희의 처신함
도 그러하니라.
17 너희가 무거운 짐 하나 들어 주는 것,
오물 하나 줍는 그것이 중요한 것이
아니니라.
18 살아가면서 그 모든 행함도 중요하나,
너희의 마음 자세요, 생각이요, 육신
의 모든 것을 곧고 바르게 세우는 것
보다 더 중요함은 없음이니라.
19 너희 자신이 훈련에 돌입해야 함을
잊지 말라.
20 곧은 마음으로 가라.
21 그리고 곧은 생각으로 가라.
22 그리고 곧은 행동으로 가라.
23 구부러진 것은 아니 됨이니라.
24 어떠한 이유가 있든 휘어져서는 아니
됨이니라.
25 지금의 나의 피조물 만백성 중에 하늘
에 오르는 구원을 받았으며 역사를 했
다는 그와 같은 자들이 말하느니라.
26 나의 아들 예수의 이름을 부르며 경배
하며 나를 찾음으로써 저희는 구원을

받았다 그리함이니,
27 너는 절대 그들의 말에 현혹되지 말며
너의 제자들이 그리 현혹되어서는 아
니 될 것이니라.
28 구원받은 자가 없으며 나로부터 구원
받은 역사가 없는 자들이니라.
29 그러니 그들이 지금 얼마나 잘못 가고
있으며 저 자신을 모르고 가느냐?
30 너희가 그들을 깨우치기 위해서 곧은
마음이요, 곧은 생각이요, 곧은 행동
이요, 곧은 행함이 가장 중요하니라.
31 절대로 굽어서는 아니 되느니라.
32 이것이 너희가 하늘에 오르는 길이니,
어떠한 상태라도 그리 가야 할 것임
을 잊지 말라.
33 이를 나의 아들딸들에게 네가 전하여,
그들이 항시 마음속에 곧은 마음, 구
부러지지 않는 마음, 곧은 행실, 곧은
생각을 하며,
34 조금이라도 질서에 어긋나는 일, 부끄
러운 일은 어떠한 이유나 변명도 통할
수가 없으며 이루어질 수가 없으며 용
서받을 수 없는 것이니라.
35 하늘의 법도는 하나도 지워지는 것이
없으며 잊히는 것이 없으며 하나도
너희 마음대로 빼고 더할 수도 없는
것이며,
36 너희가 모르는 것까지 모두 나로부터
심판을 받는다는 것을 명심하고 또 명
심해야 할 것이니라.
37 지금 너희는 거듭나는 삶이요, 천사가
될 수 있는 삶을 여기서 살아야 함이
니라.
38 여기서 너희가 거듭나지 아니하고는
천국의 문을 들어설 수 없음이니라.
39 이는 그 의미가 무엇인 줄 알겠느냐?
40 너희가 육의 세상에 살다 나에게 와
심판을 받으니, 그때는 죽음으로 가는
길이니라.
41 나에게 죽음의 심판을 받아 너희가
살아온 것에 대하여 상을 받고 벌을
받음이니, 너희가 벌을 받고 상을 받
을 수 있는 그 시간과 공간이 어디 있
더냐?
42 너희가 죽어서 영혼이 나에게 오는 그
사이에 선한 일을 행하고 악한 일을
행하고 그것으로써 심판을 받는다 생
각하느냐?
43 그때는 아무것도 이룰 수 없으며 누
구와도 대화할 수 없으며 누가 너희
를 도와줄 수도 없으며 이끌어 줄 수
도 없느니라.
44 그러니 너희는 어찌하여 그리 어리석
은 삶을 산단 말이던가?
45 너희가 죽어 나에게 와서 심판을 받
아 영원히 사는 나의 천국에 오느냐,
그렇지 않으면 영원히 나오지 못하는
불바다의 지옥으로 가느냐 그것은 너
희의 삶이니,
46 바로 지금 육의 세상에서 사는 삶이
천사로 되어야 함을 너희는 알아야
할 것이니라.
47 너희가 오늘의 이 삶을 소홀히 생각하
며 이 삶을 헛되게 생각하며 이 삶을
중요하게 여기지 아니하면 아니 됨이
니라.
48 너희가 죽을 때까지 사는 삶으로써 심
판을 받는다는 이 이치를 절대 잊어버
리지 말며, 그 두려움과 무서움을 알
라.

49 그러니 천사가 되어 거듭나는 삶을 살아야 하며 지상에서 천사가 되어야 함을 알라.
50 지상에서 천사가 된 만큼 나에게 와 심판을 받을 때 그는 그대로 천사로 등록되는 것이요, 지상에서 사악한 마음으로 살아가면 악한 것으로 기록되어 그대로 감이니라.
51 지상에서 사는 것밖에는 여유가 없음이니라.
52 내가 여기서만 나를 아버지라 부르라 할 수 있다는 그 의미를 알겠느냐?
53 그러니 어떠한 상황에서도 곧은 마음이요, 곧은 생각이요, 곧고 바른 행동만을 하도록 그리하라.
54 남에게 모범이 되는 가장 낮은 자로서, 고개를 숙이고 사는 자로서, 남이 보든 보지 않든 한치의 부끄럼도 없는 삶을 살라.
55 그 모두는 다 용납되지 아니함이니라.
56 그러니 너희는 바르게 사는 그 길을 가라, 사랑하는 나의 아들아!
57 오늘서부터 네가 그와 같은 강도 높은 훈련에 들어가야 할 것이며, 너의 제자들 또한 너를 따라서 곧은 마음이요, 곧은 생각이요, 곧은 행실이요, 그리 가도록 그리 전하라.
58 그것이 거듭나는 길이요, 천사가 되는 길이니라.
59 여기서 거듭나지 아니하고 천사가 되지 아니하면 너희는 나에게 와서 받을 것이 하나도 없다는 것을 잊지 말라.
60 영혼의 세상에서 십 년, 백 년 살아서 그것으로써 심판받는 것이 아니요, 지금의 삶으로써 심판받음을 절대 잊지 말라.
61 너희의 육 속에 영혼이 같이 존재함이니, 너희가 여기서 하는 모두가 다 심판의 대상이요, 거기에 따라서 받는다는 것을 내가 이리 간곡히 전하고 또 전함이니, 명심하고 또 명심하여 너희 제자들은 이 뜻을 깊이 깨우쳐야 할 것이니라.
62 오늘의 삶이 얼마나 소중한 것인가를 깨우쳐야 할 것이니,
63 누가 뭐라 하든, 사탄이라 이단이라 말하든, 너희는 오늘의 삶에서 한 점의 부끄럼이 없는 깨끗한 삶으로 싸워 이겨 그 길을 가도록 그리하라.
64 그것만이 거듭남이요, 천사가 되는 것이요, 나의 아들딸이 가는 길이요, 나의 아들딸이 되는 길이라는 것을 잊지 말라 전하라.

7,237 번째 하나님 말씀

2003년 8월 21일 11시 40분

1 사랑하는 나의 아들아!
2 "네, 아버님! 말씀하옵소서."
3 바르게 살라, 그리고 정신을 바르게 가지라, 그리고 마음가짐을 모두 바르게 가지라.
4 그것만이 모든 것을 역사하는 것이며, 그것이 근본이요, 존재함을 알라.
5 바른 마음을 가지라.
6 바른 생각을 해라.
7 이것이 바른 행동이라는 것을 잊지 말라.
8 구약과 신약의 시대에 그 많은 수천

년 동안에 세월이 흘러오면서 어찌
살았더냐?
9 구약과 신약의 시대는 세상사의 권력
을 가지며 인간들이 그 권력을 가지고
세상사 제국들을 만들어 그 힘이요,
무력으로써 그를 다스렸으며,
10 나라라는 집단 또한 그 권력자 앞에
모두가 득세하며 폐하고 성함이니라.
11 그와 같은 시대 속에서 나의 피조물
만백성의 종교 집단이요, 대제사장이
요, 잘못된 자들이 그들과 야합하고
합세하여 나의 참진리요, 나의 뜻이
세상에 내려가는 것을 막았으며, 그리
고 나에게 오르고자 하는 나의 백성을
그들이 탄압하고 막았음이니라.
12 그와 같은 자들은 곧은 자가 없으며
곧은 마음을 가진 자가 없으며 정의
로운 마음을 가지고 사는 자가 없음이
니,
13 행실이 바르지 못한 잘못된 종교 지도
자들이 권력이요, 그 제국의 지도자
요, 그 독재자들과 득세하는 그 힘에
편승하여,
14 저 자신이 나 여호와의 뜻이요, 그들
을 다스리고 깨우쳐야 하는 나의 백
성이라는 것을 모르고, 그들과 합세하
여 나의 피조물 만백성들을 탄압하고
핍박하는 그와 같은 형국으로 지금의
이 세월이 흘러왔음이니라.
15 그러니 지금도 나의 피조물 만백성을
하늘에 오르는 길로 인도한다는 종교
집단 지도자라는 자들이 과연 어찌
가는가?
16 그들이 과연 그 세월 속에서 타협하
고 화합하는 행위를 안 했는가?
17 나 여호와의 진리요, 나의 뜻을 깨우
치는 자는 이 세상에 그 누구도 그것
을 넘볼 수가 없거늘,
18 어찌하여 넘을 수도 없는 그들의 권
력이요, 집단 속에 저희가 아부하며
타협하는 그와 같은 행위를 하는가?
19 그리고 나의 참진리가 세상에 나와
만백성을 깨우치고자 하는 것을 막았
듯이, 나 여호와가 참진리요, 하늘에
오르는 길이요, 나의 성령을 태워 내
리는 160권의 법전이 저희를 구원하
는 생수이거늘 지금도 이를 막고 또
저지하는 것이니,
20 그들이 옛날의 그 종교 집단이요, 지
도자들이 했던 그 사악한 행위를 지금
도 하고 있음이니라.
21 참진리가 세상에 내려오는 것을 거부
하며 참진리가 세상에 내려와 역사하
는 것을 훼방하며,
22 나의 뜻으로써 나의 피조물 만백성들
이 하늘에 오르는 길이 무엇이며 나의
백성이 살아가는 길이 무엇인가를 내
가 깨우치고자 하나,
23 이를 들으려 하지 아니하며, 이를 핍
박하는 자들이, 몇천 년 전에 권력이
요, 그 제국들의 지도자의 힘과 야합
하여 나의 백성을 탄압하고 진리를
내려오지 못하도록 했던 그 습성이 지
금도 변화되지 아니하고,
24 그 권력의 지도자 앞에 아부하며 그
눈치를 보는 자들이 지금의 종교 집단
이요, 지도자요, 믿음의 길을 가는 자
들이니라.
25 인간 세상에 만든 것은 인간의 한계가
있다 하였으며, 인간의 교육은 인간의

한계가 있다 하였음이니라.
26 끝이 없고 한이 없는 것이 성령이요,
나 여호와의 진리요, 내가 역사하는
것이거늘,
27 나의 뜻을 대신한다는 그 지도자들이
나를 능멸하며 나를 욕되게 하며, 그
들을 나보다 더 존경하며 더 그들을
두려워하며, 그들을 더 무서워하며,
그들의 재물이요, 권력 앞에 아부하니,
28 그러한 종교 지도자가 과연 나의 뜻에
따라 만백성을 구하는 지도자라 말할
수 있느냐?
29 어떠한 불의와도 야합하거나 타협하
지 아니하며, 목숨을 바쳐서 지킬 수
있는 그것이 바로 순교자요, 종교 지
도자가 가야 할 길이니라.
30 이 세상에 어느 종교 집단이요, 지도
자가 그걸 뿌리치고 가는 자가 있더냐?
31 저희를 제왕이요, 우상으로 만드니,
제가 우상화된 것만큼 사악한 마음이
제 가슴에 들어 있으니,
32 그와 같은 자들과 화합하고 야합하여,
나의 진정한 빛이요, 진리의 길을 가
고자 하는 아름다운 백성을 그저 짓
밟으며 지옥으로 이끌고 가는 이와 같
은 형국이 되어 있음이니,
33 이를 바로잡아야 하는 것이 너희임을
잊지 말라, 사랑하는 나의 아들딸들아!

7,238 번째 하나님 말씀

2003년 8월 21일 11시 45분

1 사랑하는 나의 아들아!
2 "네, 아버님! 말씀하옵소서."
3 이제 너를 따르는 제자들이요, 나의
법전을 읽은 사랑하는 백성 너희는
어찌 살아야 하며 어찌 살아가는 것이
하늘에 오르는 길인지 그 답을 알고
있음이니, 그대로 행하고 지켜가는 것
만이 너희에게 남았음을 알아야 할
것이니라.
4 지금까지 흘러온 종교 집단이요, 지도
자들, 교회요, 성전에 재물을 바치고
구원을 받고자 하는 너희는 거래하는
자들이니,
5 그건 사탄의 행위요, 사탄의 자식이
되어 있다 그리 말하였음이니라.
6 내가 너희에게 정녕 구원을 받으며 하
늘에 오르는 길이요, 나의 뜻이라는
것은 무엇이라 말하였느냐?
7 가난하고 불쌍한 자에게 베풀며 나누
어 주는 그것이 나로부터 은혜를 받으
며, 나로부터 받은 은혜에 보답하는
길이라 내가 너희에게 그리 전하였음
이니라.
8 이제 나의 아들을 따르는 제자요, 나
의 법전을 읽고 깨우친 너희는 알아
야 할 것이니라.
9 너희가 지상에 살아가는 그 삶은 한
치의 오차도 없이 모두 기록되어 하늘
의 나에게 오르며, 하나도 실수가 없
이 하늘의 나 여호와에게 오르느니라.
10 너희가 생각하고 싶지 않고 지워 버리
고 싶은 것, 그리고 기억하고 싶지 않
은 것, 빼고 싶은 것, 그 모두 다 하나
도 빼거나 기록에서 누락됨이 없음이
니라.
11 하늘의 뜻은 하나도 오차가 없음이니
라.
12 또한, 이 모두는 너희가 나에게 기록

하여 만든 것이니라.
13 너희가 살아가면서 너희 자신이 생활
기록부를 작성하고 만들어서 그것을
나에게 보내며 하늘에 보내는 것이 너
희임을 알아야 할 것이니라.
14 너희는 오늘의 악한 일, 선한 일을 하
는 것을 모르나, 행하는 순간에 생활
기록부에 네 손으로 스스로 쓴다는
것을 잊지 말라.
15 하늘에 있는 네 생활기록부에 네가
오늘 열 가지의 악한 일을 했을 때 너
자신도 모르는 사이에 하나도 빼지 않
고 다 기록해 놓음을 알라.
16 그러니 너희가 만들어 작성해서 보낸
그 생활기록부를 가지고 내가 심판함
이니,
17 너희 자신이 심판을 받고 못 받는 것
을 너희 스스로 지금 기록한다는 것
을 모르고 있으나, 너희가 생각하는
마음까지도 스스로 생활기록부에 각
자가 작성함을 잊지 말라.
18 너희가 스스로 생활기록부를 작성하
여 나에게 보내는 것임을 잊지 말라.
19 너희 육에서 생각하지 못하나, 살아가
며 역사하는 모든 것을 너희 영혼 즉,
내가 너희에게 준 그 생명의 성령이
하나도 빼지 아니하며 하나하나 다 기
록하고 감시하여 너희 생활기록부에
기록한다는 것을 알아야 할 것이니라.
20 하나도 빼놓지 아니함이니라.
21 내가 너희에게 준 그 지혜의 성령이
다 기록하여 생활기록부를 너희가 만
듦이니,
22 속이려 하지 말며 마음자리 하나 함부
로 먹어서는 아니 될 것이니라.
23 너희 마음 한자리에 잘못 먹었을 때,
그것이 너희 생활기록부에 기록되며,
나는 그걸 보고 심판함이니라.
24 나에게 너희 스스로 작성하여 만드는
그 생활기록부가 한 치의 오차가 있을
수 있다고 생각하는가?
25 아무것도 오차도 없으며, 너희가 뺄
수도 없으며, 지워 버리고 싶어도 지
울 수가 없음이니라.
26 선과 악의 그 모두가 네 생활기록부에
빽빽이 기록됨이니라.
27 지상에서의 행동과 마음까지도 모두
작성하여 네가 지금 나에게 보냄이니,
28 나는 그를 가지고 너를 심판하며 그
무게를 달아 심판함이니라.
29 그러니 이 무서움을 알라.
30 하늘에 보관된 생활기록부에 너희가
생활하는 것을 모두 매일매일 초를 다
투어 너희가 기록함이니라.
31 오늘 순간적인 나쁜 마음을 한번 가져
보라.
32 그리고 나의 법전을 욕하며 그를 찢어
버리는 행위를 해 보라.
33 초를 다투어 그 행위가 하늘의 너의
생활기록부에 기록됨이니,
34 그걸로 너희가 심판을 받는다는 무서
움을 잊지 말라, 사랑하는 나의 아들
딸들아!

7,239 번째 하나님 말씀

2003년 8월 21일 11시 51분

1 사랑하는 나의 아들아!
2 "네, 아버님! 말씀하옵소서."
3 인간 세상에는 충신이 있으며 간신이

있음이니라.
4 충신의 그 절개는 과연 어떠하던가?
5 제왕 앞에서 제가 말을 잘못했을 때,
제 목숨이 날아간다 하더라도 잘못
가는 그 왕에게 진언하며, 잘못 가는
왕을 바로잡고자 하는 것은 그 왕 한
사람이 잘못함으로 만백성에게 끼치
는 누요, 악행을 바로잡고자 한 것이
아니던가?
6 잘못 가는 왕에게 목숨을 바쳐 진언하
는 그 신하의 모습을 너희는 과연 어
떻게 생각하며 어떻게 보는가?
7 그 모습이 얼마나 아름답고 고귀하더
냐?
8 자신이 죽더라도 진언하여, 만백성에
게 누를 끼치지 않는 제왕이 되게 하
려고 죽음의 길을 가는 신하들을 보며
너희는 과연 어찌 생각하고 어찌 느끼
느냐?
9 이제 나의 아들의 제자요, 나의 선지
자요, 그리고 내가 명한 목자요, 나의
아들과 더불어 가는 백성 너희는 과
연 어떠한 마음의 자세로써 생각하고
살아가는가?
10 나 여호와를 아버지라 부르도록 명하
고 죽어 나에게 올 수 있는 너희의 오
늘의 마음은 과연 잘못 가는 왕에게
목숨을 바쳐 진언하는 충성스러운 그
신하의 마음보다도 더 굳은 결의의 마
음으로 되어 있는가?
11 부귀영화를 마다하며 그 왕에게 충성
스러운 진언을 하다 죽어 가는 그 신
하와 같은 자는 과연 될 수가 없단 말
이더냐?
12 너희는 그보다 더한 신하는 될 수 없
는가?
13 나 여호와가 너희에게 명하여 지키고
행하며 살아야 한다는 계명을 내려보
냈으며, 너희가 해서는 안 되는 그와
같은 계명을 모두 상세히 기록하여 내
려보냈으니,
14 이를 지키지 아니하며 이를 따르지 않
는 자를 위하여, 너희는 왕을 위하여
충절을 지키며 목숨을 바쳐 몸을 던지
는 그와 같은 신하보다 더 훌륭한 신
하로서, 나의 뜻을 수행하며 나의 뜻
을 다스리는 그와 같은 마음으로써 나
를 믿으며 지키고 살아갈 수는 결코
없는가?
15 너희는 악의 세력의 길을 막으며, 참
진리의 길에 목숨을 바쳐 나의 피조
물 만백성들을 살리는 그 역사에 동참
함을, 목숨을 바쳐 왕에게 진언하는
그 신하보다도 열배 백배 더 굳은 충
절의 마음으로써 나를 따르며, 나의
아들과 더불어 역사할 수는 과연 없
는가?
16 너희가 진언하는 신하처럼, 내가 행하
지 말라는 것을 지키는 것을 그보다
더 강하게 지키며, 내가 행하라 명한
것을 그보다 더한 마음가짐으로 행하
는 그와 같이 변화된 모습으로 살 수
는 없겠느냐?
17 내가 나의 아들을 따르는 제자요, 나
의 법전을 읽고 깨우친 백성 너희에게
물어보느니라.
18 너희가 왕이 잘못했을 때 왕에게 진언
하며, 그를 왕이 듣지 아니하여 죽어
가는 그 신하처럼,
19 너희는 내가 지키라 한 그 계명을 그

보다 더 충성스러운 마음으로 지킬
수는 없으며, 내가 행하지 말라는 그
계명을 그보다도 충성스러운 마음으
로 목숨을 바쳐 지키는 백성으로 설
수 없겠느냐?
20 너희가 그와 같은 충성스러운 백성으
로 섰을 때, 나에게 오를 수 있는 것이
며,
21 정녕 한 점의 부끄럼이 없이 하늘에
오를 수 있으며, 가야 할 길이니라.
22 그러니 이것 하나도 지키지 못하면서,
나 여호와의 뜻을 이루며 만백성을 구
하며, 천년만년 영원한 하늘의 낙원을
이 지상에 이루는 그 역사함에 너희
자신을 던질 수 있는 용기는 없더냐?
23 그 왕을 위하여 목숨을 던지는 신하는
당대의 백성이요, 그것이 인간 세상에
서 얼마나 지속할 수 있는지 그 자체
는 아무도 모름이니라.
24 또한, 인간의 법도는 변할 수 있으며,
환경에 따라서 조정될 수 있는 것이니
라.
25 그러나 그 당시에 신하로서 왕이 잘
못되는 것을 봄으로 인하여 충절의 의
의를 지키는 그와 같은 신하보다도,
26 영원히 존재하는 창조주 나 여호와의
뜻을 따라 영원히 존재하는 하늘의
낙원을 지상에서 이루는 그 대명에 충
성스러운 그 충절의 마음을 과연 바치
고 던질 수가 없겠는가?
27 너희가 육의 세상의 부귀영화를 다
던지며, 오로지 나의 계명이요, 내가
지키라는 것을 만백성이 지키고 살아
가는 세상을 만들며, 내가 하지 말라
는 것을 지키는 그와 같은 밝고 아름
다운 세상을 만드는 데 너희가 과연
충성스러운 그 신하가 될 수는 없겠느
냐?
28 너희 자신을 돌이켜 보도록 그리하라,
사랑하는 나의 아들딸들아!
29 그리고 너희가 어떠한 길을 선택해서
가야 할 것이며 어떠한 마음으로 가야
할 것인가, 너 자신을 다스리도록 그
리하라.

7,240 번째 하나님 말씀

2003년 8월 21일 11시 57분

1 사랑하는 나의 아들아!
2 "네, 아버님! 말씀하옵소서."
3 인간의 도리를 네가 과연 알겠는가?
4 하늘에 오르는 자의 자세가 무엇인 줄
알겠느냐?
5 "네, 아버님! 자기 목숨을 바쳐 충절
을 지키는 그 신하가 되어, 아버님께
서 원하지 않는 것을 행하지 아니하
며, 아버님께서 명하는 것을 행하는
것이 도리이며,
6 정녕 아버지 앞에 한 점의 부끄럼이
없는 곧은 마음이요, 바른 자세요, 바
른 행실 그것만이 저희가 가야 하는
길이라 그리 깨닫고 있사옵나이다.
7 그러나 지금은 제 몸에서 너무나 썩은
내가 나며, 저 자신이 너무 썩어져 있
사옵나이다.
8 이를 어찌해야만 되오리까?
9 아버님! 저 자신에서 나는 이 육신의
썩은 냄새를 어찌 제거해야 되겠사옵
나이까?"
10 네가 정녕 네 육신의 일부가 썩은 내

가 난다면, 그 썩은 것을 버려서라도 새로운 생명으로써 태어나는 그와 같은 마음의 자세를 갖지 아니하면 아니 될 것이니라.

11 썩어져 가는 부위를 잘라서 네 몸에서 썩은 냄새가 나지 않도록 하는 것은 네가 할 수 있는 것이며 네 몫이라는 것을 잊지 말라.

12 "아버님! 제 몸에서 풍기는 이 썩은 냄새를 더 이상 맡을 수 없으며, 역겨움으로 제가 견디지 못하겠사옵나이다.

13 제가 이리 썩은 자인 줄 몰랐으며, 제 몸에서 이토록 썩은 냄새가 나는지 정녕 몰랐사옵나이다.

14 아버님! 이를 어찌 제거하며 이를 어찌 씻어야 하오리까?

15 썩을 대로 썩어졌으며 부패할 대로 부패해져, 제 몸에서 나는 그 냄새를 지울 수도 없으며 씻으려 해도 씻을 수 없으니, 이 죄를 다 어찌하옵나이까?"

16 사랑하는 나의 아들아!

17 그 모두를 씻고 지우는 것은 네 몫이니라.

18 네가 그를 씻고 씻어서 수술하고 고쳐 새로운 몸으로 태어나는 것은 네 몫이니 그를 어찌하겠는가?

19 네 몸에서 썩은 냄새가 나는 것은 너를 발견함이요,

20 네 몸에서 썩은 냄새가 나는 것을 네가 느낀다면 수술하며 고칠 수 있는 것이 아니더냐?

21 모르고 사는 자는 치료할 수 없으며 모르는 자는 고칠 수 없음이니라.

22 네가 네 몸에서 나는 그 썩은 냄새를 맡을 수 있는 경지에 오름을 나 여호와의 기쁨이라 네가 그리 생각하라.

23 이제 네 몸에서 그와 같이 추하고 더러운 썩은 냄새가 난다면, 그 냄새가 나는 부위를 자르듯이 네가 냄새나는 것을 제거하며 행하지 아니하면 되지 않겠느냐?

24 그리하여 내가 오늘 일찍이 너에게 곧은 마음이요, 바른 마음이요, 바른 행동으로써 모두를 지키고 살아가라 하였음이니라.

25 썩은 것을 도려내며 썩은 것을 씻어 내면 향기로움으로 변화됨이니라.

26 향기로움으로 변하는 것이 네가 가야 할 길이며 너의 제자들이 가야 할 길이니라.

27 사랑하는 나의 아들아!

28 너는 네 몸에서 그 썩은 내를 맡으나, 이 세상 만백성들은 그 썩은 냄새를 맡지 못하고 가는 것이니, 네가 오늘의 그 경지에 오름은 나 여호와의 기쁨이니 그리 알라.

29 이제 알았으니 수술하고 닦아 내고 씻으면 되지 않겠느냐?

30 네 육신의 일부를 잘라 내서라도 그 냄새를 제거하도록 그리하라.

31 그리고 썩고 썩은 그 부분을 수술하고 치유하는 그 고통에서 다시 태어날 때, 너에게 향기로움이 있느니라.

32 너 자신이 썩고 썩어 네 몸에서 냄새가 나 고개를 들지 못하며, 사람을 만나기가 두려우며 움직이기를 싫어하며 부끄러운 네 마음을 아느니라.

33 그게 바로 너 자신을 치료할 수 있는 기틀이 잡힘이니 그리 알라, 사랑하는

나의 아들아!
34 "아버님, 정녕 썩어 냄새나는 저 자신
의 이 육신을 어찌 던지오리까?
35 바다에 던지고 싶으며 저 자신이 불
속에 뛰어들어 가고 싶사옵나이다.
36 모든 백성을 위하여 지금 아버님을
경배하며 아버님의 뜻에 따라 살아간
다 하여 그 십자가를 세워 놓고 울고
불고하는 그것이 바로 공동묘지요, 죽
음의 묘지요,
37 사악한 자들이 득실거리는 그 속에
저를 던져 그것이 정화되고 썩은 자가
치료될 수만 있다면 저는 그 길을 마
다하지 아니하고 지금 갈 수 있으며
가겠사옵나이다.
38 썩어서 냄새나는 제 몸 하나를 던지
는 것이 무엇이 두렵고 무엇이 겁이
나겠사옵나이까?"
39 사랑하는 나의 아들아! 네 몸에서 썩
은 내가 나는 것을 아는 것은 네가 그
만큼 깨달음이요, 너를 앎이니라.
40 나의 기쁨이 이루 말할 수 없음이니
라.
41 이제 수술하고 고치도록 그리하라.
42 그를 자책하고 네가 괴로워한들 그것
이 지워짐이 아니니라.
43 곧은 마음이요, 곧은 자세요, 한 점의
부끄럼이 없는 삶을 살아가는 그 길만
이 네가 치유하는 길이니,
44 네 제자도 다 치료해야 할 것이며, 네
제자도 다스려 주어야 할 것이니라.
45 네가 향기나지 아니하고 썩은 자로서
너의 제자를 다스리고 치료할 수 없음
이니,
46 네가 우선 네 몸에서 나는 그 더럽고
추한 것을 맡기 시작하였으니, 그게
만성이 되어 거기에 취하는 자가 되지
말며,
47 지금 냄새날 때 모두를 제거하고 수
술하여 너의 제자들을 수술할 수 있는
선생으로 바로 서도록 그리하라, 사랑
하는 나의 아들아!
48 내가 너를 사랑하며 나의 아들딸들을
사랑함이니라.
49 그들 또한 그리 변화될 것이며, 그들
또한 제 몸에서 나는 그 냄새를 맡을
날이 머지아니하였음이니,
50 이게 바로 네가 나의 뜻을 기록하여
전한 그 결과의 역사임을 알라.

7,241 번째 하나님 말씀

2003년 8월 21일 12시 01분

1 사랑하는 나의 아들아!
2 "네, 아버님! 말씀하옵소서."
3 이 세상에 살아가는 그 삶에서 모두를
나로부터 빌려 사는 너희가 진정한
믿음이요, 나 여호와의 뜻이요, 하늘
에 오르는 길을 깨우쳐 나의 뜻대로
살며, 나의 계명대로 살다 하늘에 오
르라 하여 너희에게 모두를 다 내려
주었건만,
4 진실한 믿음이 아니요, 참진리의 길이
아닌 것은 너희가 아무리 열심히 살
고 열심히 믿고 경배한다 해도 그 결
과는 아무것도 남는 것이 없으며 얻어
지는 것이 없느니라.
5 그리고 너희는 그 영광이요, 나로부터
거듭나는 그 모든 은혜를 얻을 수가
없으며 느낄 수 없음을 알아야 할 것

이니라.
6 참진리요, 진정한 믿음이요, 가장 낮
은 자요, 저 자신의 몸에서 썩은 그 냄
새를 맡지 못하며 제가 썩은 것을 모
르는 그 백성은 모두 다 물거품이요,
헛된 인생을 사는 것이니 그리 알라.
7 그것이 바로 너희와의 차이점임을 알
라.
8 네가 네 몸에서 썩는 냄새를 맡으니,
네 제자가 곧 그걸 맡을 것이며,
9 진실한 믿음이 아닌 것은 아무리 열심
히 살아도 허황된 것이며 나로부터
영광된 축복을 받을 수 없으며 거듭날
수 없다는 것을 그들이 알고 있음이니
라.
10 그러니 그들은 고통을 인내할 수 있으
며, 이제 참고 나갈 수 있는 그와 같은
길에 들어섬을 알아야 할 것이니라.
11 그러니 그들에게 네가 깊이 깨우쳐 주
라.
12 이 세상의 모든 행함이 얼마나 소중하
며 중요한 것인가?
13 그것으로써 모두 심판을 받으며,
14 이 세상에 행함이 소중한 것은 진정한
사랑으로써 베푸는 그 길이 참진리요,
나 여호와의 뜻이요, 내가 이루고자
하는 것이기 때문이니라.
15 너희는 그와 같은 삶을 살며 그 길을
가도록 그리하라.
16 그러면 결과가 있을 것이며, 너희에게
구원의 영광과 너희가 목적하는 그
모두를 이룰 수 있다는 것을 알라.
17 지금의 모든 종교 집단이요, 지도자들
은 너무나도 그 목적이 어디 있는 줄
을 모르며 제 목적이 무엇인지 모르며,
18 제가 세우는 목표가 무엇인지 그것이
어디로 가는 것인지도 모르고 사는 자
들이니라.
19 그들이 목표와 목적을 바로 세워 그
길을 위하여 살아가도록 그들에게 지
금 깨우쳐 주라.
20 얼마나 불쌍하고 가련한 백성이더냐?
21 그러니 너희가 그와 같은 역사를 이
루어야 할 것이니라.
22 진실한 믿음이요, 참진리의 길을 가지
않는 삶은 아무것도 얻어지는 것이 없
으며 거듭남이 없으며 영광이 없음이
니라.
23 그러니 모든 잘못된 삶은 하나의 거품
이요, 바람결에 날아가는 그와 같은
것임을 그들에게 깊이 깨우쳐 주도록
하라, 사랑하는 나의 아들딸들아!
24 정녕 참진리요, 아름다운 삶이 무엇인
지 모르거든 십계명대로 지키고 살라
그리 말하며, 나의 법전을 읽고 정독
해서 깨우쳐 얻는 그 삶이요, 거기서
깨달음이 곧 진리요, 하늘에 오르는
참믿음이라는 것을 전하라.

7,242 번째 하나님 말씀

2003년 8월 21일 12시 06분

1 사랑하는 나의 아들아!
2 "네, 아버님! 말씀하옵소서."
3 성령이 썩어져 있는 그 냄새는 너희가
육이 썩어져 있는 그 냄새보다도 더
견딜 수 없으며 그와 더불어 더 견딜
수 없는 것이니라.
4 그리고 성령이 썩은 냄새는 너희가
지탱할 수 없을 만큼 무서움이니라.

5 마음이 썩은 냄새요, 죄악의 썩은 냄
새요, 그것보다도 더 무서운 것이 성
령으로써 죽은 자요, 성령이 썩어 너
희 몸 안에 있는 것임을 잊어서는 아
니 될 것이니라.
6 너희가 육이 썩은 것이요, 죄악으로
썩은 것은 지우고 씻어 낼 수 있으나,
7 성령 자체가 썩어서 냄새가 나는 것은
지워지지도 아니하며 버리려 해도 버
릴 수가 없으며 아무리 떼어 버리려
해도 떼어 버릴 수 없으며,
8 너희가 성령을 죽게 하며 성령이 썩어
서 그곳에서 냄새가 나는 것은 아무
리 버리려 해도 버릴 수도 없다는 것
을 알라.
9 너희 몸에서 썩은 냄새가 나고 있음을
맡을 줄 알며 그를 아는 백성으로 다
시 거듭난다면, 너희는 벌써 나에게
올 수 있는 그 길을 보기 시작하는 백
성이니라.
10 그러니 너의 제자들이 그와 같이 변화
되는 모습이 가장 축복받은 것이니라.
11 그러니 제 몸에서 나는 썩은 냄새를
맡는 그 백성은 남에게서 나는 향기
로움을 맡을 수가 있는 자요, 나 여호
와가 내려보내는 참진리요, 하늘의 빛
을 볼 수 있는 눈이 뜨인 자들이라는
것을 알아야 할 것이니라.
12 제 몸에서 썩은 냄새가 나는 것을 모
르는 자는 하늘에서 내리는 참진리요,
하늘에서 내리는 그 생명의 구원이요,
생명수요, 생명의 빛을 보지 못하는
어리석은 자들이니라.
13 그러나 너의 제자들은 자신이 썩어 가
는 냄새를 느끼기 시작함이니, 너의
제자들은 이미 남의 몸에서 나는 아름
다운 향기를 맡을 수 있는 그와 같은
자들이 되어 있으며, 내가 내리는 참
빛을 알고 있는 그 백성이니라.
14 그러니 성령이 죽어서 냄새나는 너희
마음을 악에서 씻어 내야 하며 악에
서 구원해야 하느니라.
15 그 모두가 다 악의 근본이요, 악의 씨
앗으로 됨이니라.
16 너희가 모두 씻어 내고 다 수술해야
함이니라.
17 이제 네 몸에서 나는 그 냄새를 맡기
시작했으며 그 썩은 부위를 안다면,
18 너희가 각자 수술하기 시작해야 하며,
수술은 각자가 해야 한다는 걸 그들에
게 깨우쳐 주고 전하도록 그리하라.
19 하나하나 수술하는 그 고통 속에서 거
듭나 세상에 나와야만 너희가 완벽한
백성으로 거듭나는 것이요, 그 썩은
냄새가 나는 것을 수술하지 아니하며
제거하지 않으면,
20 악의 썩어짐이 성령을 썩게 하며 성령
을 죽게 함이니, 이를 명심하고 또 명
심하도록 그리하라.
21 이제 네가 썩은 것을 알며 네 제자가
자신이 썩은 것을 알기 시작함이니,
너의 제자들은 남의 향기를 느끼는 자
들이요, 나의 뜻을 느끼는 자요, 나를
믿는 마음이 싹이 내리기 시작함이니,
22 이 모두를 내가 너에게 영광이요, 축
하의 뜻을 전함이니 그리 알라, 사랑
하는 나의 아들아!
23 오늘 나 여호와의 기쁨이 더함이 없음
이니라.

7,243 번째 하나님 말씀

2003년 8월 21일 23시 27분

1 사랑하는 나의 아들아!
2 "네, 아버님! 말씀하옵소서."
3 '나 여호와가 존재함을 믿는 그 자체
가 구원의 길에 들어서는 기본이요,
근본이며 내가 내리는 나의 법전을 가
슴에 안고 정독하는 자 반석 위에 서
서 하늘에 오르는 찬란한 그 빛을 본
다' 그리하였음이니,
4 나 여호와가 존재함을 믿는 그 자체로
써 너희가 구원을 받지 못하며, 내가
내린 나의 법전을 아무리 정독하고 깨
우친다 해도 구원을 받는 것이 아니요,
5 너희가 구원을 받을 수 있는 반석 위
에 서서 하늘에 오르는 찬란한 빛을
보게 되는 영광을 얻는다 그리하였음
이니라.
6 나 여호와가 너희에게 지키고 살라는
십계명을 내렸으며,
7 그리고 나 여호와가 주관하는 마지막
이 시대에 마지막에 한 구절을 더 넣
은 그 의미를 너희는 알겠는가?
8 내가 너희에게 다시 한 번 이를 강조
함이니 들으라.
9 나 여호와가 존재함을 믿는 그 자체가
너희가 구원의 길에 들어서는 그 기본
이요, 근본이라 하였으며,
10 나의 법전을 가슴에 안고 정독하는 자
반석 위에 서서 하늘에 오르는 찬란한
빛을 본다 그리하였음이니라.
11 그러니 나 여호와가 존재함을 믿는 것
으로써 너희가 그리되는 것이며, 나
여호와가 존재함을 믿는 그것으로써
구원의 길에 들어서는 기본이요, 근본
이라 하였음이니라.
12 그러니 나의 아들 예수를 믿는 것은
과연 무엇이더냐?
13 나의 아들 예수를 믿는 것은 너희에게
하늘에 오르는 그 길의 이치를 깨우쳐
준 것이며 그를 깨닫게 하려는 것임을
알아야 할 것이니라.
14 창조주요, 어버이라 부르는 나 여호와
가 존재함을 믿는 그 자체로써 구원의
길에 들어서는 기본이요, 근본이라 했
거늘,
15 어찌하여 나의 아들 예수를 믿는 것으
로써, 나의 아들 예수를 찾음으로써
구원을 받았다 하며, 감히 하늘에 오
르는 영광을 얻었다고 말하는가?
16 그러니 너희가 얼마나 잘못된 백성이
며 사악한 자들인지 알겠는가?
17 하늘의 뜻을 모르며 나의 뜻을 모르며
나의 아들 예수가 그와 같이 고통스럽
게 죽어 간 그것을 형식적으로 경배하
고 눈물지으며 대속의 제물로써 바쳤
다고 말하나,
18 정녕 그 뜻을 모르며 그 아픔을 모르
며 그 역사함을 모르는 자들임을 알아
야 할 것이니라.
19 이제 너희는 여기서 깨우쳐야 할 것
이니라.
20 너희가 나의 아들 예수를 믿는 그것은
바로 너희가 하늘에 오르는 그 길을
보는 것이며 그 이치를 깨달음임을 알
아야 할 것이니라.
21 창조주 나 여호와를 믿는 것으로써 너
희가 하늘에 오르는 길을 안다 그리하
였음이니라.

22 그것이 기본이요, 근본이라 내가 하였
거늘,
23 나를 믿는 것이 하늘에 오르는 기본이
요, 근본이요, 감히 그것도 구원을 받
는 것이 못 됨이라 그리 말하였느니라.
24 그 근본에서 깨닫고 행함으로 하늘에
오르는 길이요, 그는 너희 몫이라 함
을 뚜렷이 내가 십계명 뒤에 한 계명
을 더 넣어 너희에게 가르치는 그 뜻
을 안다면,
25 감히 나의 아들 예수의 그 죽음으로
써, 예수의 그 역사함으로써 구원을
받았다고 말할 수 있는가?
26 나의 아들 예수를 믿는 것으로써 구원
을 받으며 나의 아들을 찾는 것으로써
너희 손으로 지은 교회에 가면 구원을
받는다 함이니,
27 나의 아들 예수를 믿고 찾는 것으로써
구원을 받는다는 그와 같은 말을 감히
할 수 있겠는가?
28 수천 년 동안 흘러온 종교 집단이요,
지도자요, 그 신도들이 그리 부르짖으
며 나의 아들 예수를 믿기만 하면 구
원을 받는다 하는 말에 너희는 현혹
되지 말라.
29 그것은 구원을 받는 것이 아니라 구원
의 길을 보는 것이요, 구원의 길이 무
엇인가를 깨닫는 것이니라.
30 창조주 나 여호와가 존재함을 믿는 그
자체가 구원의 길에 들어서는 기본이
요, 근본이라 하는 이 무서운 뜻을 알
라.
31 나 여호와를 믿는 것이 하늘에 오르는
기본이요, 근본이거늘,
32 나의 아들 예수를 믿는 것으로써 구원
을 받았다 하면, 과연 이것은 어디에
서 쓸 수 있는 말이며 감히 그와 같은
말을 할 수 있는가?
33 모든 종교 집단이요, 신도들 그 사악
한 자들은 그와 같은 말을 한다 해도,
34 나의 아들을 따르는 제자들이요, 나의
법전을 읽는 백성 너희는 절대 그와
같은 말을 믿지도 말며 생각하지도 말
라.
35 내가 마지막에 한 구절을 더 넣은 것
은 그 모두를 내가 너희에게 깨우쳐
줌이니,
36 오늘 내가 나의 아들을 통하여 너희에
게 명하는 그 뜻을 깊이 깨우쳐야 할
것이니라.
37 창조주 나 여호와가 존재함을 믿는 그
자체가 구원의 길에 들어서는 기본이
요, 근본이라, '구원의 길에 들어서는
길'이라 하였음이니라.
38 나의 아들 예수를 믿는 것은 너희가
구원의 길에 들어서는 것이며 하늘의
이치를 알게 되는 것이니라.
39 그러니 너희만이라도 예수를 믿음으
로써 구원을 받았다는 어리석은 말을
하지 말라.
40 나의 법전을 가슴에 안고 정독하고 정
독해서 깨우치는 백성, 너희가 반석
위에 서서 그때 하늘에 오르는 길이
무엇이며 그 빛을 본다 하였음이니,
41 바로 내가 내린 성경이요, 그 성경을
읽고 깨우침으로써 너희가 하늘에 오
르는 구원을 받는 것이 아니요,
42 너희가 성경을 읽고 깨우침으로써 반
석 위에 서서 하늘에 오르는 이치와
하늘의 길을 아는 것이지, 그 모두가

너희가 구원을 받았다 그리하지 말라.
43 너희가 나의 아들 예수를 믿는 것으로써 구원을 받으며, 성경으로 공부한다 하여 구원을 받으며, 주일에 와서 너희 종교 지도자의 강의를 들으며 설교를 듣는 것으로써 구원받는다는 말을 하지 말라.
44 그것이 낙타가 바늘구멍을 통과하는 길이라 생각하는가?
45 너희가 나의 아들 예수를 믿음으로써, 설교를 들음으로써 성서를 읽고 깨우친다 하여, 과연 그리 행하지도 아니하면서, 낙타가 바늘구멍을 통과하는 그 어려움을 그것으로써 통과할 수 있다고 생각하며 거기에 비교할 수 있는가?
46 너희는 감히 그와 같은 생각을 하지 말라.
47 너희는 하늘의 뜻을 모르는 얼마나 어리석고 불쌍한 백성이냐?
48 그러니 너희가 울부짖는 것, 소원하는 것은 나와 관계없으며 지옥 불로 간다 함이니라.
49 여기서 내가 너희에게 다시 한 번 가르치니, 나의 아들을 따르는 제자 너희는 여기서 깊이 깨우침을 얻어야 할 것이니라.
50 창조주 너희가 부르는 아버지요, 전지전능한 아버지라 하는 나 여호와를 믿는 그것이 하늘에 오르는 길의 기본이요, 근본이라 했음이니라.
51 내가 존재함을 믿는 것이 구원의 길의 기본이요, 근본이라 하는 뜻을 너희는 명심해야 할 것이며,
52 내가 직접 내 모두를 태워 내리는 나의 법전이요, 새로운 이 성경을 너희가 가슴에 안고 정독하고 정독해서 깨우쳤을 때, 그때만이 너희가 반석 위에 서서 하늘에 오르는 길을 볼 수 있으며 그 빛을 볼 수 있다 함이니라.
53 너희가 나의 아들이요, 지금 나의 아들을 따르는 그 제자들이요, 선택된 나의 백성처럼 법전을 외워 그들이 공부하는 것만큼 성경을 그리 공부하며 성경의 그 비유의 뜻을 아는가?
54 성경을 닳고 닳도록 읽고 또 읽어도 비유의 뜻을 알지 못하는 너희는 그를 암기함으로써 구원의 길이요, 하늘에 오르는 길이 아니라는 것을 알라.
55 구원의 길이요, 하늘에 오르는 것, 천국의 내 품에 오는 것은 너희가 어떠한 것을 한다 하여도 어떠한 역사를 한다 해도 그리 이루어지는 것이 아니요,
56 내가 심판하여 너희에게 그 문을 열어 줄 때만 들어올 수 있으며, 나의 허락에만 모두가 이루어지는 그 마지막이라는 걸 알라.
57 어떠한 것도 그와 같은 절차와 역사를 거치지 아니하고는 절대 이루어지지 못하는 것이니라.
58 나의 아들 예수를 믿고 울고불고하는 것으로써 너희가 성전이요, 교회를 궁궐처럼 짓는다 하여, 그걸 나를 위해 한다 해도 그 어떤 것도 낙타가 바늘구멍을 통과하는 그 역사보다 더한 것은 없음이니라.
59 그보다 더한 역사가 너희가 나에게 오르는 것이니,
60 너희가 마음을 다스리며 천사와 같이

변하는 그것만이 구원이요, 나에게 오
르는 길임을 알라.
61 나 여호와가 존재함을 믿는 것으로써
구원의 길의 기본이요, 근본을 닦는
것이라는 그 무서운 뜻을 깊이 가슴에
새기라.
62 다른 백성이 어찌하든 다른 믿는 신
도들이요, 지금의 가는 그 종교 집단
이 뭐라 하든, 나의 아들을 따르는 제
자 너희만큼은 이 의미를 깊이 깨달
아 너희 것으로 만들어,
63 바른 깨달음이요, 바른길을 올 수 있
도록 그리하며, 주저하지 말며 두려워
하지 말라.
64 이 무서운 의미가 여기에 기록되었음
을 너희는 알게 될 것이니라.

7,244 번째 하나님 말씀

2003년 8월 21일 23시 34분

1 사랑하는 나의 아들아!
2 "네, 아버님! 말씀하옵소서."
3 이 세상에 수많은 나의 백성이요, 그
헤아릴 수 없는 백성이 세상에 나와
살다 감이니,
4 그중에서 몸부림치며 저 자신을 버리
고 사는 백성이 얼마나 많이 있더냐?
5 많은 백성이 참진리요, 나 여호와의
진리의 뜻을 깨닫고 그걸 얻으려고
목숨을 걸고 몸부림치는 백성이 수없
이 있으며,
6 그저 아무것도 얻지 못하며 죽어 간
자가 수없이 있음이니라.
7 머리를 깎고 심심산골에 가서 풀벌레
를 먹거리 삼아 공부하는 자들이 있
었는가 하면,
8 세상의 모든 부귀영화를 누리는 것을
초개와 같이 버리고, 거지와 같이 생
식으로써 생명을 부지해 가며,
9 인간관계는 부질없는 인연이라 하여
그 모두를 끊어 가면서 깊은 산 속에
들어가 참진리를 얻고자 몸부림치는
백성이 얼마나 많이 있더냐?
10 그러나 그들이 얻은 것이 무엇이더냐?
11 다 허무한 것뿐이요, 그들이 죽을 때
는 결국 아무것도 쥔 것이 없으며 '인
간은 빈손으로 왔다가 빈손으로 가는
것'이라는 것까지만 알며,
12 그다음에 저희가 어디로 가는 것인가
를 깨닫지 못하고 죽어 간 것이 그들
이니라.
13 그러니 그도 모르고 살아가는 수많은
백성의 삶은 과연 어떠하겠느냐?
14 그러나 지금 나의 아들을 따르는 백성
이요, 나로부터 선택되어 법전을 정독
하는 백성 너희는 과연 누구더냐?
15 나 여호와가 두루마리에 하늘의 뜻을
기록하여 너희에게 직접 내렸음이니,
하늘의 뜻이요, 나의 뜻을 받은 자들
이 나의 법전을 접한 너희가 아니던가?
16 그러니 너희가 나 여호와의 뜻이요,
하늘에 오르는 길이요, 나에게 오르는
길이요, 지옥을 면하는 그 모두를 기
록한 나의 법전의 이 두루마리를 받은
너희가 얼마나 행복한 자들이며 나로
부터 큰 은혜를 입은 것인지 알겠는가?
17 나의 아들에게 계속 내리는 참진리요,
그 길을 가고자 노력하며, 그리고 나
의 성령을 내린 것을 받아 가슴에 하
나하나 쌓아 감이니,

18 그것이 너희가 천사와 같이 변하는
삶임을 너희 자신도 모르고 살아감이
니라.
19 그것이 얼마나 위대한 영광인지 모르
고, 이 세상의 무엇과도 바꿀 수 없는
것이거늘, 어찌하여 너희는 그 은혜에
감사할 줄 모르며, 너희 자신의 마음
을 다스리지 못하며,
20 세속의 인간들처럼 더불어 살아가는
곳에서 스스로 변하지 못하며 바로 살
지 못하며,
21 세상의 인간들이 짓는 그 죄악이요,
남을 미워하며 질투하고 시기하는 마
음, 그 모두가 죄악이라 하였거늘, 그
것 하나도 버리지 못하고 지금의 삶에
서 허덕인다면,
22 정녕 세상에서 가장 위대한 은혜요,
영광을 얻은 너희가 그와 같은 삶을
살아서는 아니 될 것이니 그리 알라.
23 머리 깎고 깊은 산 속에서 평생을 다
바친 자도 결국 허무하게 진리를 깨닫
지 못하였으나,
24 하늘의 법도요, 곧 나 여호와의 참진
리를 두루마리에 써서 내가 너희 가
슴에 내려 줌이니, 그를 펴 볼 때마다
하늘의 이치요, 나 여호와의 뜻을 깨
달으며 아는 백성이니,
25 이 세상의 무엇과도 바꿀 수 없는 영
광된 은혜를 받은 너희가 나에게 바
칠 것이 무엇이더냐?
26 그 누구도 따라갈 수 없으며 그 누구
도 범접할 수 없는 곧은 마음이요, 곧
은 생각이요, 곧은 행동으로써 나에게
보답하는 길뿐임을 알라, 사랑하는 나
의 아들딸들아!

7,245 번째 하나님 말씀

2003년 8월 21일 23시 39분

1 사랑하는 나의 아들아!
2 "네, 아버님! 말씀하옵소서."
3 네가 눈물의 기도를 드리고 있음을 나
여호와는 알고 있음이니라.
4 네가 얼마나 고통 속에서 세상의 일인
자로 바로 서고자 하며, 죄가 되는 모
든 추한 모습들을 다 버리며,
5 곧고 바른 마음이요, 바른 생각이요,
바른 행동으로써 살아가고자 너 스스
로 얼마나 몸부림치는가를 나 여호와
는 잘 알고 있음이니라.
6 또한, 네가 나에게 드리고자 하는 그
기도요, 나에게 하소연하고자 하는
것, 그리고 너 자신에 대한 것을 나에
게 고발하는 것, 그 모두를 나 여호와
는 알고 있음이니라.
7 너는 너 자신이 썩은 냄새가 네 몸에
서 나며 네가 썩을 대로 썩은 자요, 너
보다 더 썩고 추한 자가 없다 함을 나
에게 말하며,
8 그와 같이 썩고 썩은 몸에서 썩은 내
가 나는 너를 통하여 어찌 만백성을
구하는 나 여호와의 그 귀하고 귀한
성령의 가르침을 세상에 내려보내는
지, 나를 원망하며 나에게 그걸 묻고
싶은 네 마음을 나는 아느니라.
9 너는 어찌하여 나 여호와의 그 소중한
진리의 성령을 썩을 대로 썩어 냄새가
나는 너를 통하여 이 세상에 내려보
내는지,
10 너는 그와 같은 것을 받을 수 없으며
그를 역사할 수가 없으며, 죽음으로써

네 죄를 사하기도 바쁜 몸이요, 죽음
으로써 모든 것을 다 용서받기도 부족
한 너에게 어찌하여 이와 같은 성령을
내려보내 만백성을 구하는 길을 명하
는지,
11 너는 그를 갈 수 없으며 정녕 받을 자
격이 없다 하며 눈물로써 나에게 기
도를 드리고자 하는 그 마음을 나 여
호와는 알고 있음이니 눈물을 거두도
록 하라.
12 사랑하는 나의 아들아!
13 너희 자신의 몸에서 나는 그 썩은 냄
새를 맡는 그 사람은 그걸 고치고 치
료할 수 있다 하지 아니하였더냐?
14 그것이 위대함이니라.
15 모든 너의 제자들 또한 그를 알 것이
라고 했음이니라.
16 스스로 제 몸에서 풍기는 그 썩은 냄
새요, 그 독한 악취를 너의 제자들이
맡게 될 것이니,
17 너의 제자들이 스스로 제 몸에서 나는
그와 같은 썩은 냄새를 맡을 때 그들
은 다른 백성에게서 풍기는 향기를
맡을 수 있는 백성이라 그리하지 아니
하였더냐?
18 너는 그와 같이 변화됨을 나 여호와가
알고 있음이니, 네가 가장 썩은 자요,
가장 추한 자요, 가장 추한 냄새가 나
는 자를 어찌하여 나 여호와의 성령을
태워 너를 통하여 만백성을 구한다 그
리하는지,
19 너는 그것이 불안하며 그것을 도저히
역사할 자격이 없다고 나에게 그와 같
은 눈물의 기도를 드리고 싶어하는 것
을 나 여호와는 알고 있으며, 네 마음
을 알고 있음이니라.
20 그 냄새를 제거하는 데 네가 최선을
다하면 되지 않겠느냐?
21 너와 너의 제자들이 썩은 곳에서 어느
곳에서 냄새가 나는 것이며 어느 곳이
썩어져 가는지 안다면, 그걸 치료할
수 있으며 다스릴 수 있으며,
22 그리하여 내가 원하는 모든 뜻을 역사
할 수 있는 백성으로서 거듭날 수 있
는 자들이니 그리 알라.
23 제가 썩어져 가며 지금 다 썩어서 더
이상 썩어질 것도 없는 그와 같은 백
성이 제 몸이 썩어지며 썩어져 가는
그 냄새를 모르는 것이 오늘의 종교
집단이요, 구원을 받았다 하는 신도
그들이니라.
24 그들이야말로 악취에 젖어 있으며, 악
취 속에서 더불어 살다 보니 악취에
숙달되어 그 냄새를 맡지 못하는 불쌍
한 백성이니라.
25 그러나 너를 따르는 제자들이요, 너
또한 나의 법전을 읽고 깨우치며 스스
로 몸에서 나는 그 악취와 썩어져 가
는 그 냄새를 자신이 맡을 수 있다는
이것이 바로 너희가 치료할 수 있는
것이며 너희가 선택된 이유의 하나임
을 알라, 사랑하는 나의 아들딸들아!

7,246 번째 하나님 말씀

2003년 8월 21일 23시 44분

1 사랑하는 나의 아들아!
2 "네, 아버님! 말씀하옵소서."
3 이 세상의 만백성들에게 정녕 네가 누
군지를 말하지 말며 알리려 하지 말며

선전하려 하지 말라.
4 또한, 너를 따르는 제자들이 과연 어
떠한 삶을 살며 어찌 변하는 것인가,
참진리의 길을 가면서 그들이 깨닫는
것이 무엇이며 그들의 변하는 모습을
선전하려 하지 말며 알리려 하지 말
라.
5 나 여호와가 너를 알면 되며 네가 나
를 알면 되는 것이 아니던가?
6 내가 선택한 너의 제자요, 나의 만백
성을 알며 그들이 나 여호와가 존재
함을 알면 그것으로 되며,
7 내가 내리는 나의 160권의 법전이 인
간으로서는 역사할 수 없으며 나의
성령으로써 만백성을 구하기 위해 나
의 성령을 태워 책으로 글로 내가 만
들어 세상에 전하는 것을 너의 제자들
이 알고 있으면 되며, 그리 가면 되는
것이니라.
8 나의 성령으로써 법전을 만들어 만백
성에게 전하는 대명이요, 또한 네 제
자가 너의 버팀목으로서 그 일을 다
해 가며 잘 성장해 가고 있으며 잘 변
하여 가고 있음이니, 그것으로 만족하
며 그것 외에 더 큰 것이 없음이니라.
9 너를 알리려 하지 말며 너를 선전하려
하지 말며 네가 누군가를 다른 사람에
게 설명하지 말라.
10 그리고 너의 제자들 또한 자신을 설명
하지 말라 그리 전하라.
11 나 여호와가 네가 나의 아들임을 알
며, 너 또한 내가 아버지라는 것을 알
고 있으면 그것으로써 되느니라.
12 우리가 부자간이라는 것을 알고 있으
며 아버지와 자식이라는 것을 알고 있
으면 되는 것이지,
13 세상사 누구에게 그걸 알릴 필요도 없
으며 그를 선전할 것도 없으며 전하려
하지 말라.
14 그것이 다 부질없는 것이니, 너는 그
저 네 제자와 하나가 되어 법전을 만
들어 새로운 성경을 세상에 전하는 데
최선을 다할 것이며,
15 그리하여 지옥 불로 가면서 지옥인지
모르고 가는 그 불쌍한 백성을 구원
하는 데 최선을 다하라.
16 네가 누군지 말할 것도 없으며, 알릴
필요도 없으며,
17 너의 제자들이 어찌하여 선택된 자들
이며, 너희가 죽어 와 나에게 어떠한
상을 받으며, 육의 세상에서 한 번의
죽음의 고비를 넘긴 은혜를 받았다는
것, 그 모두를 말할 것도 없으며 알리
려 할 것도 없으며 전할 것이 없음이
니라.
18 너희가 나로부터 선택된 백성이라는
걸 알며 내가 너희를 선택했으며 나
의 아들이 나의 아들임을 내가 알며
네가 나 여호와가 아버지임을 알며 우
리 부자가 알고 있으면 되니 그리 알
라, 사랑하는 나의 아들아!

7,247 번째 하나님 말씀

2003년 8월 21일 23시 49분

1 사랑하는 나의 아들아!
2 "네, 아버님! 말씀하옵소서."
3 믿음의 길을 가는 그 백성이 지금 수
천 년 동안 흘러왔으며,
4 그리고 앞으로도 지금의 믿음과 같은

형국으로 흘러가면 그 모두가 다 하늘
에 오르는 길이 아니요, 지옥의 길로
간다 하였음이니,
5 하나의 이치도 깨닫지 못하는 것이 너
희니 얼마나 어리석은 자인 줄 알겠
느냐?
6 너희는 안식일이라 하여 안식일은 예
배하고 기도하며 경배하는 그것으로
써 시간을 보내는 것이라 알고 있음이
니라.
7 안식일을 위하여 너희가 있는 것이
아니요, 안식일은 너희를 위하여 존재
한다는 것을 내가 일찍이 나의 법전에
깨우쳐 너희에게 전하였음이니라.
8 그러니 안식일은 너희를 위하여 존재
하며 너희가 안식일을 지배하는 자요,
안식일을 다스리는 것이지, 안식일이
너희를 다스리고 지배하는 것이 아님
을 알라.
9 그러니 인간을 위한 안식일이 필요한
것이며, 안식일을 위한 인간이 필요한
것이 아니라는 것을 너희는 확실히
알고 넘어가야 할 것이니라.
10 그러니 안식일을 지키고 안 지키고 하
는 것은 과연 누구의 뜻에 따라 그것
이 이루어진다고 생각하는가?
11 안식일을 지키고 안 지키고 행하고 행
하지 아니함은 안식일의 주인이 이와
같은 역사를 이룬다는 것을 알아야 할
것이니라.
12 안식일의 주인인 너희의 그 형편과
환경에 따라서, 또한 사정에 따라서
주인인 너희가 알아서 그 안식일을
지키고 행하고 쓰면 되는 것이지,
13 안식일에 맞춰 모든 것을 저버리며
안식일을 위해서 너희가 어떠한 형편
이든 사정이든 다 접어 둬야 한다는
이것이 오늘의 종교 집단이요, 믿음의
길을 가는 자들의 잘못된 것이며 그
의미를 모르는 것이니라.
14 너희는 이와 같은 이치를 이제 깨닫고
그리 행하면 되는 것이니라.
15 다만, 지금의 종교 집단이요, 지도자
들이 안식일은 인간을 위해서 존재하
는 것이거늘,
16 인간이 안식일을 지키려고 존재하는
것처럼 하여 너희에게 재물을 거둬들
이며, 제한된 장소에서 제한된 시간에
너희를 모아 놓고 강론하고 설교하느
니라.
17 그 재물을 거둬들이려고 인간이 안식
일을 위하여 존재하며 안식일의 노예
와 같은 형국으로 만들어 놓았으며,
18 안식일이라 하여 너희가 정해 놓은
날에 예배하지 아니하며 재물을 바치
지 아니하면 괘씸죄로 지옥에 가며 벌
을 받는 것처럼 그리 착각을 하고 있
으며, 그와 같이 세뇌시키고 가르쳤음
이니라.
19 안식일의 주인은 너희니라.
20 너희가 하도 답답하여 내가 너희에게
극단적으로 나 여호와의 뜻을 가르쳐
전함이니, 너희가 안식일의 주인이요,
너희의 주인이 안식일이 아니라는 것
을 알라.
21 너희가 안식일의 주인이라면 그 형편
에 따라서 사용하면 되는 것이며 너희
환경에 따라서 이용하고 사용하면 되
는 것이니라.
22 알아서 활용하고 쓰면 되는 것이거늘,

어찌하여 너희는 그와 같은 이치 하
나도 모르고 지금 착각 속에 산단 말
이더냐?
23 안식일의 주인인 너희가 어찌 존재하
는지 그 자체를 지금 잘못 깨닫고 잘
못 가고 있음을 알아야 할 것이니라.
24 그러니 그 착각 속에서 깨어나야 함을
잊지 말라.
25 주인인 너희가 안식일에 일하고자 하
면 일하고 쉬고자 하면 쉬며 놀고자
하면 놀며 자고자 하면 자며, 너희가
알아서 사용하고 쓰면 되는 것이니라.
26 네 생활에 따라서 네 환경에 따라서
활용하고 쓰는 것이 안식일이라는 걸
잊지 말라.
27 이 이치를 나의 피조물 만백성들에게
전하여야 할 것이며 그들을 깨우쳐
줘야 할 것이며,
28 그 믿음 속에서 몇십 년 동안 살아온
너를 따르는 그 제자들이요, 나로부터
선택된 백성, 너희는 이 안식일의 의
미를 잘 알라.
29 안식일의 주인은 너희니라.
30 너희가 쓰고 싶은 대로 쓰고 활용하면
되는 것이니라.
31 너희가 안식일의 종이 되어, 그 안식
일에 종교 지도자요, 잘못된 자들이
명하는 설교를 들으며 재물을 바치며
모두를 다 바치고 희생하는 그와 같은
것이 아니니라.
32 안식일의 의미를 이제는 깨달아 그리
행하도록 할 것이며, 이를 만백성들에
게 전하여 일깨워 주도록 그리하라,
사랑하는 나의 아들아!

7,248 번째 하나님 말씀

2003년 8월 22일 0시 03분

1 사랑하는 나의 아들아!
2 "네, 아버님! 말씀하옵소서."
3 만백성을 구원하기 위하여 나의 아들
예수를 세상에 내려보냈으나 너희는
그를 어찌하였는가?
4 그를 가장 고통스러운 죽음으로써 죽
게 하였음이니라.
5 그것을 과연 누가 했던가?
6 믿음의 길을 가는 백성 그들이 하였음
이니라.
7 그리해 놓고 그 후손들은 지금에 와서
뭐라 말하느냐?
8 나의 아들 예수가 재림함으로써 구원
을 받는다 그리함이니라.
9 예수가 육으로 세상에 와 가르쳤으며
부활하여 나의 아들이라는 것을 그가
증명했으며,
10 이제는 예수가 재림하여 마지막 너희
를 심판하여 버릴 자, 구원할 자를 구
분하며,
11 나의 아들 예수를 부르짖기만 하고 찾
는 자는, 그를 찾았기에 그가 와 너희
를 심판할 때 네 이름을 불러 구원을
받으며,
12 그리하여 너희는 하늘에 오르도록 다
준비되었으며 구원을 받은 자라 그리
말하는 것이 거기에 있지 않더냐?
13 너희는 잘 모르나 너희의 속사정이요,
그 속이 그러하니라.
14 그렇지 않다고 누가 말할 수 있는가?
15 나의 아들 예수가 육을 가지고 세상에
나와 너희를 깨우쳤으며, 너희를 깨우

쳐 주다 너희로 하여금 그와 같이 무
서운 죽음을 당했으며,
16 그리하여 나의 아들 예수가 부활하여
나 여호와가 존재하며 나의 아들이라
는 것을 증명했으며,
17 이제는 마지막으로 나의 아들 예수가
세상에 내려와 너희를 심판하며 구원
할 자와 버릴 자를 구분함이니, 그 아
들이요, 그 사람을 찾기만 하면 너희
가 구원을 받는다는 인간 세상의 계
산법에 의하여 나의 아들 예수를 부르
짖으며 찬양하며 경배한다 하며,
18 그리고 그 피로써 보혈로써 우리 죄를
대신 진 당신을 사랑하며 당신을 찬양
한다는 것이 얼마나 얄팍한 수단이요,
사악한 방법인 줄 알겠는가?
19 너희 자신도 모르고 행하는 행위가 그
와 같이 계산된 자들의 마음에서 행함
을 나 여호와는 알고 있음이니라.
20 나의 아들 예수가 반드시 재림을 하
니, 너희를 구원할 때 재림하는 자의
이름을 찾으면 그 안면이 있는 자는
인간 세상에서도 너희가 안면을 바꾸
지 못하듯이,
21 그와 같은 계산법으로써 나의 아들 예
수가 재림한다고 생각하며 다시 세상
에 와 너희를 선별한다고 말함이니라.
22 그리 말하면서 예수의 이름을 부르고
찬양하며 그저 울고불고 광란의 짓을
하고 있으면 그가 와 그 이름을 부르
는 자, 그를 찾은 자, 그를 경배하는
자는 무조건 구원을 받아 하늘에 오른
다 하니, 너희는 구원받았다는 그와
같은 속셈이요, 계산법이 아니던가?
23 너희는 이를 모르고 있다 하나, 나 여
호와가 보는 너희는 그 계산법에 따
라 너희가 구원을 받았다 하며 구원
받은 자라 그리 말함이니 너희가 얼마
나 사악한 자들인가?
24 그러나 그와 같은 역사는 있을 수 없
음을 너희는 알아야 할 것이니라.
25 내가 나의 아들 예수를 다시 보내어
너희를 구원하고자 함이 아니니라.
26 나의 아들 예수를 다시 보내어 사탄과
대적하여 싸워 이겨서 너희를 구원하
며 그 속에서 너희를 끌어낸다는 그
와 같은 계산법을 갖지 말라.
27 나 여호와의 계산법을 너희에게 전함
이니 너희는 이제 나의 계산법에 모두
를 다 바쳐야 함을 잊지 말라.
28 인간 세상에서 도둑질하는 자, 강도질
하는 자, 범죄자는 어떠한 자가 잡는
가?
29 그 도둑질하는 자, 강도질한 자, 범죄
자를 나약한 자가 그 강한 자를 과연
잡을 수 있겠는가?
30 도둑질하는 자, 강도질한 자, 살인한
자를 대적하여 나약한 자가 그를 잡을
수 없으며,
31 그를 잡을 수 있는 것은 그보다 더 강
한 자요, 더 힘 있는 자요, 능력 있는
자를 보내야만 도둑을 잡으며 강도를
잡으며 살인하는 자를 잡으며 추한 행
위를 하는 범죄자를 잡을 수 있는 것
이니,
32 그보다 나약한 자는 잡을 수 없음이니
라.
33 나의 아들 예수를 너희에게 보냈으나
그 사탄이요, 사악한 자들이 나의 아
들을 물리쳐 그렇게 죽게 했음이니,

그와 같은 나의 아들 예수를 세상에
다시 보낼 수는 없으며, 보낸들 너희
가 또한 어찌하겠는가?
34 내 계산법이 그러하니라.
35 너희가 나의 아들 예수를 죽였으니 나
의 아들 예수를 다시 보낸다 하여도
너희는 그와 같은 행동을 할 것이며
그보다 더 강한 짓을 할 것이니라.
36 도둑이요, 강도를 잡으려면 더 준비된
자, 더 강한 자로 하여금 그를 잡아들
일 수 있듯이,
37 나 여호와가 지금 바로 내 뜻이요, 나
의 성령으로 내가 직접 사탄이요, 사
악한 자들을 이 세상에서 뽑아 다 태
워 버리기 위하여 지금 직접 성령으
로써 나의 법전을 만들어 임함을 너희
는 알아야 할 것이니라.
38 내가 나의 아들을 통하여 내리는 160
권의 법전은 내가 직접 나의 성령으로
써 이 세상을 다스리며 모두를 역사하
는 그와 같은 길의 기적을 이루고 있
음을 알라.
39 너희가 이를 믿든 믿지 아니하든 그
것은 너희의 자유이나,
40 이를 믿지 못하는 자, 이를 믿고 따르
지 못하는 자는 저 자신의 죽음이요,
지옥으로 가는 그것밖에는 남음이 없
다는 것을 너희는 잊어서는 아니 될
것이니 그리 알라.

7,249 번째 하나님 말씀

2003년 8월 22일 0시 07분

1 사랑하는 나의 아들아!
2 "네, 아버님! 말씀하옵소서."
3 너의 제자들이 이제 깨우침이 높으며,
스스로 제 몸에서 나는 그 부패한 냄
새를 맡게 되며 그를 알게 될 것이니
라.
4 그래도 그들이 그를 제거하지 못하며
저 자신이 수술하지 못하여 그 힘들고
어려운 길에서 허덕이며 변화되지 못
하는 그와 같은 백성들,
5 그들에게 너는 전하여 깨우쳐 주어야
할 것이 있음을 알라.
6 내가 너희에게 그와 같은 미래를 준비
하여 내린 것이 가훈이라 하였음이니,
7 '하늘을 향하여 한 점의 부끄럽이 없
는 삶을 살라, 아들딸들아!'
8 그것이 바로 너희의 마음을 다스리는
길임을 알라.
9 네 몸이 썩어서 추한 냄새가 나는 것
을 씻지 못하며 수술하지 못하며 다스
리지 못할 때, 너희를 치료하고 다스
릴 수 있는 그 길이요, 그 가르침을 내
가 너희에게 내려보냈음이니, 그것이
바로 가훈이니라.
10 '하늘을 향하여 한 점의 부끄럽이 없
이 살자, 아들딸들아!'
11 그를 대비하여 내가 너희에게 답을
주었으며 일찍이 깨우쳐 주었음이니,
그를 읽고 또 읽어 너희 마음을 다스
려 바로잡도록 그리하라.
12 그리하지 아니하는 자는 너희 자신을
수술할 수 없음을 알라.
13 너희 몸이 썩어져 가는 곳에 너희가
수술하는 것이 얼마나 고통스럽고 힘
들겠는가?
14 그래도 스스로 수술해야 함이니라.
15 그러니 스스로 그 수술을 하려면 내가

일찍이 써 내린 그 가훈의 의미를 깊
이 새기라.
16 그리하여 읽고 깨우쳐 너희가 경지에
올랐을 때, 너희 자신이 다스리지 못
하며 더 이상 전진하지 못할 때,
17 너희 마음의 문을 열어 주며 지킬 수
있는 그 용기를, 너희 자신을 수술할
수 있도록 내가 미리 가훈을 다 너희
앞에 걸라 했으며, 너희가 소유하고
보관하고 살라 함이 여기에 있음을 잊
지 말라, 사랑하는 나의 아들딸들아!

7,250 번째 하나님 말씀

2003년 8월 22일 06시 35분

1 사랑하는 나의 아들아!
2 "네, 아버님! 말씀하옵소서."
3 너의 제자들에게 하늘을 향하여 가슴
을 열고 나 여호와가 존재함을 믿는
그 자체가 이미 구원의 길에 들어서는
기본이요, 근본임이니, 그를 갖고 마
음의 자세를 다스려 살아가라, 그리
전하라.
4 그것을 아는 것만도 그를 알지 못하며
무엇이 살아가는 참진리요, 하늘에 오
르는 길인 줄 모르는 백성과 그 차별
화됨은 말할 수 없이 벌어져 있다는
것을 전하라.
5 정녕 나 여호와가 존재함을 믿는 그것
이 하늘에 오르는 기본이요, 근본이라
는 것을 아는 것은 바다의 넓고 넓음
을 아는 것이요,
6 나의 아들 예수의 보혈로써 은혜를 받
았으며 예수를 믿는 것만으로써 구원
을 받는다고 그리 말하는 자들은 제
손바닥으로 뜬 한 주먹의 물을 가지고
세상의 바닷물을 다 퍼 주는 것처럼
그리 말하는 어리석은 백성임을 너희
는 알아야 할 것이니라.
7 나 여호와가 존재함을 믿는 그 자체가
구원의 기본이요, 근본이라 하는 그
낮은 자세로 갈 수 있는 그 마음이요,
행동으로써 너희는 이미 나에게 오를
수 있는 그 길의 빛을 보는 백성이니
라.
8 그러니 그들과의 차별화가 얼마나 거
리가 멀고 먼 것인가를 알라.
9 너희는 일반 백성의 삶을 벗어났음이
니 가슴을 펴고 하늘을 향하여 편안한
마음이요, 넓은 마음이요, 그리고 가
장 행복한 마음으로써 살아가도록 그
리 전하라.
10 내가 일찍이 너에게 말하기를, 인간이
생각하는 그 도리는 그것이 사탄의 생
각이요, 성령의 생각으로써 모두를 평
가하고 판단하는 것은 나의 뜻에 의한
삶이니, 너희는 성령에 의한 삶을 살
라 그리 말하였음을 잊지 말라.
11 과연 성령에 의한 삶이 무엇이며 육의
욕심에 의해 사는 것이 무엇이냐?
12 너희가 육으로 생각하는 것은 사탄의
생각이라 나 여호와가 그리 말함이니,
너희는 당혹스럽고 두려우며 그것을
너희 자신이 깨닫지 못할 것이니라.
13 그리고 무엇이 육의 생각이며 무엇이
영의 생각인지 너희는 모르느니라.
14 그 이치야 간단하지 아니하더냐?
15 내가 나의 아들을 통하여 너희에게 수
없이 깨우쳐 주었음이니라.
16 곡식이 익기 시작하면 고개를 숙인다

하지 않았더냐?
17 속이 찬 백성은 고개를 숙이며, 점점
익어 가는 그 백성은 고개를 숙이느니
라.
18 그러니 익어 갈수록 고개를 숙이는 사
람이요, 익어 갈수록 고개를 숙이는
벼 이삭이요, 곡식이 바로 그게 하늘
의 뜻이요, 성령에 의하여 사는 것이
요,
19 익어 갈수록 조금 깨우쳤다 하여 고개
를 들며 조금 깨우쳤다 해서 나 여호
와를 능가할 것처럼 그리고 세상만사
를 다 아는 것처럼 그리하는 자,
20 그와 같은 자가 바로 인간의 욕심이
끝이 없는 자요,
21 그리고 익을수록 고개를 숙이는 곡식
의 이삭과 같이 그리고 깨달으면 깨달
을수록 낮은 자요, 고개를 숙이는 그
백성의 삶이 바로 지금 내가 이야기하
는 그와 같은 삶이라는 것을 잊어서는
아니 될 것이니라.
22 육의 삶이요, 영혼의 삶이니라.
23 너희가 또 간단하게 말하지 않더냐?
24 개구리라는 그 미물이 올챙이 때를 모
른다 함이니, 바로 그와 같은 것이니
라.
25 자기가 낮은 자요, 변화되는 역사가
있다 해도 겸손한 자요, 그리고 더 낮
은 자세로 살아가는 그것이 바로 깨달
음을 얻는 백성이요, 그리고 나의 뜻
에 의해 사는 백성이요, 성령에 의한
삶을 사는 것이니라.
26 너희가 좀 더 성장할수록 오만하고
자만하며, 세상사의 부귀영화를 다 누
리고자 하는 그와 같은 마음을 가지고
있다 하면, 이것이 곧 사탄의 마음이
요, 사악한 마음이라는 것을 알아야
할 것이니라.
27 이 세상의 많은 백성이 바로 서고자
했으며, 저희가 나의 뜻에 따라 살고
자 했음이니라.
28 그러나 백 년도 안 되는 그 육의 삶을
영원히 사는 것처럼 그리고 영원히 길
고 긴 인간의 여정인 것처럼 생각해
서, 순간적으로 인간의 생각이 들어오
는 그 욕망을 뿌리치지 못하며 그를
행하여 갔음이니라.
29 그러니 여기서 잘 생각해야 할 것이니
이를 명심하여 들어야 할 것이니라.
30 매일 나의 법전을 읽으며 나의 성령을
듣고 강론을 들어 점점 천사와 같이
아름다운 모습으로 변해 가는 사람은
성령에 의한 삶을 사는 백성이요,
31 강론을 듣고 깨우치면서도 자만해지
며 오만해지는 자는 바로 인간의 생각
이니, 그와 같이 되어서 모든 백성이
다 무너지고 쓰러지며 지옥으로 가는
역사가 이루어졌음이니라.
32 그러니 이제 나의 아들이 가는 그 길
을 너희가 봐야 할 것이니라.
33 그리고 그 내면을 들여다봐야 할 것이
며, 너희의 마음 자세요, 살아가는 것
이 오늘과 내일이 달라져 천사와 같은
마음으로 되어야 할 것이니라.
34 그 길만이 하늘에 오르는 길이요, 나
여호와의 성령에 의해 사는 길이요,
나의 백성이 사는 길임을 잊지 말라.
35 그러나 모든 백성이 10년 20년의 그
길이 너무나도 길고 먼 여정인 것처
럼 생각하며,

36 영원히 존재하는 것처럼 생각하고 일
순간에 육의 향락이요, 즐거움이요,
그 유혹을 뿌리치지 못함이니라.
37 너희는 권력이 생기면 또한 거기에 모
두 다 따라붙으며 재물이 붙으면 모두
를 다 너희 마음대로 움직일 수 있음
이니,
38 거기는 인간의 향락을 위하여 너희를
무너뜨릴 그 모두가 그저 너희가 행
할 수 있으며 소유할 수 있으며 모두
취할 수 있도록 그와 같이 준비된 것
처럼 세상에 다 되어 있음이니라.
39 그걸 외면하고 돌아서는 백성, 그리고
개구리가 올챙이 시절을 알며 곡식이
익으면 익을수록 고개를 숙인다는 진
리를 아는 것이 중요하나,
40 그걸 알면서 행하지 못하는 자, 또한
몰라서 행하지 못하는 그와 같은 자들
이 다 인간 세상의 사탄의 마음에 넘
어져 지옥 불로 가는 그와 같은 형국
이 되어 있음이니라.
41 이제 나의 피조물 만백성을 구원하는
나의 전사요, 그리고 나의 아들을 따
르는 선택된 제자 너희는 반드시 그
와 같은 삶을 살아야 함을 잊지 말라.
42 너희는 높으면 높을수록, 가지면 가질
수록 낮은 자가 되며 겸손하며,
43 너희가 모두를 취하고 있을 때 그를
버리며 그를 취하지 아니하고, 너희가
오늘의 어려운 삶을 살며 나 여호와의
뜻을 위해서 살며,
44 오로지 나의 뜻을 전하는 것으로써 나
를 보고 사는 것으로써 너희가 죽어
나에게 와 나를 만나고 대화하며 나와
같이 더불어 사는 그 열망이요, 그 욕
심은 부려도 괜찮다 하였음이니라.
45 그 열망을 버리지 말고 오로지 나와
대화하는 그 시간을 위하여 살라.
46 그리고 나를 볼 수 있는 그 시간을 위
해서 살라.
47 그것만이 너희가 무너지지 않는 길이
요, 너희가 인간의 생각에 따라 사탄
으로서 무너지지 아니하며 지옥으로
가지 않는 그 길이라는 것을 너의 제
자들의 마음에 심어 주도록 그리하라,
사랑하는 나의 아들아!

7,251 번째 하나님 말씀

2003년 8월 22일 06시 40분

1 사랑하는 나의 아들아!
2 "네, 아버님! 말씀하옵소서."
3 모든 믿음의 길을 가는 종교 집단의
지도자요, 구원을 받았다는 백성이 낮
은 자가 되는 것을 모르며, 고개 숙이
는 것을 모르며, 겸손함을 모르는 그
와 같은 백성으로서 오만하고 양심마
저도 없게 만들어 놓은 그것이 가장
큰 문제며,
4 그것을 돌려놓을 수가 없으며 돌이킬
수가 없는 지금의 형국이 되어 있음이
니라.
5 그러니 그들을 바로잡고 그들이 낮은
자요, 겸손한 마음으로 살아갈 수 있
도록, 그리고 양심의 가책을 갖고 살
아가는 그와 같은 인성의 백성으로 다
스리고자 하며 그리하지 않으면 아니
되느니라.
6 지금 가장 잘못된 백성의 말이요, 행
동이 무엇인 줄 알겠느냐?

7 지금의 믿음의 길을 가며 구원을 받았
다는 백성이 이 세상 만물 중에서 가
장 심하게 부패하였으며 거짓되며 썩
어져 있으며,
8 내가 도저히 볼 수 없으며 그 썩은 냄
새가 지상을 다 덮고 있으며, 또한 내
가 보는 것은 무엇인 줄 알겠느냐?
9 너희 육신이 썩고 썩은 것만이 아니라
너희의 심장이 부패하여 썩은 그 냄
새까지 내가 맡으며, 하늘을 역겹게
한다면 너희는 과연 알겠느냐?
10 너희의 오늘의 자세가 그와 같이 되었
음이니라.
11 나는 너희 심장이 부패한 것까지 알
고 있음이니라.
12 너희는 이미 부패한 것밖에 냄새를 못
맡는 그와 같은 자들이니, 내가 맡는
그 역겨운 마음은 과연 어떠하며 나의
고통은 어떻다 생각하는가?
13 이제 나의 고충을 안다면, 이제는 나
로부터 선택된 백성 너희가 그 모두
를 수술하고 고쳐 줘야 하는 것이 너
희가 해야 할 일이니라.
14 내가 너희를 세상에 내려보낸 것은
바로 이와 같이 썩고 부패해진 자들
을 도려내고 수술하는 그와 같은 임무
를 맡겨, 너희가 의사와 같은 대명을
가지고 세상에 내려보낸 나에게 선택
된 백성임을 잊지 말라.
15 그러니 너희는 여기서 하나를 알고
넘어가야 함이니라.
16 내가 너희에게 만백성의 의사로서 그
들을 치료하고 다스려 바른 백성이요,
건강한 백성으로 살아갈 수 있도록 너
희에게 명을 주었음이니라.
17 너 자신이 썩어져 있으며 너 자신이
병들어 있으면 누구를 고치며 누구를
다스려 나갈 수 있겠느냐?
18 그러니 너희 자신부터 고치고 수술하
라는 것이 나 여호와의 뜻이며, 그리
하여 한 점의 부끄럽이 없는 삶을 살
라 그리 말함이니라.
19 그것만이 너희 자신을 수술하는 것이
요, 너 자신이 건강한 사람으로서 만
백성을 수술하고 고칠 수 있는 그 의
사의 역할을 다할 수 있기 때문이니라.
20 이제 너희가 너 자신에게서 병든 곳
을 발견하기 시작하였으며 너희 육신
이 썩어져 가는 것을 알기 시작하였으
니,
21 빠른 시간 내에 너희 자신을 수술하
며 너를 고치는 데 최선을 다하라.
22 그리하여 너희를 수술하고 너희 자신
이 그 치료의 고통을 넘어 바로 섰을
때, 너희는 만백성을 구하는 의사로서
그 대명을 다해야 할 것이며, 나 여호
와는 그날을 기다리고 있음이니라.
23 세상은 지금 다 썩어져 있으며 다 무
너져 가 있는 그와 같은 백성 너희는
심장이요, 내부까지 다 부패하여 도저
히 치료할 수 없는 그와 같은 형국에
가 있는 그들을 다스리고 치료하고 고
치는 것은 그래도 너희밖에 없으며,
24 상처 부위를 수술하고 잘라 내는 그와
같은 그 모든 역사를 이루는 것은 너
희 손에 의해서만 될 수 있으며 너희
손에 의해서만 다 치유될 수 있으니,
우선 너희가 바로 설 수 있도록 너희
를 먼저 수술하라 함이니라.
25 그러니 마음이 곧은 자요, 생각이 곧

은 자요, 생각이 곧고 바른 그와 같은
자로서 서야 함이니라.
26 그것은 너희 몫이며, 너희 자신이 이
루고 못 이루는 것은 너희에게 달렸
으니,
27 스스로 나의 백성으로서 나에게 오는
길이요, 그리고 너희가 그릴 수도 없
고 상상할 수도 없는 영원히 사는 천
국에서 나와 더불어 이마를 마주 대
고 옛 이야기 하며 나 여호와와 같이
웃고 즐기는 그와 같은 삶을 살아가는
그날을 위한다면,
28 그날을 그리며 오늘 너희가 먼저 너
희 자신을 수술하는 고통을 주저하지
말라.
29 너희만이 수술할 수 있는 자며, 또한
병든 부분에서 더 이상 전염되고 퍼지
는 것을 막을 수 있는 자니 그리 알라,
사랑하는 나의 아들딸들아!

7,252 번째 하나님 말씀

2003년 8월 22일 06시 48분

1 사랑하는 나의 아들아!
2 "네, 아버님! 말씀하옵소서."
3 모든 백성에게 너희가 전하지 아니하
였더냐?
4 너희가 오늘의 삶이 아니요, 오늘의
반대의 삶을 살아가는 그 길만이 너희
가 나에게 오를 수 있으며 구원을 받
을 수 있다 하여 나의 법전에 기록하
여 전하였음이니라.
5 지금 많은 종교 집단이요, 지도자들이
오만방자하니, 저희 자신을 들여다보
는 그와 같은 삶으로 변화되지 아니하
면 그들은 정녕 나에게 오를 수 없느
니라.
6 그들이 얼마나 오만방자한 자들이며
저 자신을 모르는 자들이더냐?
7 모든 종교 집단이요, 그 속에 있는 신
도들은 당당하게 그리 말하느니라.
8 '나는 죄가 없는 백성이라' 그리 말하
며 저희는 천사와 같은 백성이라 그리
말하느니라.
9 저희가 죄 없는 백성이요, 천사와 같
은 백성이라며 저희 말로 되뇌고 되
뇌다 보니 저 자신이 그와 같은 착각
이요, 환각 상태에 빠진 자들이니라.
10 그것이 무엇인 줄 아느냐?
11 저희는 구원을 받았다 말하는 자들이
니라.
12 그리하여 구원을 받은 저희가 죽으면
나 여호와에게 얼마만큼 많은 큰 상과
은혜를 받을 것이며 그 아름다운 천국
에서 얼마나 삶을 누리는 것인가, 그
상 받을 것만 생각하며 빠져 있는 백
성이니라.
13 너희가 냄새나는 곳에 살면 처음에는
역겨우나 세월이 지나면 그 냄새에 젖
어 그 냄새 남을 모르는 너희 습성처
럼,
14 저희가 '나는 죄가 없는 자요', 그리고
왜 죄를 짓고 사는지 모르겠다 그리
말하며, 저희는 회개하고 재물을 바치
며 죄의 온상에 가서 기도하고 경배했
으며 그리고 그 종교 지도자의 가르침
을 들어 저는 죄가 없다 그리 말하며
깨끗한 체하니,
15 모든 백성이 왜 죄를 짓고 살며 왜 죄
를 안고 사는지 그걸 모르겠다 하며,

저희에게 와서 사죄하고 기도하고 경
배하면 다 아무것도 아닌 것을, 죄를
안고 사는 백성을 이해하지 못하며,
16 회개를 하면 죄가 없어져 깨끗해지는
그와 같은 간단한 길을 모르고 어찌
하여 그와 같이 살아가느냐 그리 말할
것이니라.
17 그러니 무엇 때문에 죄를 안고 살며
무엇 때문에 죄가 된다고 말하는지,
이방인들이 하는 말과 행동을 알 수
없다고 말하느니라.
18 차라리 이방인들이 말하느니라.
19 너희가 말로써 모두를 다 용서받으며
말로써 이루는 것이 아니라, 행함이
요, 이웃에게 식사 한 끼 빵 한 쪽을
나눠 먹는 그것이 사랑이라 그리 말하
느니라.
20 그들은 십계명을 모르며 하늘의 진리
를 모르며 사랑의 나 여호와의 뜻을
모른다 해도 그들은 그리 살아감이니
라.
21 그와 같은 자들을 너희가 비아냥거리
며 그들을 인간 이하로 생각하며 살아
가는 것이 무엇이더냐?
22 나는 죄가 없는 자요, 나는 천사와 같
은 자요, 나는 구원을 받은 자라는 그
와 같은 착각 속에 살며 그 환각 상태
에서 깨어나지 못하기 때문에 그와 같
이 오만방자한 말을 할 수 있는 것이
니라.
23 이것이 너희에게 가장 큰 문제이며,
이 마음을 바로잡을 수 없으며 이 마
음을 다스릴 수 없는 것이니라.
24 지금 나의 피조물 만백성들이 나의 법
전을 보지 못하게 하며 하늘의 참진리
의 그 빛을 막으려 하며 그를 찢어 버
리려 하며 태우려 하는 것이 그들이니
라.
25 그들 스스로 기도하고 경배하며 회개
함으로써 죄가 없다 생각하니, 그것이
정녕 죄가 없는 것처럼 생각하며, 그
리고 저희는 천사와 같이 되는 것 같
은 착각을 버리지 못함이니, 그를 어
찌 깨우쳐야 한다 말이던가?
26 너희는 이방인이 잘못되었다 말하며
불쌍한 백성이며, 어찌하여 털면 되는
죄를 털지 못하며 그 기회를 모르며
그와 같이 사느냐고 종교 집단과 신도
들이 그리 말하느니라.
27 그러니 그것이 잘못되었다 함이니라.
28 그러한 백성은 사탄이 되어 이미 양심
이 무너진 백성이며, 양심의 흔적의
그 뿌리마저도 찾을 수 없이 전락된
그와 같은 착각 속에 사는 백성이라는
걸 너희는 잊어서는 아니 될 것이니라.
29 저희의 말로써 모두가 지워지며 말로
써 회개해서 지워진다면, 내가 너희에
게 하늘에 오르는 길이 바늘구멍을 낙
타가 통과하기보다 어렵고 힘든 길이
라 말하지 아니하였을 것이니라.
30 그러니 너희는 그보다 더 어렵고 힘든
길을 행하고 실천하며 살아가는 그것
이 나에게 오르는 길이니라.
31 그러니 너희가 지은 그 죄의 성전에
가 말로써 기도하고 경배하며 나의 아
들 예수를 찾음으로 모든 죄가 없어지
며 깨끗한 자며,
32 죄를 안고 사는 백성이라 느끼고 회
개하는 자들을 어리석은 백성이라 말
하는 것, 그리고 죄를 짓는 것을 두려

워하는 백성을 능멸하는 말을 하는
그와 같은 자들로 하여금 이 세상이
이와 같이 험악해졌으며,
33 그들은 절대 구원의 길을 볼 수 없으
며 그 마음에서 돌아서야 한다는 것
을 깨우쳐야 할 것임을 잊지 말라.
34 평소에 죄짓는 것이 생활화되어 있으
며, 저희가 죄짓는 속에서 살아오며
만성이 되었기에 그들은 스스로 죄를
모르느니라.
35 짓고 또 회개하면 된다 생각하는 자
니, 너희가 죄가 무엇인 줄 알겠느냐?
36 남을 욕하고 미워하고 시기하고 질투
하는 그 모든 것이 다 죄라 그리하였
거늘, 이를 모르고 그와 같은 행위로
살아가는 자, 그 속에서 젖어진 자들
이 천사와 같이 된 것이라 착각하는
그 불쌍한 자들을 너희가 깨우쳐야
할 것이니라.
37 너희가 음란한 생각을 하는 것, 도둑
질하는 것, 강도질하는 것, 남을 속이
는 것, 살인하는 것, 간음하는 것, 탐
욕의 마음을 가지는 것, 그리고 악독
한 마음을 가지는 것, 남을 속이는 마
음이요, 남을 속일 수 있는 마음이요,
교만한 마음을 가진 것, 그 모두가 죄
악이니,
38 그 속에서 지금 살아가는 그 백성이
'나는 죄가 없으며, 죄를 안고 살아갈
필요가 없으며, 죄와는 관계없는 백성
이라' 그리 말하며,
39 지옥과는 관계없으며 천국에 제 이름
이 걸려 있으니, 저는 천국으로 무조
건 가며, 죽어 가면 나 여호와에게 받
을 상과 그 은혜만을 생각하며 그 착
각 속에서 살아가는 자,
40 너희가 오늘은 위안이 될지 모르나,
너희가 심판을 받을 때 지옥의 문을
잡고 몸부림치며 통곡하는 자들이 바
로 너희니 그리 알라.
41 이 이치를 깨닫지 못하는 자, 너희는
백 년도 안 되는 육의 세상의 삶을 위
해 얼마나 많은 투자와 노력과 너희의
모두를 바치는가?
42 그러면서 영원히 사는 세상을 위해서
과연 얼마를 투자하는가?
43 영원히 사는 세상이 얼마나 위대하고
소중하고 너희에게 귀한 것인가를 모
르는 자들이니라.
44 오늘의 백 년의 삶은 영원히 사는 그
삶의 터전을 마련하는 기회를 준 것이
거늘,
45 그 터전을 마련하지 아니하고 안일한
생각이요, 편안한 마음으로써 모두를
이루었다 생각하는 그 착각에서 깨어
나야 함을 알라.

7,253 번째 하나님 말씀

2003년 8월 22일 06시 56분

1 사랑하는 나의 아들아!
2 "네, 아버님! 말씀하옵소서."
3 너희는 눈으로 보이는 것은 모두 알고
있음이니라.
4 너희 인간이 만들어 놓은 그 수많은
기계에서 공기를 혼탁게 하는 매연이
나오는 것을 너희는 알며, 그것은 너
희 생명을 단축하게 하는 것이라 그리
깨닫고 그를 제거하고자 노력하는 것
이 너희의 오늘의 삶이니라.

5 그러나 나 여호와가 내려다보는 가장
무서운 매연은 과연 무엇이며, 너희
스스로 목숨을 단축시키는 것은 무엇
인 줄 알겠느냐?
6 그 많은 백성이 그 아름다운 입에서
죄악의 소리를 내뱉는 것, 너희 몸에
서 너희 입을 통하여 나오는 그 매연
이 세상에 퍼지는 그것이 얼마나 무서
운 독소인가를 너희는 모름이니라.
7 그는 영원히 사는 삶을 죽이는 것이
너희임을 알아야 할 것이니라.
8 너희 자신의 몸에서 뿜는 그 매연이
얼마나 무서운 것인가?
9 그 모두는 너희 자신을 영원히 죽이
는 것이니라.
10 거듭나는 세상에 태어남을 죽이며, 너
희가 나에게 오르는 길을 죽이며, 너
희가 하늘에 오르는 그 길을 오지 못
하도록 하며 그것으로써 끝나는 것이
아니니라.
11 너희 입에서 너희 몸에서 그저 시도
때도 없이 뿜어내는 죄악의 매연, 듣
기도 섬뜩하며 듣기도 무서울 만큼
독한 매연을 내뿜는 그와 같은 행위가
무엇인 줄 알겠느냐?
12 너희가 나에게 오르지 못하는 것으로
끝남이 아니요,
13 나에게 오르지 못함으로 인하여 그 반
대인 지옥의 길로 간다는 것을 알아야
할 것이며, 그 지옥의 삶이 얼마나 두
렵고 무서운 것인가를 너희는 상상해
봐야 할 것이니라.
14 너희가 죄 속에 살면서 올 수 없는 하
늘나라요, 나 여호와가 존재하는 천국
이라는 것을 상상의 날개를 펴고 천사
의 꿈을 꾸나,
15 너희가 정작 갈 곳이요, 가서 거주할
곳인 지옥은 생각하지 아니함이니,
16 그를 바라보지 아니하며 그를 깨닫지
못하는 자들이 너희임을 알아야 할
것이니라.
17 그림 속과 같은 곳에 아름답게 지어
있는 고대광실 같은 집에서 사는 것을
상상하고 꿈을 꾸나, 너희가 정녕 가
야 할 길은 그 모든 집을 비켜 갈 것이
며, 바로 지옥이라는 곳에 가 허덕임
을 알아야 할 것이니라.
18 너희가 나에게 심판을 받으려고 올 때
까지만 해도 천국의 그곳에 영혼의
세계의 화려하고 아름다운 그 모든 것
이 너희 것인 줄 알며, 한 발짝 한 발
짝 뗄 때마다 하늘의 아름다움 속에서
'저것이 내 집이요, 내가 기거할 곳이
요, 내가 존재할 곳이라' 그리 생각할
것이니라.
19 믿음을 길을 왔으며 나의 아들을 찾음
으로 그 보혈로써 구원을 받았으며 재
물을 수없이 바쳤으니, 너희는 구원을
받는 자요,
20 나 여호와를 찾고 울고불고하며 그와
같은 믿음의 길을 살아왔음이니, 너희
는 당연히 구원을 받을 것이며, 그 화
려한 곳에 존재할 것이며,
21 네가 설 자리가 더 높은 자리며 더 높
고 아름다운 자리며 고귀한 자리며 황
홀한 자리라는 그 꿈을 안고 나에게
올 것이니라.
22 그러나 심판대에서 너희에게 떨어지
는 그 명령은 '나는 너를 모른다.' 함
이니, 너희는 캄캄한 지옥의 그 불바

다에 들어가 고통을 겪고 겪어야 하는
것이 너희가 가는 곳이니라.
23 천국의 나라는 너희가 올 수 있는 곳
이 없으며 설 수 있는 너희 집이 없다
는 것을 알라.
24 나로부터 받을 상에만 젖어 있는 자,
너희는 상이 아니요, 벌밖에 기다리는
것이 없다는 것을 알라.
25 너희가 모든 것을 말로만 하는 것으로
써 구원을 받는다 생각지 말라.
26 모든 것은 행함이 가장 소중하며 행함
의 그 역사 위에 모든 것이 이루어진
다는 것을 절대 잊어서는 아니 될 것
이니라.
27 너희가 행함으로써 나에게 오르는 길
이 아니라면, 내가 십계명을 내릴 필
요가 없으며, 지금 나의 법전이라 하
여 너희가 행하고 다스려 나가야 할
그와 같은 것을 너희에게 명하지 아
니하였을 것이니라.
28 너희는 오늘의 육의 삶이라는 것을 천
국과 지상이 구분된 삶이라 그리 말하
나,
29 여기서 하늘에 오르는 기초를 다지며
너희가 받는 점수로 하늘에 오르며,
일거수일투족의 행함의 그 모든 것이
너희 스스로 생활기록부에 기록하여
너희가 점수를 매김이니라.
30 너희가 나에게 바친 개인의 생활기록
부에 따라서 내가 너희에게 스스로
심판의 길을 가도록 한다는 것을 알라.
31 너희가 지금 숨을 쉬는 것, 너희가 생
각하는 것, 너희가 먹고 자는 그 모든
것까지도 다 너희 스스로 생활기록부
에 하나도 빼지 않고 기록하는 것이
너희 운명이라 하였으며 그대로 감이
니,
32 누구를 원망하고 탓하며 누가 도와주
고 너희와 더불어 안내하는 그와 같
은 역사는 이루어질 수 없음이니라.
33 너희 육과 영혼이 살아가는 그 생활기
록부는 하나도 빼놓지 않고 너희가
다 기록해 놓은 것이며,
34 너희가 스스로 기록한 그 점수를 펼쳐
놓고 너희 스스로 가는 것이요, 거기
에 나온 점수대로 가는 것이니,
35 원망할 수도 없으며 돌이킬 수도 없으
며, 몸부림쳐도 너희를 구원할 자 없
으며, 지옥의 문을 넘지 아니할 수 없
는 것이 너희라는 것을 잊지 말라.
36 너희의 생활 기록부가 하나하나 기록
됨이니라.
37 그를 너희가 어떻게 기록하느냐가 중
요함을 잊지 말라.

7,254 번째 하나님 말씀

2003년 8월 22일 07시 09분

1 사랑하는 나의 아들아!
2 "네, 아버님! 말씀하옵소서."
3 내가 너에게 깨우쳐 말했듯이, 그 귀
하고 소중한 나의 법전에 기록하여 전
하기를, 십계명 중에 한 줄을 더 넣어
그를 세상에 전했음이니,
4 '나 여호와가 존재함을 믿는 그 자체
가 구원의 길에 들어섬이라, 그리고
나의 법전을 가슴에 안고 정독하는 자
반석 위에 서서 하늘에 오르는 찬란한
빛을 보게 됨이라' 기록한 그 뜻이 얼
마나 소중하며 너희에게 깨우침을 주

는 것이라 하였더냐?
5 믿음의 길을 가는 그 수많은 백성, 헤
아릴 수조차 없는 그 많은 나의 백성
이 나의 아들 예수의 보혈로써 구원을
받았다 말함이 얼마나 경망한 것이며
잘못된 행위며 나를 능멸하는 것이며,
6 나의 사랑하는 백성을 거짓으로써 그
들에게 재물을 갈취하며 현혹게 하는
행위라는 것을 내가 일찍이 법전에 기
록하여 전했느니라.
7 내가 이 아침에 너에게 이 소중한 의
미를 다시 한 번 기록하여 만백성에게
깨우치고자 함이니라.
8 너희가 나 여호와를 믿는 것으로써 구
원을 받는 것이 아니라, 구원의 길에
이제 들어서는 것이요, 그것이 근본이
라 말했거늘,
9 어찌하여 나의 아들 예수를 믿는 것만
으로써 구원을 받으며 나에게 올 수
있다 그리 말하고 있는가?
10 그것이 너희가 간교하며 사악한 방법
으로써 지금 나의 피조물 만백성들을
현혹하여 지옥으로 이끌어 가는 사탄
의 앞잡이라 함이 거기에 있으니, 너
희가 얼마나 더 사악하게 얼마나 더
사탄의 앞잡이로 그 일을 하고자 하는
가?
11 너희는 그저 예수를 믿고 가기만 하면
구원을 받는다고 말함이니라.
12 그리고 그리 가기만 하면 너희는 나
의 하늘나라에 보내지는 자들이라 그
리 말하느니라.
13 예수가 나의 아들이요, 나의 뜻으로
역사하고자 했다는 것을 믿는 것은 구
원의 길에 들어서는 것이지, 너희가
구원을 받음은 아니니라.
14 너희가 구원을 받고 못 받는 그 차이
가 얼마나 무섭고 두려운 것인가를 아
느냐?
15 내가 너희에게 일찍이 말했듯이, 당당
한 실력이 있고 당당한 자격을 갖춰
그 자리를 가진 자와, 이제 그 자리를
가지려고 노력하며 준비하는 자가 대
등하다 생각해서는 아니 되며,
16 준비하는 자가 그 자리에 명을 받아
앉은 자를 능가하며 제가 앉은 것처럼
착각해서는 아니 된다 하였음이니라.
17 학업을 끝마쳐 그 자격이 있는 자에게
졸업장이라는 것을 주어 그를 증거한
다 하였음이니라.
18 너희가 졸업장을 받아 세상에 나온 백
성과 아직 받는 과정에서 수업하는
학생은 과연 얼마나 차이가 나느냐?
19 소정의 과정을 마쳐 졸업장이라는 것
을 받은 자와 받으려고 가는 백성과는
차이가 있음이니라.
20 그가 정녕 받고 못 받는 것은 아무도
모르지 아니하더냐?
21 그러나 지금의 모든 종교 집단이요,
지도자요, 믿음의 길을 가는 그 백성
은 미완성의 상태인 저희를 완전한
것으로서 착각하고 있음이니라.
22 지금 애벌레 형태로 있어, 깨어나 나
비가 되어 나는 그와 같은 과정은 그
안에 새들의 먹이요, 또는 들짐승의
먹이요, 짓밟혀 죽을 수도 있는 것이
며, 나비가 된다고 보장할 수 없는 것
이 너희니라.
23 그러나 어찌하여 너희는 나비가 된 것
처럼 나비가 되었다 말하며, 세상을

훨훨 날아 종족을 번식시키는 그와 같
은 역사를 이루는 나비가 되었다고 말
하는가?
24 그것이 바로 오늘의 믿음의 길을 가는
그 백성이니, 내가 무엇에 비추고 무
엇에 견주어 너희를 깨우쳐 주어야만
안단 말이더냐?
25 졸업하지 아니한 자가 졸업한 것처럼
행세하는 미완성된 자들이 오늘날 나
의 피조물 만백성들을 지옥으로 이끌
어 가며 그리 말함을 너희는 알아야
할 것이니라.
26 그리하여 하늘에 오르는 길이요, 그
의미를 알고 나를 믿는 것으로써 구원
의 길에 들어서는 기초가 다져지며,
나의 법전을 가슴에 안고 정독하고 또
정독해도 그것은 구원을 받는 것이 아
니요,
27 하늘에 오르는 그 길을 볼 수 있으며
빛을 볼 수 있으며 하늘에 오르는 길
이 무엇인가를 깨우치며 알게 된다 하
였음이니라.
28 거기에서 너희가 하늘에 오르고 못
오르는 것은 너희의 삶에 달렸다 하
였음이니라.
29 너희가 졸업장을 받은 백성이라 하여
도 그 졸업장을 받은 백성이 사회에
나와 바로 살지 아니하며 바로 역사하
지 아니하면 폐인이 되며 남에게 누를
끼치는 자가 되며, 남에게 눈총받는
자요, 세상에 필요 없으며 쓰이지 못
하는 백성이니, 졸업장을 만날 받으면
또한 무엇하겠느냐?
30 그와 같은 것이 하늘의 이치며 너희가
하늘에 오르는 그 길이거늘, 어찌하여
그와 같은 이치를 다 덮으며 무시하며
짓밟고, 애벌레가 나비가 된 것처럼
그리고 졸업의 과정에 있는 자가 졸업
한 것처럼 그와 같은 삶을 사느냐?
31 졸업장을 받은 자도 사회에 나와 어찌
사느냐에 따라서 인간 세상에 필요한
자요, 필요치 못한 자가 되듯이,
32 너희가 나에게 오르는 길은 나의 법전
을 가슴에 안고 정독하여 깨우치고 또
깨우쳐도 올까 말까 하며 너희의 노
력함에 달린 것이니라.
33 구원에 예비된 백성이 참진리요, 믿음
을 역사하는 것, 그리고 그 길을 위하
여 노력하여 달려오는 자만이 구원의
길에 들어서며 들어설 수 있다는 것을
잊지 말라.
34 지금까지는 준비되고 예비된 너희가
구원의 길을 인도하는 자들처럼 그리
고 인도된 자들처럼, 하늘에 오를 수
있는 모든 것을 다 받아 놓은 자처럼,
35 그리고 너희 이름 앞에 '아무개 너는
나에게 오를 수 있으며 천국에 올 수
있는 자라' 내가 결재하여 너희 이름
앞에 도장을 찍어 너희 가슴에 안겨
준 것처럼 착각 속에 살아가는 너희는
이제 깨어나야 함을 잊지 말라.
36 나의 십계명대로 살며 나의 법전대로
사는 그와 같은 시련의 어려운 그 길
을 지키지 아니하고는 절대 구원을 받
을 수 없다는 것을 알라.
37 예비하는 자가 구원을 받은 것처럼 완
성된 것처럼 착각하지 말라.
38 내가 이와 같이 상세히 하늘의 뜻을
기록하여 너희에게 전하고 깨우치건
만 이를 보고도 깨닫지 못하며 바로

서는 백성이 없다면 이는 나와는 무관
함을 알라, 사랑하는 나의 아들딸들아!

7,255 번째 하나님 말씀

2003년 8월 22일 07시 20분

1 사랑하는 나의 아들아!
2 "네, 아버님! 말씀하옵소서."
3 만백성 너희가 지금 살아가는 시대의
그 삶의 틀에서 벗어나지 아니하고 변
화의 역사를 이루지 아니한다면 너희
는 새로운 마음이요, 새로운 자세로써
태어날 수 없음을 알아야 할 것이니
라.
4 모든 종교 집단 지도자들은 나 여호와
의 뜻에 따라 역사하였으며 그리 이
루어졌다 하였음이니라.
5 그러나 모든 종교 집단이요, 지도자들
이 이제는 상업적이요, 상술로 모두
변하고 타락되었다 그리 말함이니,
6 이제 그걸 가지고 이방인이 비방하며
그 종교의 신도들이 너희에게 시시비
비를 할 것이니라.
7 그렇다면 이것은 타당한 것이며 잘못
된 것을 시정하고자 하나, 너희 종교
집단이요, 지도자들은 다음과 같이 말
할 것이니라.
8 한 가정에서도 부를 누리며 편안하게
사는 것은 경제를 다스리는 기술이요,
재물을 관리하는 능력이 있지 아니하
면 그 집안이 일어날 수가 없으며 지
킬 수 없기에,
9 저희가 이끌어 가는 교회요, 그 죄의
온상에도 재물을 잘 다스리며 재물을
사업적으로 변화시키지 아니하면 번
창할 수 없으며,
10 시대가 변하였기 때문에 이제는 재물
을 관리하며 상업적으로 사업으로 변
화되어서 가는 종교의 시대요, 그게
종교 집단이 가야 하는 길이라는 그와
같은 말로써 나의 피조물 만백성들에
게 합리화시키는 해괴한 망발을 지금
하고 연구하는 것이 너희일 것이니라.
11 이제 수천 년 동안 시달려 온 나의 피
조물 만백성들의 마음은 구약 시대요,
신약 시대의 그것이 아직도 머리에 젖
어 있음이니,
12 오늘의 교회라는 곳이 상업적이요, 장
삿속으로 장사 터로 바뀌는 것을 보
고 이곳에서 배울 것이 없으며 역사할
것이 없으며 깨달을 것이 없으며, 이
는 잘못되었다 떠나는 백성에게 그리
말할 것이니라.
13 네 주머니의 재산인 금화와 은화를 어
찌 다스리고 관리하느냐에 따라서 네
가 사는 인생의 삶이 달라지며 한 가
정의 역사가 달라짐이니,
14 재물을 관리하고 다스리는 능력이 없
는 자는 남의 밑에 가서 고생할 것이
며 평생 거지로서 살아갈 것이며 얻어
먹는 자로 살아가는 것이니,
15 지금까지 몇천 년 동안 흘러오는 그
세월 속에 변하고 변화되지 아니하였
더냐?
16 그 변화의 흐름에 따라 가기 위해서
이 교회라는 곳도 재물을 관리하는 방
법을 장삿속으로 사업함으로써 그 재
물을 늘리는 이와 같은 방법으로써 탄
탄히 다져 가지 아니하면 곧 문을 닫
고 쓰러짐이니,

17 상업적으로 변하고 장삿속으로 변하
는 것은 시대의 흐름이요, 변천사의
한 기회에 순응하며 편승해 가는 길이
라 그리 말할 것이니라.
18 믿음이 변화되었으니 믿음의 길을 가
는 방법을 다시 깨우치고 바로 가는
것이 아니라, 그와 같이 합리화시키기
위하여 지금 모든 종교 집단에 있는
자들은 간교한 계획을 하며 그림을 그
리고 있으며 그에 대한 대책의 설교
자료를 만드는 것이 너희니라.
19 나의 사랑하는 피조물 만백성들은 그
걸 모르며 보지 못하나, 나 여호와는
이를 다 내려다보고 있으며, 너희가
준비하는 것에 대비하여 나의 법전에
기록하여 너희를 다스린다는 걸 알고,
20 간교한 방법으로써 더 버티려 하지 말
며 빠져나가려 하지 말며, 너희는 이
제 모두 포기하고 성경이요, 나의 십
계명을 지키는 삶으로써 변화되는 삶
을 살 것이며,
21 나의 법전을 접하고 읽고 깨우쳐 변화
되는 그 길을 가는 것만이 너희가 사
는 길이니라.
22 너희가 아무리 발버둥치고 간교한 방
법으로써 오늘은 면한다 해도, 너희
자신이 잠시의 위안이요, 기쁨을 얻을
지 모르나, 그 후에 얻어지는 그 고통
은 너희가 상상할 수 없을 것이니라.
23 나 여호와가 원하고 이루고자 하는 것
을 모르는 그 길에 있는 백성이야말
로 나와 관계없는 자들이며, 너희가
어느 길로 흘러가는 것인가를 깨우쳐
야 할 때가 되었거늘,
24 어찌하여 지금도 바로 서려는 그와 같
은 믿음을 가지 아니하며, 바로 서고
자 하는 마음의 자세를 다스리지 못하
는가?
25 지금의 종교 집단이요, 지도자요, 신
도들의 맹종 맹신하는 삶을 너희 제자
들이 본받으며 그와 같은 길로 가서는
아니 될 것이며,
26 그곳에 너희 자신을 던지는 자, 그곳
에서 뛰쳐나오지 못하는 자는 정녕 하
늘에 오르는 그 빛을 볼 수 없다는 것
을 그들에게 전하라.
27 나의 백성으로 새롭게 거듭나는 그 길
만이 나에게 오를 수 있으니, 첫째는
너희가 내 법전이 의심나거든 십계명
대로 지키고 살라는 그것 하나를 먼
저 지키도록 그리하라.
28 그것이 과연 무엇이 잘못되었단 말이
던가?
29 나 여호와가 지켜야 하기 때문에 내려
보낸 것이니, 그걸 먼저 지키고 사는
마음으로 변화되라.
30 그리하면 너희가 성경에 눈을 뜰 것
이며 나의 법전에 대한 눈을 뜨게 될
것이니, 그 뜻을 전하라.
31 너희 자신이 만백성의 종이요, 너희
자신을 만백성을 위하는 제물로서 바
치고자 하는 데 두려워하지 말며,
32 자신을 만백성을 구하는 제물로 바치
겠다는 그와 같은 각오로 변화되는 마
음을 갖지 아니하면 너희는 성령이
임한 백성이 아니요,
33 육의 사탄의 욕심이 너희를 지배하며
너희 마음속에 그득히 차 있다는 것을
잊어서는 아니 될 것이니라.
34 하늘에 오르는 길을 아는 백성, 구원

을 받고 못 받는 것이 무엇인가를 아
는 백성이야말로 얼마나 영광의 은혜
를 받은 백성이더냐?
35 지금의 모든 종교 집단 지도자들에게
전하라.
36 너희가 구원을 받고 무엇을 얻고자 하
는 것, 그리고 무엇을 이루고자 하여
기도하고 나에게 경배하며 그 믿음의
길을 가는 백성, 그들은 다 사탄이요,
지옥으로 간다는 것을 알라.
37 진정한 나의 백성이요, 나의 아들을
따르는 제자 너희는 무엇을 이루고
역사하는 것을 생각하지 말며, 욕심이
그득 찬 사탄의 생각을 하지 말며,
38 이 세상에 너희가 살아갈 수 있도록
지금까지 존재하는 것 그 모두가 나
여호와가 너희에게 베풀어 준 은혜요,
내가 너희에게 내린 영광이니,
39 거기에 감사하는 마음으로 그리고 순
종하는 마음으로 사는 백성으로 너희
마음을 다스리고 그리 먼저 감사하고
살아가는 마음으로 변화되어 가는 마
음 자세가 되어야 할 것이니라.
40 그것이 곧 나 여호와가 역사하고자
하는 길에 참여할 수 있는 자리며, 그
역사할 곳에 너희가 설 자리가 있으
며, 너희가 나를 가장 기쁘게 하며 나
를 세상에서 가장 즐겁게 하는 백성이
라는 것을 잊어서는 아니 될 것이니라.
41 만백성에게 전하라.
42 너희가 기도하며 무엇을 소원하고 구
하고자 이루고자 하여 역사하는 것은
사탄의 생각이니,
43 그와 같은 기도를 하기 전에, 내가 너
희에게 지금까지 내려 준 그 모든 은
혜에 감사하는 마음이요, 순종하는 마
음이요, 그를 따라 지키는 마음이요,
44 그리고 너희에게 지키라는 그 계명을
목숨을 바쳐 지키는 그와 같은 자가
내가 이루는 역사에 동참하며 나의 아
들딸이라는 것을 너희는 이제 알아야
할 것이니라.
45 감사하는 마음을 버려두고 계속 더 달
라고 하며 얻고자 이루고자 하는 것이
얼마나 사악한 자인가?
46 사탄의 자식으로서만 하는 길이라는
걸 이리 내가 가르치고 전해도 이 뜻
을 모른단 말이던가, 사랑하는 나의
아들딸들아!

7,256 번째 하나님 말씀

2003년 8월 22일 11시 29분

1 사랑하는 나의 아들아!
2 "네, 아버님! 말씀하옵소서."
3 모든 역사의 흐름에서 완벽한 사람들
이요, 완벽한 나의 아들딸이요, 완벽
한 나의 백성이 없었기에 구약의 시대
에 구약의 성서라는 것이 세상에 내려
와 너희를 깨우치고자 하였으며,
4 그러나 구약의 시대에 또한 완성된 백
성이 아니며 완전한 백성이 없으며,
그리하여 신약의 시대가 또 열렸음이
니라.
5 이는 너희가 나의 뜻대로 지키지 못
하고 산 백성이기 때문에 그러한 역사
가 이루어졌으나,
6 또 하나 생각할 것은, 완벽한 백성이
세상에 없었기에 그와 같은 완벽한 백
성을 세상에 존재하게 하기 위하여

그 모든 역사가 이루어졌음을 너희는
알아야 할 것이니라.
7 지금 완벽한 자가 있는가 누가 말해
보라.
8 나의 백성은 아무도 완벽한 자가 없
음이니라.
9 그러니 너희가 남을 질투하고 남을
시기하고 남을 욕되게 하는 것은 모두
다 저 자신이 완벽하지 못하기에 그
와 같은 행동을 하며, 그와 같은 마음
이요, 그와 같은 삶을 살아가니,
10 그 모두를 다스리고 용서하고 덮고 나
가는 그와 같은 마음을 가지고 가는
것이 나의 백성이요, 나로부터 선택된
너희가 해야 할 길이니라.
11 완벽하지 못하기에 실수하는 것이며,
완벽하지 못하기 때문에 바로 서지 못
함이니, 그를 보고 탓하며 그를 보고
욕하는 것 또한 저도 완벽하지 못함을
제 스스로 말함이니라.
12 그러니 그 모두를 이해하고 용서하는
마음으로 변해서 살아가는 그것이 너
희가 나의 뜻을 따라 그 길을 오는 백
성임을 알라.
13 지금 이 세상에서 가장 어리석고 불쌍
한 백성이 누군 줄 알겠느냐?
14 너희가 완벽함이란 무엇이더냐?
15 너희가 나에게 와 심판을 받아 내 품
에 올 수 있으며 천국에 올 수 있는,
너희가 말하는 의인이 된 자가 완벽한
자이니라.
16 그러니 하늘에 오를 수 있는 것이 완
벽한 자거늘, 하늘에 오르지 못하는
자는 완벽한 백성이요, 완벽한 삶을
사는 나의 피조물이라 말할 수 없느니
라.
17 그러나 그중에서 완벽하다고 수없이
떠드는 자들이 있으며 저는 완벽하다
는 자가 있으니, 그들이 얼마나 불행
하고 불쌍한 자들이더냐?
18 이 세상에 완벽한 자가 없기에 내가
제3의 시대에 나의 성령을 모두 태워
나의 법전을 세상에 내려보내니, 완벽
한 의인이요, 완벽한 백성이 있다면
그리하겠는가?
19 완벽한 것이라는 것은 나에게 구원을
받은 자들이니 그게 완벽한 백성이니
라.
20 지금 수천 년 동안 믿음을 오는 백성
이요, 그곳에서 구원을 받는다 하여
울고불고하는 그 신도들이 뭐라 말하
느냐?
21 '너는 구원을 받았느냐?' 할 때, 저는
구원을 받았다 함이니, 제가 완벽한
사람이라 말하는 것이니라.
22 과연 그가 살아가는 모습, 제 행동의
그 추한 모습, 보이지 않는 곳에서 생
각하는 그 마음이 과연 완벽한가 그들
에게 한번 물어보도록 그리하라.
23 완벽한 자가 나에게 구원을 받으며 하
늘에 오르는 자만 구원을 받았다 말할
수 있거늘, 저희가 감히 구원을 받았
다 말하는 것은, '나는 완벽한 사람이
요, 죄를 짓지 아니하며 하나의 흠집
도 없는 자요, 나무랄 것이 없는 자,
곧 의인이 되었다' 말함이니,
24 이 세상에 의인은 나의 아들 예수요,
그와 같은 의인이 없다 말하며 저희가
그리 말하느니라.
25 그러면서 인간은 의인이 될 수 없다면

서 저희가 구원을 받았다 말하는 것
은 무엇이더냐?
26 의인으로서 완벽한 자가 구원을 받은
자니, 구원은 나에게 와 내가 너희를
거둬들이는 그 순간에 너희가 완벽한
백성인 것이니라.
27 천국으로 오르는 것이요, 나의 나라에
오는 것이 완벽한 백성이거늘,
28 저희가 감히 구원을 받아 나에게 선택
되어 나에게 와 상을 받을 것만 남았
다 말하는 그 백성에게 물으라.
29 네가 철이 들면서부터 지금까지 살아
온 삶에서 과연 흠집이 하나도 없으며
완벽한 백성인가?
30 그 몸에서 썩어져 나는 냄새요, 심장
에서부터 썩은 냄새가 나는 것을 모르
고 있음이니라.
31 내가 그를 맡기가 역겨운 자가 제가
완벽한 사람이라 말하니, 이 세상에
그와 같이 사악한 백성이 없음이니라.
32 완벽하지 못한 것을 완벽한 백성이 되
었다 하며 구원을 받았다 하여 그들로
부터 모두를 갈취하는 그것이 사탄이
고 악마니라.
33 이룰 수 없으며 될 수 없는 것을 공수
표를 띄우며 그것을 믿고 가는 자들이
그들이니라.
34 이제 너희는 두말할 것이 없느니라.
35 정녕 저희가 구원을 받았으며 나로부
터 하늘에 오를 수 있는 그 모두를 다
받은 자라 말하거든,
36 완벽한 자가 하늘에 오르는 것이요,
완벽한 자만 구원을 받으며 의인만 구
원을 받으니, 네가 과연 완벽한 삶을
살았으며 의인 같은 삶을 살았으며 너
자신이 부끄러운 것이 없으며, 지금의
네가 생활하고 살아가는 모습이 부끄
럽고 추한 행위를 하지 않는가, 과연
네가 천사와 같이 살아가며 완벽한 삶
을 사는가 그에게 물어보라.
37 네가 욕심이 없으며 사악한 마음이 없
으며, 네가 정녕 천사와 같은 마음으
로 살아가는가?
38 그와 같이 회개하고 깨우쳐 살아가는
사람만이 의인이라 말할 수 있으며,
그 의인 중에 또한 나로부터 구원을
받는 자가 진정한 의인이라 할 수 있
음이니라.
39 이제 너희는 그들이 감히 저희가 완
벽한 자라는 그와 같은 말을 하지 못
하도록 나의 법전을 전해야 할 것이
니라.
40 감히 저희가 구원을 받았다 하는 것
은 완벽한 백성이라 하는 것이니, 제
가 여태껏 살아오면서 과연 흠집이 없
으며 죄 됨이 없는가?
41 그 썩은 냄새나는 것을 씻을 자격도
없는 자가 그와 같은 말을 하는 자들
이니,
42 이제 그들에게 물으라.
43 구원을 받았다 하거든, 구원은 완벽한
자요, 하나님 앞에 가는 자가 구원받
은 것이니,
44 네가 과연 그와 같이 완벽한 모습으로
살아왔으며, 지금의 살아가는 형태요,
지금 마음속에 있는 생각이요, 그 오
만과 자만함이요, 욕심의 그 벌레를
그득히 가슴에 안고 다른 신을 가슴에
안고 서 있는 네가 과연 완벽한 자인
가 물어보라.

45 나의 아들을 따르는 제자 너희에게
물어볼 때, 너희는 부끄러워 고개 숙
이며 완벽하며 그리고 구원받았다 말
할 수 없을 것이니라.
46 너희만큼도 깨달음이 없으며 너희만
큼도 하늘의 뜻이요, 그 의의를 모르
는 자들이 완벽하다며 구원을 받았다
함이니, 그들이 얼마나 불쌍하고 가련
한 자들이냐?
47 그렇다 해서 그들을 탓하고 나무라면
너희도 똑같은 자들이니라.
48 그러니 그들을 깨우치고 다스릴 수 있
도록 그리하라.
49 이제 너희가 다른 백성이요, 너희 형
제가 잘못하고 실수하는 것을 비방하
며 시기하고 질투하며 음해하며 그리
고 핀잔하고 욕되게 하는 것은 모두
지옥 불에 간다고 성경에 기록하여
가르쳤거늘,
50 성경에 기록된 내용이 두려우면, 어찌
하여 나의 법전에 기록된 내용이 두렵
지 아니하여 어찌 감히 그와 같은 말
을 하며 그와 같은 생각을 하는가?
51 그와 같은 생각을 하는 자들이 사탄이
되는 순간이요, 나를 떠나는 자식이니,
52 너희가 만날 회개하고 기도해도 사탄
의 자식으로 돌아가는 것은 일순간이
니라.
53 너희가 그와 같은 너그러운 마음으로
살지 아니하면 완벽한 백성으로서 나
에게 올 수 없음이니, 그와 같은 악습
을 하나하나 버리라.
54 남의 잘못된 점을 탓하는 것은 네가
완벽하지 못한 인간이요, 네가 그와
같은 짓을 할 수 있기에 그를 보고 격
분함이니라.
55 네 모습을 닮은 자를 보며 네가 하는
짓을 닮은 자를 봄이니라.
56 너희가 인간 세상에 살아가면서 너희
가 잘하는 것을 남이 잘할 때 그것이
싫으며 그 모습이 보기 싫으며, 너희
와 똑같은 짓을 더 잘하는 자를 질투
하고 시기하지 않느냐?
57 그렇기 때문에 너희가 음해하고 모함
을 함이니,
58 너희가 남을 흉보며 남의 이야기를 하
는 것은 바로 네가 그와 같은 것의 대
표적인 자이기에, 네가 잘하는 것을
건들며 너만이 가진 특성을 남이 네
앞에서 잘하는 것처럼 자랑하는 것으
로 보이기 때문에 너희가 광분하고
흥분하며 그를 미워하는 마음이니,
59 그게 바로 너희 자신의 모습이라는
걸 잊지 말도록 그리하라.
60 너희가 그와 같은 것을 다스리지 아니
하면 너희가 완벽한 백성으로 갈 수
없으니, 완벽한 백성이 아니 되면 나
에게 구원을 받을 수 없음이니라.
61 그러니 완벽한 백성이 무엇인지 그 뜻
을 알았으며 살아가는 방법을 알았으
면 만백성 그들에게 깨우쳐 주라.
62 구원을 받았다 말하는 자는 제가 완벽
한 백성이라 부르짖는 것이니, 과연
제가 완벽한가 물어보라.
63 그 심장이요, 그 모두가 썩은 냄새가
내가 맡기가 역겹다 그리 전하라, 사
랑하는 나의 아들딸들아!

7,257 번째 하나님 말씀

2003년 8월 22일 11시 39분

1 사랑하는 나의 아들아!
2 "네, 아버님! 말씀하옵소서."
3 너희가 손으로 지은 건축물인 그 교회
요, 성전이라는 곳에서 나의 피조물
만백성을 깨우치고자 가는 종교 집단
이요, 지도자들, 그리고 구원을 받았
다는 그 백성,
4 그들이 있는 그 교회요, 성당의 그 모
두가 이 세상의 병들고 쓰러져 가는
나의 피조물 만백성의 그 속에서 자
리 잡고, 병들고 쓰러져 잘못 가는 나
의 피조물 만백성들을 진정한 길로 인
도하며 깨우치며 생명수를 부어 넣을
수 있는 그와 같은 역사를 하는 곳이
라면 내가 교회요, 성당이요, 회막을
헐라 그리 말하지 아니할 것이니라.
5 정녕 나 여호와의 뜻에 의하여 가르
치고 깨우치는 그와 같은 성당이요,
교회요, 회막이라면, 이 세상에 병들
고 쓰러져 가는 나의 피조물 만백성들
의 생명수가 되어야 할 것이며, 그들
을 구원하는 장소가 되어야 하거늘,
6 지금 그와 같은 장소의 역할을 하지도
못하고 있으며 그곳이 범죄의 소굴이
되어 있음이니 이를 과연 어찌해야
한단 말이던가?
7 생명수가 되어야 하며 그와 같이 깨우
치고 가야 할 곳이, 일반 백성이 살아
가는 세속의 삶보다도 더 병들고 썩어
져 있으니, 이를 과연 어찌하겠는가?
8 그를 바라보는 나 여호와의 슬픈 마음
은 이루 말할 수가 없음을 너희가 알
아야 할 것이니라.
9 그리하여 내가 그와 같은 역사를 되돌
려 놓으며 그 모두를 다스려 단죄하고
자 하는 것이 나의 뜻임을 알라.
10 지금 모든 죄의 온상이 그곳이요, 겉
과 속이 다른 곳의 대표적인 것이 그
곳이니라.
11 속은 썩을 대로 썩어졌으며 서로 질투
하고 시기하는 그와 같은 속에서, 겉
만 번지르르한 것을 보고 그곳이 신성
한 곳이요, 나 여호와의 뜻을 이루는
곳이요, 나를 만날 수 있는 곳이요,
12 너희 삶이 불안하며 다음 세상의 삶을
알지 못하며 미래를 알지 못함이니 불
안과 공포를 느끼는 나의 사랑하는 백
성에게,
13 구원받을 수 있는 곳이며 구원해 줄
수 있으며 새로 태어나는 곳이라 하여
그들을 인도하느니라.
14 아무것도 모르는 나의 백성이 그곳이
천국에 가는 길이라 찾아들고 있으며,
구원의 길이라 찾아들고 있으나,
15 그곳은 지옥의 안내소요, 그곳에 들어
감으로써 너희는 다시는 돌이킬 수
없는 지옥이요, 사탄의 삶을 살아가는
것을 모르고 있음이니,
16 나의 피조물 만백성들에게 너희가 깨
우쳐야 함을 알라.
17 모든 종교 집단이 속해 있는 곳에 모
든 백성이 경배하며, 그곳에서 흘러나
오는 진리요, 설교가 많은 이방인이라
는 그 백성이 생명수보다 더 달게 그
걸 받아들이며, 마실 수 있는 그와 같
은 아름다운 장소로 변했다면,
18 내가 그걸 헐라 말하지 아니하며 그걸

태우라 말하지 아니할 것이니라.
19 그러나 그와 같은 역사를 해야 할 그
곳이 죄의 온상이 되었기에,
20 내가 거기에 거미줄을 치며 문을 닫고
자 하는 것이 나 여호와가 이루고자
하는 뜻임을 너희는 알아야 할 것이
니라.
21 이제 그곳이 지옥의 안내소라는 것을
알았다면, 과연 나의 피조물 만백성들
이 그와 같은 지옥의 안내소를 가지
아니하며 하늘에 오르는 그 길을 올
수 있도록 나의 피조물 만백성들에게
보여 줄 곳이 없으며 그들을 관람시켜
서 깨우치고 깨닫게 할 수 있는 그와
같은 장소가 세상에 한 곳도 없음이
니, 내가 그걸 이루고자 하며 역사하
고자 함을 알라.
22 모든 문화를 보지 못하는 백성이요,
그리고 다른 사람들의 문화와 역사요,
그들이 가진 기술적인 전통이요, 이걸
보지 못하는 것을 너희는 어찌 깨우
치는가?
23 관람을 하여 가서 보고 느낀 것을 깨
닫고 느끼지 않는가?
24 과학의 변화 또한 그 역사를 만백성에
게 가르칠 때 어찌하는가?
25 관람의 장소를 만들어서 많은 백성이
그곳에 와서 보고 깨우치고 느끼도록
하여, 더 나은 것, 더 위대한 과학을
발전시키는 계기로 쓰지 않더냐?
26 그러니 지금 이 세상이 썩을 대로 썩
었으며 바른 곳이요, 바로 나 여호와
의 뜻에 따라 사는 곳이 없음이니,
27 나의 피조물 만백성들이 눈으로 보고
관람하여 깨우쳐 변화될 수 있는 그와
같은 장소가 없음이니라.
28 그리하여 내가 나의 아들을 통하여 나
의 법전으로써 들어오는 그 모든 것을
가지고 지상의 낙원의 작은 곳을 만들
라 하였음이니,
29 그곳에 와 모든 백성이 그걸 보고 깨
우침이니 그게 관람이니라.
30 하늘에 오르는 길이요, 나 여호와가
역사하는 곳이요, 나 여호와가 존재하
는 성전이요, 나 여호와가 존재하는
교회요, 내가 존재하는 법당이요, 내
가 임하는 성당이라는 그 모두가 다
어떠한 곳인가를 모범적으로 보일 만
한 곳이 없으며 관람의 장소가 없기에,
31 내가 너희에게 그걸 만들고자 하는 것
이며, 너의 제자들로 하여금 관람소를
만들게 하고자 하는 것이 나 여호와의
뜻이니라.
32 너희가 어서 변하고 깨우쳐야만 그와
같은 관람소를 만들 것이며, 그 관람
소를 만들면 무엇하겠느냐?
33 거기 와 있는 백성의 안내자가 엉망
이요, 안내자들이 그 관람자에게 사기
치며 거짓 하며 그들을 우롱하며 도
둑이 들끓는 그와 같은 장소가 되어서
야 하겠느냐?
34 그리해서는 절대 될 수 없으며 역사할
수 없는 것이니라, 사랑하는 나의 아
들딸들아!
35 너희가 관광 코스를 만들어 모두 보고
깨우치듯이,
36 지금 나의 나라요, 내가 역사하는 곳
이요, 그 천국과 같은 곳을 관광할 곳
이 없으며 관람할 곳이 없느니라.
37 너희가 세상의 이치를 관람하며 과학

의 이치를 관람하며, 그걸 보고 경탄
하며 두려움을 알며 자연의 위대함을
알면서도,
38 천사와 같은 백성이 사는 그 관람소
가 없음이니라.
39 지금 모든 교회요, 성막이요, 성당이
천국에 온 것 같은 곳으로 관광객을
끌어들일 수 있으며 그곳에 관광객이
들어서 관람하고 느낄 수 있는 장소가
있다면 나 여호와는 그곳에 모든 역
사를 임할 것이니라.
40 그러나 그와 같은 장소가 없으며 그와
같은 집단이 없으며,
41 이기주의요, 저희의 이해관계에 의하
여 미쳐 날뛰는 그와 같은 형국이니,
나의 피조물 만백성들이 그곳을 보고
와 죄악의 구렁으로 빠지는 그와 같은
형국이니,
42 그게 명소가 될 수 있으며 관광 코스
가 될 수 있으며 관람 코스가 될 수 있
더냐?
43 사랑하는 나의 아들아! 너의 제자들
에게 이르라.
44 작은 곳이라도 좋으니라.
45 나의 손바닥만 한 곳, 너희의 그 몸뚱
이만 한 곳이라도 정녕 그들이 들어옴
으로 이것이 하늘나라요, 하늘의 뜻이
요, 나 여호와가 존재하는 그 명소요,
관광 명소를 만들도록 그리하라.
46 그것이 너희가 이루는 역사이니, 나
여호와의 그 애절한 마음을 알겠느냐?
47 그를 위하여 내가 너희를 깨우치며
그로 인해 만백성들을 깨우치기 위해
오늘의 이 길고 어렵고 힘든 길을 가
고 있음을 알라.
48 관광 명소를 만들라.
49 나 여호와가 존재하는 관광 명소, 천
국의 관광 명소를 만들라.
50 하늘에서 이루어진 천국의 그 형태를
지상에서 관광하는 관광 명소를 만들
며, 관람자가 들끓을 수 있게 하여,
51 거기를 거쳐 가는 백성이 깨우칠 수
있으며 눈으로 보고 깨달으며 피부로
느껴서 깨달을 수 있는 그와 같은 장
소를 만드는 것이 너희 대명이니라.
52 사랑하는 나의 아들과 나의 아들을 따
르는 선택된 제자들이요, 나의 법전을
읽은 백성 너희는 그를 위하여 모두
를 다 던지고 모두를 다 바치는 그와
같은 삶을 살도록 그리하라.

7,258 번째 하나님 말씀

2003년 8월 22일 11시 51분

1 사랑하는 나의 아들아!
2 "네, 아버님! 말씀하옵소서."
3 모든 백성이요, 그리고 수천 년 동안
흘러온 그들이 나 여호와의 뜻이요,
내가 원하는 길이요, 나에게 오고자
하는 그 믿음을 간다면, 정녕 내가 존
재함을 믿으며 내가 원하는 그 길을
가는 백성이라면,
4 인간 세상에서도 부모에게 효성스러
운 가족이요, 형제들이 화목하다 하였
듯이,
5 너희가 진정 나를 믿으며 나의 뜻에
의한 길을 살아오는 백성이라면, 너희
는 내부와 외부의 모든 마음이 다스려
져서 지금 아름다운 모습으로 살아가
는 그와 같은 형국이 되어 있을 것이

니라.
6 세상이 넓고 크다 생각하지 말라.
7 한 가정에 열 자식을 둔 그 부모가 열
자식이 각자 아우성을 치며 소리 지르
면 그 집안은 분란이요,
8 아름다움이요, 사랑이 없으며 부모를
공경함이 없는 것이니라.
9 그와 같이 깨지고 갈라지는 것은 열
자식을 둔 부모의 마음이나 마찬가지
이니라.
10 그러나 그 열 자식이 한마음이 되어
부모를 공경하면 한 뜻을 이룬다 하였
으며, 서로 어렵고 힘듦을 나누며 서
로 사랑으로 간다 하였으니,
11 이 우주를 통제하는 나 여호와의 가정
도 그것과 다름이 없음이니라.
12 그러나 그와 같은 마음으로 살아가지
않는 것이 오늘의 백성이며 그리고 종
교 집단이요, 믿음의 길을 가는 백성
이라 하는 자들,
13 말로써 세상의 믿음의 길을 가는 그와
같은 백성이 나와는 관계없는 길이요,
구원의 길이 아니라 다른 길을 달려가
는 자들이라 그리 말하였느니라.
14 나에게 오는 길로 오는 것이 아니요,
나와는 정반대의 길을 눈물 콧물을 흘
리며 평생 기도하느니라.
15 나 여호와에게 은혜와 축복을 내려
달라 기도하며 원하는 것이니, 밤과
낮을 가리지 않고 재물을 바치고 기도
하면서 무엇인가를 줄 것이요, 이룰
것이라는 그 생각에 젖어 있는 자들,
너희는 나에게 소원하는 기도를 하는
것이 아니니라.
16 너희가 지금 나에게 무엇을 용서를 빌
며 무엇을 얻고자 기도하며 소원을 비
는 것, 너희가 정녕 나에게 원하는 그
와 같은 기도라면 내가 부모라 들어주
지 아니할 것이 없으며 듣지 아니하지
는 아니할 것이니라.
17 그러나 너희가 소원하는 기도요, 이루
고자 하는 기도요, 역사하고자 하는
그 기도의 본질의 마음이 진정으로 얻
고자 하며 구원하고자 하는 낮은 자세
로 겸허한 마음이요, 경건한 마음으로
나 여호와에게 기도드린다면 내가 너
희의 그 기도까지도 들어줄 수 있을
것이니라.
18 그러나 너희의 그 기도 속에 이면의
마음이 얼마나 사악한 줄 알겠는가?
19 내가 들여다보는 너희 마음은 그러하
니라.
20 너희가 기도하며 모두를 이룰 것이며
나로 하여금 모두를 얻는다는 그 기도
가 어떤 기도인지 알겠느냐?
21 나 여호와에게 '이루어 주옵소서, 저
희는 약하니 뜻을 거두어 주옵소서,
소원을 들어주옵소서.' 그와 같이 진
실한 마음의 기도라면 내가 그래도 가
납할 수 있으나, 너희는 그 마음이 아
니기에 내가 그 말을 듣지 아니함이니
라.
22 너희가 기도하는 마음은 어떤 마음인
줄 알겠는가?
23 너희는 전지전능한 아버지요, 창조주
아버지라 나를 부르면서, 나를 이용하
여 무엇을 얻고자 하는 사악한 마음에
서 달라고 원하는 기도를 하느니라.
24 너희가 나를 이용하여 무엇을 얻고자
하는 그와 같은 마음이 아니라면 내가

너희가 원하는 기도를 그래도 들어줄
수는 있다 함이니라.
25 너희는 전지전능한 하나님이요, 사랑
을 베푸는 하나님이니,
26 너희가 소원을 말하기만 하면 기도하
고 매달리기만 하면, 나 여호와는 피
할 수도 없으며 도망갈 수도 없으며
어쩔 수 없이 너희의 강압에 의하여
너희 뜻을 들어줄 것이라는 그와 같은
사악한 마음의 뿌리가 너희 가슴에
있으며, 그걸 가지고 기도하는 자들이
너희 마음이니라.
27 나 여호와를 꼼짝 못 하도록 한구석에
몰아넣으며 그리고 기도로써 말로써
매달리고 또 쫓아가며 그리 이루어 달
라 말하면,
28 너희의 기도 소리요, 너희가 원하는
것에 더 이상 견딜 수 없는 나 여호와
가 너희 뜻을 들어줄 것이니,
29 너희는 나에게 얻고자 함이 아니라 나
를 구석으로 몰아넣고 갈취하고자 하
는 그와 같은 생각에서 기도하고 원하
고 바라는 것이 너희 마음이니라.
30 나는 너희의 깊은 마음을 알고 있음
이니라.
31 그러나 너희는 아니라 아무리 발버둥
쳐도 사악한 욕심에서 행하는 것이 바
로 너희 마음이니라.
32 너희가 새벽 기도를 드리며 철야 기
도를 드리며 수없이 기도를 드리며 기
도원에 들어가 기도하며 소원을 비는
것이 무엇인 줄 알겠느냐?
33 나 여호와를 꼼짝 못하도록 몰아넣고
무엇인가를 빼앗고자 하는 그와 같은
사악하고 간악한 마음에서 기도하는
행동이 그것이니라.
34 너희가 기도하는 그 마음이 그와 같음
을 너희는 모를 것이나, 너희 본심은
그와 같은 마음에서 기도함이니,
35 그러니 내가 너희의 그 간악한 기도
를 들을 것이며 내가 그 기도 소리를
듣는다 말하더냐?
36 절대로 듣지 아니함이니라.
37 감히 나 여호와를 꼼짝 못 하도록 몰
아넣고 그리고 기도로써 몸부림치면
서 소리를 지르는 것으로써 나를 위협
하고자 하는 자요, 나에게 공갈하고자
하는 자요,
38 나에게 그와 같이 사악한 마음으로써
몰아붙이는 기도가 울며불며하는 새
벽 기도요, 밤 기도요, 철야 기도요,
산 기도라 하는 그와 같은 형국의 본
심의 뿌리의 마음은 사악한 자들이 네
마음에 들어앉았으니, 그건 사탄의 마
음이니라.
39 너희는 그렇지 아니하다 하고 울고불
고 소리 지르나, 사탄들이 네 마음을
조종하는 것을 너희는 느끼지 못할
것이니라.
40 너희 마음속에 있는 사탄은 나 여호
와를 밀어붙여라, 구석으로 밀어라,
그리고 더 밀어붙이라는 그와 같은 행
위를 하느니라.
41 그리하여 나를 구석으로 몰아붙여 욕
되게 하는 그와 같은 사악한 마음을
가지고 하는 것이 새벽기도요, 철야
기도요, 소원하는 기도요, 기도원에서
기도하는 것이요, 산과 들을 찾아 몸
부림치며 기도하는 것이 그 사악한 자
들의 뜻이 거기에 있음이니라.

42 나를 밀어붙이라, 나를 밀어붙이라 몰아붙이라,
43 너희는 자식이요, 너희 아버지이니, 너희가 몰아붙이고 또 몰아붙이면 그는 어쩔 수 없이 너희에게 역사할 것이다.
44 이와 같이 사악하고 간악한 마음의 근본에서 기도하는 것을 너희는 모르나 나는 알고 있느니라.
45 교만에 차 있는 자요, 잔꾀에 젖어 있는 것이 너희요,
46 잔꾀를 부리는 데 천재라는 사람도 따라가지 못할 만큼 천사도 따라가지 못할 만큼 사악한 잔꾀를 부리는 것이 사탄에 넘어간 너희니라.
47 거짓 믿음이요, 거짓으로 존경하며 거짓으로 경배하며 거짓으로 존재함이라 믿고 그러한 마음으로 나를 따르며 나를 믿는다 함이니라.
48 너희는 지금 너 자신을 믿는 것이며, 네 생각으로써 모두를 밀어붙이며 네 생각을 나에게 전달한다 생각하며 네 생각대로 하는 것이니 바로 너를 믿음이니
49 너 자신이 우상이 되어 있으며, 너 자신이 기복 신앙에 젖어 있는 그와 같은 불쌍한 자라는 것을 절대 잊지 말라.
50 너희가 나의 아들딸로서 그리 부르짖고 원하는 그 기도 소리를 듣지 아니하며 파도 소리만큼도 듣지 않는다는 것은,
51 나를 꼼짝 못하도록 구석으로 몰아 핍박을 주어 나에게 무엇을 얻고자 하는 사악한 사탄들이 조정하는 것을 인간인 너희가 모르고 그리 행하는 것이기에 내가 그를 들어줄 수 없으며 듣지 아니함이니 그리 알라.

7,259 번째 하나님 말씀

2003년 8월 22일 12시 04분

1 사랑하는 나의 아들아!
2 "네, 아버님! 말씀하옵소서."
3 믿음의 백성이 이 세상을 지배한다고 하느니라.
4 그리고 모든 분야에 그들이 존재하며 모두를 다 다스려 가며 모든 것이 그들의 손에 그들의 계획하에 지금 움직이고 있지 않더냐?
5 그리고 그들보다 더 큰 집단이요, 그들보다 더 큰 재력을 가진 조직이요, 백성이 없음이니,
6 그들이 이 세상을 지배한다 해도 거기에 대해 누가 감히 말할 수 없을 만큼 종교 집단이요, 지도자들이 그와 같이 방대한 힘과 조직을 가지고 있음이니라.
7 그러나 너희는 여기서 하나를 깨우쳐야 할 것이니라.
8 지금 나의 아들을 따르는 제자들이요, 그 백성이 몇 명이 되지 아니함이니, 너희가 이 세상에 미치는 영향이 과연 얼마나 있으며 너희가 주변에 미치는 영향이 얼마나 있더냐?
9 아무런 영향이 없으며 미치는 능력이 없지 않더냐?
10 그러나 그 많은 종교 집단이요, 재물이요, 그 물질적인 조직과 힘을 가진 그들이 세상을 지배하니, 그들이 구석

구석에 자리를 차지하지 아니한 곳이
없지 않더냐?
11 위로는 나라를 지배하는 것이요, 또
권력층에 있는 자요, 재물을 가진 자
요, 또 교육을 하는 자요, 모든 지도층
에 있는 자들이 종교 지도자 밑에서
배운 자요, 그리고 구원을 받았다는
그 백성이 모두를 다 장악하고 이끌
어 가고 있지 않더냐?
12 그러면 믿음의 길이요, 깨우쳤다는 백
성이요, 진리를 연구하는 백성이 이
세상에 모든 집단 속에서 그들이 숨
어들어 있음이니라.
13 이방인이라는 그 백성이 움직이는 그
세상 속에도 믿음의 길을 가는 그 백
성이 모든 자리를 지키고 있으며 지배
자의 위치에 그들이 있지 않으냐?
14 참진리요, 나의 뜻에 의해 공부하고
깨우쳤다는 백성이 각 분야에서 세상
을 다 관장하고 다스린다면,
15 그들이 진정한 믿음의 길을 간 자요,
사랑이 무엇인가를 가슴에 안고 사는
백성이라면, 이 세상이 지금 얼마나
아름다운 천국이 되어 있겠느냐?
16 나 여호와의 발등을 찍는 이 아픈 가
슴을 너희는 알겠느냐?
17 이 세상에 지도자가 만 명이라면 그
만 명이 믿음을 갖지 아니한 자가 거
의 없으며,
18 그 믿음 속에서 성서를 가지고 공부하
며, 종교 집단에서 갖은 형식이요, 갖
은 직함을 받지 않은 자들이 없이 거
의 다 차지하고 있음이니라.
19 그러니 그들이 바로 참진리요, 사랑을
실천하며 나의 계명대로 살아가고자
했다면 그 세상은 얼마나 맑고 아름다
웠겠느냐?
20 그러나 이 세상이 인간을 두려워하며
지금 마지막 시대요, 이 험악한 세상
이 만들어졌음이니,
21 그 각 분야 구석구석에서 책임을 지고
앉아 있는 믿음의 길을 가는 그 백성
을 종교 지도자들이 지금과 같은 모양
으로 가르친 것이 아니더냐?
22 지금의 세상이 험악한 것은 그 집단의
지도자들이, 그 책임의 자리에 앉았으
며 각 분야에서 역사하는 자들이 오
늘의 세상처럼 그 마음을 혼탁하게 만
들었으며 추하게 만들었으며, 그리 가
르쳐 내보냈기 때문에 오늘과 같은 형
국이 되어 있음이니라.
23 믿지 않는 자들이 이 세상의 각 분야
에 자리 잡은 자가 얼마나 있으며,
24 나의 아들을 따르는 그 제자들이요,
지금 나의 법전을 읽고 깨우친 나의
백성이 과연 각 분야에서 얼마만큼 자
리를 잡고 있으며 그들이 지금 역사하
던가?
25 아무도 그 자리에 있는 자가 없음이니
라.
26 지금 나의 아들을 따르는 제자들이요,
나의 법전을 읽고 깨우치는 백성이
오늘의 종교 집단이요, 믿음의 길을
가는 너희처럼 각 분야 요소요소에
그 제자들이 앉았을 때,
27 오늘과 같은 세상은 거꾸로 뒤집히는
그와 같은 역사가 일어날 것이니,
28 나는 그때를 생각하며 그날을 생각하
며 내 마음의 아픔을 달래고 있음을
알라.

29 나의 백성이 모든 분야를 다 장악하
고 있으며,
30 진리요, 하나님 말씀이요, 예수의 이
름으로 구원을 받았으며, 예수의 이름
으로써 모든 은혜를 받았다 하는 자들
이,
31 그가 가르치고 전하고자 한 나의 뜻과
는 정반대로 가기 때문에 세상이 거꾸
로 뒤집힌 이와 같은 형국이니라.
32 그러니 그를 보는 내 마음이 얼마나
저리고 찢어지는 아픔이 있겠느냐?
33 그리하여 내가 모두를 다 놓고 재앙으
로 세상을 다스리고자 하나,
34 나의 아들을 따르는 백성이요, 나의
법전을 읽고 깨우치는 선택된 사랑하
는 너희가 앞으로 각 분야의 요소요
소에서 자리를 잡았을 때, 너희가 자
리 잡은 그 방의 한계만큼은, 너희가
접해 있는 그 사무실만큼은, 지도자로
있는 그곳은 사랑이요, 아름다움이요,
나눔이 있을 것이니라.
35 얻어먹기를 원하지 아니하며, 아랫사
람으로부터 등치기를 원하지 아니하
며, 제가 먼저 주기를 바라며 제가 베
풀어 주기를 바람이니,
36 너희가 각 분야의 요소에 책임자로서
앉는 그날을 바라보기를 나 여호와가
눈물로써 기다리며, 가슴이 찢어지는
아픔을 지금 참고 있으며 분노를 누르
는 것은,
37 너희가 모든 방 구석구석이요, 큰 건
물이요, 큰 자리요, 그 모두를 나의 아
들을 따라서 나의 법전을 읽고 깨우친
너희 형제가 자리 잡는 그날이 반드
시 있을 것이며, 내가 그날을 기다리
고 있음을 알라.
38 사랑하는 나의 아들아!
39 너의 제자들에게 그리 가야 하며, 그
와 같이 세상이 바로잡힌다는 것을 잊
지 말라.
40 이것이 나 여호와가 기다리며, 그리하
여 새 천국이요, 새로운 왕국을 이루
고자 하며, 내가 지금 모든 사람에게
그와 같은 역사를 이루기 시작함이니
라.
41 너희는 여기서 어떤 소용돌이가 있어
도 흔들려서는 아니 될 것이니라.
42 그와 같이 가는 과정에서 더러는 너희
의 마음에 아픔이 있으며 상처가 있
다 하더라도,
43 너희가 뒷전으로 물러난 자요, 너희
이름이 기억되지 아니하며 너희에게
자리가 돌아오지 아니하며 책무가 없
다 하여 흔들리는 자가 되면, 너희가
부서의 책임자가 될 때 그 부서는 오
만한 자가 부서의 장이 될 것이니라.
44 어떠한 슬픔과 고통과 아픔이 있다 해
도 너희는 죽어 와 나를 만날 것이며,
나를 만날 수 있으며, 나와 더불어 살
수 있다는 그 열망이요, 선택된 것을
버리지 말며,
45 그를 위하여 모든 것을 인내하고 참으
며 항상 한 발짝 뒤로 물러나는 그와
같은 삶을 살라.
46 진정 그와 같은 세상이 올 것이며, 그
와 같은 세상이 이루어지기를 바라는
것이 나 여호와요,
47 그와 같은 세상이 이루어질 때 하늘에
서 이루어진 것 같은 이 지상에 천국
이 이루어질 것이니라.

48 지금의 모든 종교 집단에 적을 두고
있으며 거기서 가르치는 백성이 부서
의 모든 책임자로서 각 부문의 요소
요소에 각 분야에 박혀 있는 그 많은
숫자가 지금 같이 험악한 세상을 만들
었음이니라.
49 나의 아들을 따르는 제자요, 나의 법
전을 읽고 깨우친 선택된 백성이 그
자리를 앉았을 때,
50 그때가 바로 하늘에서 이루어진 것 같
은 지상의 낙원이 이루어지니, 그날을
나는 기다리며,
51 그날은 반드시 오기에 내가 모든 분노
를 참고 있음을 알라, 사랑하는 나의
아들딸들아!

부 록

【하나님께서 가르쳐 주신 운동】

천재지변이 일어날 때, 동물이나 미물들은 미리 알고 대피하지만, 인간은 알지 못하고 큰 화를 당합니다. 하나님께서 인간에게 가장 높은 지혜를 주시고 완벽하게 창조해 주셨기에 동물들보다 더 잘 알 수 있지만, 욕심으로 마음이 혼탁해져서 한 치 앞을 보지 못하는 것입니다.

마찬가지로, 인간은 누구나 스스로 필요한 운동을 해서 건강을 지킬 수 있도록 하나님께서 만들어 주셨습니다. 우리의 머리에서 우리 몸에 필요한 동작을 해 달라고 끊임없이 신호를 보내지만, 인간이 혼탁하게 살아서 그 신호를 알아채지 못합니다. 그러니 자연스럽게 자기 몸이 원하는 그 신호를 따라서 운동하는 것이 하나님께서 가르쳐 주신 운동 방법입니다. 바로, 우리의 영이 육을 이끄는 운동입니다.

▶ 하나님 운동법

1. 눈을 감고, 발을 어깨너비로 벌리고 바르게 선다.
2. 몸에 힘을 풀고, 허리를 숙이면서 손과 머리를 아래로 내린다.
3. 허리를 펴고 싶을 때, 천천히 펴면서 하고 싶은 동작을 하면 운동이 시작된다. (사람마다 다르다.)
4. 멈추지 말고, 어떤 동작이든지 자기 몸의 느낌대로 계속 이어서 한다.

▶ 참고 사항

① 눈을 감은 상태로 아무 생각 하지 않고, 자기 몸의 느낌대로 움직입니다.

② 마음을 비우고, 욕심을 버리고, 지난날의 잘못을 반성하면서 몇 차례 시도하다 보면, 자기도 모르게 하고 싶은 동작이 끊임없이 생깁니다.

③ 운동 장소는 방 안이든 운동장이든 관계없으며, 걷거나 달리고 싶을 때는 눈을 떠도 됩니다.

④ 매일 40분 이상, 주 4회 이상, 3개월 이상 하면 음식 조절에 들어갑니다.
- 음식으로 생긴 병은 음식으로 치료하게 되며, 어떤 음식을 먹어야 하는지 스스로 알게 됩니다.
(자기 몸에 필요한 음식만 먹고 싶어집니다.)

⑤ 사랑하는 사람과 함께 운동하면 서로 치료해 주기도 합니다.

⑥ 운동을 하다가 몸의 어느 한 부분을 계속 손으로 자극한다면 그쪽에 이상이 있는 것이니, 의사에게 상담을 받고 적절한 치료를 받으면 됩니다.

⑦ 다이어트 및 기타 건강관리에 효과적입니다.

⑧ 꾸준히 운동하여 영이 맑아지면, 자신의 과거와 미래를 스스로 보게 됩니다.

누구나 스스로 하실 수 있습니다.

간행사

《새로운 성경》은:

· 새로운 성경은, 하나님께서 선량하고 선한 자를 선택하여 십계명을 암송하도록 하시고, 십계명을 암송한 다음에 음성으로써 들려주시는 말씀을 듣고 그대로 카세트테이프에 녹음해서 받아쓴 책입니다.

· 90분짜리 녹음테이프 700여 개에 달하는 말씀으로, 1999년 8월부터 2004년 7월까지 총 160권(권당 288쪽)을 완성하였으며, 그 이후에도 현재까지 계속 말씀을 내려 주고 계십니다.

· 새로운 성경은 "하늘을 두루마리 삼고 바닷물을 먹물 삼아 쓰고 써도 다 못 쓴다"는, 끝없이 방대한 하나님의 말씀이 두루마리로 직접 내려오는 것입니다. 이러한 새로운 성경은 구약과 신약을 폐하려는 것이 아니라 "인봉된 성서의 비유의 뜻"을 상세히 설명하여 완성하고자 하나님께서 직접 내려 주신 말씀입니다.

《새로운 성경》의 구성:

· 제 목: 2013년, 160권 모음집을 발간하면서, 본 도서의 제목을 "하나님! 말씀하옵소서"에서 《새로운 성경》으로 명해 주셨습니다.

· 단행본: 각 권당 288쪽(신국판) 책이 160권까지 시리즈로 출판됩니다.
(모음집은 단행본을 16권씩 묶어서, 총 10부로 구성됩니다.)

《새로운 성경》의 성경적 근거:

· 신약 성경 [요한복음] 16장 13절에 "진리의 성령이 오시면 그가 너희를 모든 진리 가운데로 인도하시리니 그가 자의로 말하지 않고, 오직 듣는 것만을 말하며" 하신 말씀처럼 하나님의 음성을 들은 것만 기록하였으며,

· "장래 일을 너희에게 알리시리라" 하신 말씀과 같이 개인, 나라, 인류의 "장래"일을 하나님께서 알려 주시는 것만 기록하여 책으로 만들었습니다.

《새로운 성경》의 기록 방법:

· 1999년 8월부터 하나님께서 저에게 들려주시는 음성을 기록하였습니다. 처음에는 제가 들은 말씀을 불러 주면 저의 아내가 기록하여, 2000년 1월 29일에 1권 초판이 세상에 나왔습니다. 2000년 4월부터는 주시는 말씀을 받아 녹음기에 기록하여 시리즈로 출간하기 시작하였습니다.

· 녹음을 시작하면서 하나님의 말씀을 받는 데 가속도가 붙었고, 2001년 5월 3일에 1부(1~16권까지)를 인쇄하여 출판하였으며, 2004년 7월까지 총160권 분량의 말씀을 받아 기록하였습니다.

하나님께서 저에게 주신 것은:

· 첫째, 만백성을 상대로 내려 주시는 "기도", 둘째, 수시로 내려 주시는 "묵상", 셋째, 개인의 과거, 현재, 미래를 알려 주시는 "개인 기도", 넷째, 개인의 건강을 위해서 내려 주시는 "음식 처방", 다섯째, 하나님께서 가르쳐 주신 "운동"등이 있습니다. 이 중에 첫 번째, "기도"를 책으로 편찬하였습니다. 사람의 생사, 개인의 미래에 관한 천기는 수록하지 말라 하셨습니다.

강론 안내:

· 하나님께서는 지금도 매일 저에게 새로운 하늘의 비밀의 말씀을 내려 주고 계십니다. 수시로 내려 주시는 말씀을 정리해서 제자를 육성하라는 말씀에 따라 매주 강론을 하고 있습니다. 누구나 무료로 들으실 수 있습니다. (book160.com)

《새로운 성경》을 읽는 분들에게 드리는 선물:

· 개인 기도: 개인의 과거, 현재, 미래에 관하여 말씀을 내려 주십니다.

· 음식 처방: 사람은 음식을 먹고살다가 건강을 잃으니, 음식과 운동으로 건강을 되찾는 방법을 알려 드립니다. 단, 하나님이 계심을 믿고, 십계명을 지키겠다고 진실로 서약하는 분들께 알려드립니다.

《새로운 성경》의 은혜와 기적:

· 새로운 성경 전160권은 16권씩 묶어서 총 10부의 모음집으로 구성됩니다. 모음집 한 부를 읽고 깨우치는 자에게 하나님께서 다음과 같은 기적이 있다고 하셨습니다.

· "첫째, 그가 죽어 하늘에 갔을 때 그의 죄를 묻지 아니하며, 구원을 받는 위대한 은혜가 있으며, 둘째, 그의 소원과 소망이 이루어지고, 셋째, 죽은 자(부모, 형제, 자식, 사랑하고 은혜 입은 분)의 이름으로 구입한 책을 읽고 누군가 한 사람이 깨우칠 때, 그 죽은 자가 지옥에서 천국으로 구원을 받게 되며, 넷째, 유산, 중절 수술 등으로 태어나지 못한 아이를 위하여 구입한 책을 보고 한 명이 깨우쳤을 때, 그 아이가 사람으로 다시 한 번 태어나는 은혜를 받는다."

· "새로운 성경"을 3회 이상 정성을 다해 정독하는 자, 성서의 비밀을 알게 되고, 세상의 이치를 알게 되며, 세상을 지배하고 통제할 수 있는 지혜를 다 얻게 된다고 하셨습니다. 이 책은 만백성이 정독하고 이웃에게 전하여, 평생 가슴에 묻은 슬픔과 고통의 짐을 벗고 미래를 위한 힘찬 삶을 살아가도록 하는 책입니다.

끝으로

· 하나님께서는 흰 눈이 세상을 덮듯이 새로운 성경을 온 세상에 전하라고 하셨습니다. 《새로운 성경》을 각국어로 번역해서 온 인류에게 구원의 길을 깨우쳐 주고, 그 수익으로 가난하고 어려운 백성을 구제하여, 만백성의 영과 육을 함께 구원하는 선지자의 임무를 수행하라고 저에게 명하셨습니다.

· 하늘에서 내려 주신 말씀의 보화를 만백성에게 나누어 주는 것이 선지자의 임무라고 하셨습니다. 새로운 성경을 통해서 얻는 재물을 사용할 곳도 하나님께서 일일이 명해 주십니다. 모든 재물은 저의 자의로 쓸 수 없고, 하나님께서 명하시는 대로만 쓰여집니다.

· 어떤 명분으로든 십일조나 각종 헌금을 거두어들이지 말라 하셨으며, 국내뿐 아니라 각국에 성전과 단독 서점을 운영하며, 한국의 많은 젊은이들을 전 세계에 지도자로 내보내라고 하셨습니다.

· 우리는 세계적으로 새로운 성경을 보급하며 어려운 이들을 돕는 역사를 해 나갈 것입니다. 지금까지 비록 몇 명 안 되는 제자들과 함께 이러한 일을 역사했지만, 앞으로도 계속 하나님께서 기뻐하시는 일들을 해 나갈 것입니다. 부족한 저희에게 여러분들의 지혜와 성원을 보내 주시기를 바랍니다. 많은 분들의 참여와 도움을 간절히 기다립니다. 감사합니다.

한국어로 내려온 《새로운 성경》 단행본을 출간하며
2016년 4월 10일

발행인 **김 용 철**

한국어로 내려온

새로운 성경 · 7부 · 제100권

지은이 하나님 말씀
대역자 김용철

초판인쇄 1쇄 2017년 4월 3일

펴낸 곳 도서출판 하얀마음
등록번호 제 10-2107호 (2001년 2월 14일)
주소 서울시 노원구 덕릉로86길5, 2층
전화번호 02) 313-1114
팩스 02) 393-5554
전자우편 book160@hanmail.net
편집위원 조나영 김미향 이석교
제작지원 김남태 이은미 김보라 조옥순

도서상담 1600-7527
ISBN 978-89-5875-200-4 (04230)
978-89-5875-100-7 (세 트)

값 10,000원
잘못된 책은 구입하신 곳에서 바꾸어 드립니다.

※이 책은 10부로 제작되며, 각 부 16권씩 총160권으로 구성됩니다.※

1부	2부	3부	4부	5부	6부	7부	8부	9부	10부
1권	17권	33권	49권	65권	81권	97권	113권	129권	145권
2권	18권	34권	50권	66권	82권	98권	114권	130권	146권
3권	19권	35권	51권	67권	83권	99권	115권	131권	147권
4권	20권	36권	52권	68권	84권	100권	116권	132권	148권
5권	21권	37권	53권	69권	85권	101권	117권	133권	149권
6권	22권	38권	54권	70권	86권	102권	118권	134권	150권
7권	23권	39권	55권	71권	87권	103권	119권	135권	151권
8권	24권	40권	56권	72권	88권	104권	120권	136권	152권
9권	25권	41권	57권	73권	89권	105권	121권	137권	153권
10권	26권	42권	58권	74권	90권	106권	122권	138권	154권
11권	27권	43권	59권	75권	91권	107권	123권	139권	155권
12권	28권	44권	60권	76권	92권	108권	124권	140권	156권
13권	29권	45권	61권	77권	93권	109권	125권	141권	157권
14권	30권	46권	62권	78권	94권	110권	126권	142권	158권
15권	31권	47권	63권	79권	95권	111권	127권	143권	159권
16권	32권	48권	64권	80권	96권	112권	128권	144권	160권